WISER

THE SCIENTIFIC ROOTS OF WISDOM,
COMPASSION, AND WHAT MAKES US GOOD

智慧的科學

著＿＿＿迪利普・傑斯特　協力＿＿＿史考特・拉菲
Dilip Jeste, MD with Scott LaFee

郭庭瑄＿＿＿譯

好評推薦

本書勾勒出智慧的定義，讓我們知道如何有意識地培養個人與社會智慧，對新興的智慧領域貢獻良多，堪稱精采之作。當今世界面臨種種挑戰，人類物種必須深化智慧才得以應對；這本書不僅是及時雨，更帶來一線希望。

——塔拉．布拉奇（Tara Brach, PhD）博士，著有《全然慈悲》（*Radical Compassion*）

新興智慧科學逐漸改變了我們對人類潛力的理解，證明古人所言甚是：智慧眞實存在，而且極爲寶貴。每個人都可以變得更有智慧。迪利普．傑斯特博士透過尖端神經科學與畢生研究心血，將慈悲心、自我反思、幽默、好奇心和靈性等智慧特質搬上書頁，說明智慧可以培養和增強，更分享許多提升智慧的妙方。很多書都讓我變得更聰明，這本書則讓我變得更好。

——強納森．勞赫（Jonathan Rauch），著有《幸福曲線》（*The Happiness Curve*）
布魯金斯研究院（Brookings Institution）資深研究員
美國國家雜誌獎（National Magazine Award）得主

關於人類的競爭傾向與贏者全拿的酬賞已多有著墨。然而，世上沒有人能離群索居、獨自生存。眞實的人類故事寫的是合作、良善與慈悲心。隨著年齡增長，這一課似乎愈來愈重要。迪利普・傑斯特與史考特・拉菲詳細描繪出關心他人福祉背後的科學脈絡，以及滋養這種傾向的環境。閱讀這本智慧權威經典，讓自己變得更有智慧。

——蘿拉・卡斯騰森博士（Laura L. Carstensen, PhD）

著有《光明的未來》（*A Long Bright Future*）

史丹佛長壽中心（Stanford Center of Longevity）創始主任

史丹佛大學公共政策與心理學教授

《智慧的科學》是傑斯特博士多年來的研究結晶與集大成之作。據我所知，沒有一位醫學科學家願意像他一樣深入探察，試著梳理繁複的實踐智慧，也就是部分人口中「重要的智慧」。傑斯特帶領我們踏上一段精采的旅程，探索實踐智慧的神經學基礎及心理與社會構成要素。他巧妙結合了個人文化背景形塑出來的獨特觀點，還有以使用西方方法爲本的輝煌科學研究成果，與許多學者合作交流，並將這些對話提煉成一本極富價值的入門指南，不僅對讀者，對那些願意挑戰這個不斷擴張的研究視野、與之拚搏的人來說更是如此，而這個視野的依據，包含科學、人文與智慧本身。

——丹・布萊澤博士（Dan Blazer, PhD），著有《憂鬱的時代》（*The Age of Melancholy*）和《當佛洛伊德遇見上帝》（*Freud vs. God*）
杜克大學醫學院精神病學與行為科學榮譽教授

傑斯特與拉菲以科學研究的角度切入，將智慧的概念和道德推理，從神話與哲學範疇帶進現代心理學與神經科學領域，題材新穎，引人入勝。他們將智慧定義爲人類心智與大腦的一部分，解釋其心理構成要素，分享增長智慧的方法，攜手打造出一本重要又激動人心的智慧科學新典。這本吸引力十足的書不僅清楚闡釋智慧科學，更爲扎實研究推理提供了實際又明智的建議。

——霍華・諾斯邦博士（Howard C, Nusbaum, Phd），芝加哥大學心理學教授
實踐智慧中心（Center for Practical Wisdom）創始主任

現在就是最需要這本書的時候。這本對的書，出於對的理由，在對的時間誕生。迪利普・傑斯特教授與史考特・拉菲追溯智慧的科學與社會文化根源，探尋智慧培養過程及其與慈悲心和美好人生的深刻連結。醫學科學家、社會科學家、衛生與社會政

策制定者和廣大讀者，都能在本書中尋得洞見和安慰。我們需要智慧和勇氣來面對這個時刻。這本書助益匪淺。

——查爾斯・雷諾斯三世（Charles F. Reynolds Ⅲ, MD）
匹茲堡大學醫學院精神病學榮譽特聘教授
帕德斯心理健康人道主義獎（Pardes Humanitarian Prize in Mental Health）得主

獻辭

獻給我的妻子桑娜莉（Sonali），
我們的女兒莎法莉（Shafali）、妮倫（Neelum），
以及三個孫子尼夏（Nischal）、齊蘭（Kiran）和亞俊（Arjun），
感謝你們讓我飛快成長，變得更有智慧。

——迪利普．傑斯特博士

獻給瑪麗珍（Marlee J），跟妳結婚是我做過最有智慧的事。

——史考特．拉菲

目次

好評推薦 3
獻辭 7
序言：拋開年齡的框架，探尋生命的智慧 16

Part 1 何謂智慧？

Chapter 1 定義智慧 30
新興的智慧科學 33
從思覺失調症到智慧 36
科學家對智慧的了解 41

Chapter 2 智慧神經科學 49
紙上談腦 51

繪製大腦地圖 54
凹凸不平的顱骨與顱內的奧祕 61
費尼斯·蓋吉的悲劇 65
少了疾病，多了智慧？ 71
智慧何在？ 74

Chapter 3 智慧與老化 76

爲什麼老化有益於社會？ 81
祖輩基因 85
心靈的力量勝過逐漸消逝的物質 86
臨終時的人生教訓 89
疾病、失智、衰弱、憂鬱和死亡 91
大腦就像肌肉，需要時常運用 93
大腦的鍛鍊與權變方法 95

Chapter 4 **量測智慧：傑斯特－湯瑪斯智慧指數** 100
測量重要的事物 103
智力測驗眞的能反映出聰明才智嗎？ 105
如何量化智慧？ 107
改變智慧典範 109
智慧的三大向度 110
自我評定智慧量表 113
聖地牙哥智慧量表 114
後續追蹤 121

Part 2 智慧的內涵

Chapter 5 **培養慈悲心** 128
利他大腦 132
缺乏同理心 137
爲什麼要關心陌生人？ 140
自我慈悲的重要 142

性別與慈悲心的基因 146
冥想有用嗎？ 153
寫下感恩 157
言語的力量 158
感覺也很重要 162

Chapter 6 情緒調節與幸福感 163

情緒、感覺與心境 166
恆定的本質 171
幸福感在晚年會改變嗎？ 174
壓力、樂觀與復原力 176
誰不愛棉花糖呢？ 179
測量情緒與情緒調節 182
快樂在腦中的棲所 184
情緒遺傳學 188
腦部造影技術 189
慣性衝動的危險 193
克制情緒會過頭嗎？ 199

衝動控制與改善情緒調節的藝術 201
無常世界中的恆常 204

Chapter 7
決斷力與接受不確定性之間的平衡 206
兩難困境 209
運用自身所有與所知 213
大腦的決策機制 220
善惡相依，福禍相倚 222
不可預測性的必然性 228
決策能力 230
批判性思考 234
接受價值分歧 236
決策技巧 237

Chapter 8
自我反思、好奇心與幽默感 239
審視自我 243
反思的大腦區域 245

沒時間思考 247
自我肯定的好處 249
根本不思考 255
常見的好奇心 256
好奇心的神經路徑 261
大笑與幽默的重要性 263
幽默源自內在 265
笑，是最好的良藥 268
更高層次的召喚 270

Chapter 9

靈性的奧祕 271

宗教性與靈性 275
測量宗教性與靈性 280
靈性的本質 281
智慧中的靈性 282
靈性的主體：身心健康 287
靈性潛在的神經生物學根源 289
提升靈性 292

Part 3 提升實踐智慧與社會智慧

Chapter 10 **快速增長智慧** 300
科學介入措施 303
實踐智慧：日常生活中的智慧決策 307
自我反思 309
同理心與慈悲心 312
正念 319
利社會活動 321
情緒調節 325
感恩 330
敞開心胸，擁抱新的體驗 334
獨處時間 337
靈性 338
其他心理介入措施 339
體能活動介入措施 342

Chapter 11 **智慧的推手：藥物、遊戲與人工智慧？** 345

藥物：聰明還是智慧？ 347

科技：遊戲和其他小玩意 350

人工「眞智慧」？ 352

Chapter 12 **智慧的未來：從個人智慧到社會智慧** 360

衡量社會或國家地位 363

個人智慧與社會智慧 372

社會智慧在成長抑或衰退？ 374

快速增長智慧：個人與社會 384

在危機中實踐個人智慧與社會智慧 387

致謝辭 392

參考文獻 395

索引 428

—序言—

拋開年齡的框架，探尋生命的智慧

智慧與智力不一樣，前者複雜多了。

不用說，我們都希望自己腦袋聰明，也或多或少認識伶俐慧黠的人，例如成績優秀的同學、才思敏捷又點子豐富的同事等等。在那些人眼中，世界的運作非常簡單。聰明的人似乎能看透並理解複雜的事物。他們能建立連結，窺見模式，找出簡便又有效率的解決方法，甚至在別人還搞不清楚狀況時「超前部署」，預見未來走勢。

然而，許多聰明的人並不快樂。他們長期處於緊繃狀態，壓力極大；他們似乎只關心自己，以致你不願尋求他們的建議，因爲你不知道他們會把誰的事放在第一優先，也無法預測對方會如何回應你的要求。他們可能會笑著說「沒問題」，也可能大發雷霆，抑或無動於衷。

聰明是件好事（且往往有所助益），但若我們的目標是活出充實又有意義的人生，那麼「智慧」會比「聰明」更實用，更有意思。我指的不單是追求幸福而已，畢竟幸福是很主觀的概念，而且變化無常。某一刻讓你感到快樂的人事物，也許會因爲年齡增長或時空環境不同而失去最初的魔力。我們對幸福的想法會隨著時間而改變，而且往往與他人迥異。

當然，「快樂」是很棒的目標。「追求幸福」與「更有智慧」兩者相輔相成，但智慧的重點在於進一步了解生命的意義，讓你有能力在浩瀚的世界中找到歸屬，成爲一個更好的人，不只爲了自己，也爲了別人。探尋人生的意義和目的，不是哲學家的專利，反倒與健康、智慧，或許還有長壽息息相關。那些以理性眼光透察生命意涵（無論其內容爲何）的人，可能比其他人更快樂、更健康、更有智慧。

我們都認識所謂「有智慧」的人。他們都很聰明，畢竟智力是智慧的組成要素之一，不過他們也很熱心，而且滿懷悲憫。無論是在職場、學術界，還是與他人和世界的互動，這些人的言行舉止都非常成熟。他們不但思想開放，善於表達自己的想法，更願意傾聽別人的聲音，懂得自我反思、省視內心，而且無私無我，聚焦於問題本身。除此之外，他們也會根據自己的信仰和信念行事，先做或只做對的事，同時擁有冷靜、鎮定、樂觀與睿智的特質，進而成爲值得信賴與依靠的人生顧問，替人指點迷津。他們似乎能憑直覺找出方法，知道怎麼處理其他人難以招架的問題，在充滿未知數的混亂中堅守立場。這群人與眾不同，其他人都想變得像他們一樣。

你所知的智者中可能有很多人很老，或至少年歲較長。看一些偉大的傳奇人物或文學作品就知道，智慧似乎與高齡劃上等號，例如摩西（Moses）、海倫．凱勒（Helen Keller）、諾貝爾文學獎得主東妮．莫里森（Toni Morrison），《魔戒》的巫師甘道夫（Gandalf），《哈利波特》的霍格華茲魔法學校校長鄧不利多（Albus Dumbledore），以及《星際大戰》的尤達大師（Yoda，他活了九百年，想必學到了不少）等。

「愈老愈有智慧。」
「老了，卻更有智慧。」

這類的格言有千百種。我們都希望智慧能結出豐盛的碩果，帶來滿足感、幸福感與內在的平靜，同時減輕壓力，消弭憤怒和絕望。不過，智慧和年齡並沒有絕對的關係。

人格當然有一定的影響。心理學家將人格定義為一組獨特且前後一致的思維、感覺和行為模式，這些元素就是個人之所以與他人不同的原因，例如個體的社交能力或易怒程度的差異等。爲什麼你的兄弟姊妹活潑外向，你卻害羞內向？爲什麼同事因錯過截止期限而恐慌，你卻老神在在？爲什麼你的老闆那麼愛生氣？

智慧是一種人格特質，而智慧的內涵與特徵，則屬於另一個更大、更繁複的元素集合，這些元素可用來描繪及界定個人的性格。

「更有智慧」是一種人格優勢。可是爲什麼有些人比別人更睿智、感知更敏銳，在生活中更能獲得滿足感？是不是一定要變老才能變得更有智慧？我們能快速增長智慧嗎？我在漫長的職業生涯中不斷探索這些問題，逐漸揭開箇中奧祕。

我從小在印度長大，當年還是青少年的我，深受佛洛伊德（Sigmund Freud）爲外行人撰寫的書吸引，著迷於他對日常生活中各種差錯與夢境的詮釋。佛洛伊德是神經精神醫學家，主張所有行爲都具有大腦生物學基礎，聲稱生理學是心理學的墊腳石。我不知道他對夢境與口誤的解釋正不正確，只知道自己非常喜歡他的其中一個論述，即「最終解答就藏在大腦裡」。

因此，我決定深入探索這個神祕的器官及其主要產物，也就是心智（mind）。我進入醫學院就讀，成爲精神科醫師，這在當時的印度是個很奇怪的選擇。

我在二十一歲那年自位於印度浦納（Pune）的醫學院畢業，當時全印度有五億五千多萬人口，受過專業訓練的精神科醫師卻不到一百人。雖然我的家人和好友沒有阻止我追求夢想，但我猜他們一定很困惑，不懂我爲什麼要選擇這條路，說不定有些人私底下還懷疑我是不是瘋了。

我對精神醫學的興趣主要在於探究大腦本身。由於浦納的醫學院沒有精神醫學研究計畫，我便搬到孟買，接受瓦西亞（N. S. Vahia）博士與杜加吉（D. R. Doongaji）博士這兩位專攻精神醫學的印度學術先驅指導，學會簡易臨床研究的方法，也發表了幾篇論文。然而，當時在印度研究大腦有其侷限，我很快就遇到瓶頸，由於根本沒有足夠的設備、醫師或資源來完成我想做的事，於是我毅然決然前往醫學研究聖地，飛到美國，進入美國國家衛生研究院（National Institutes of Health, NIH）。我在康乃爾大學完成另一項精神科住院醫師訓練，取得美國醫師執照後，便到國家衛生研究院工作了幾年，研究精神醫學相關問題。一九八六年，我再次轉換環境，踏入無論今昔皆充滿活力與合作精神的研究場域——加州大學聖地牙哥分校醫學院。時至今日，這裡依舊是我潛心研究的學術之家。

我在加州大學聖地牙哥分校的早期研究重點爲思覺失調症的本質與生物學，並以高齡患者爲主要對象。這段期間，我一直緊抓著年少時期的想望，探索大腦的運作機制及其與智慧之間的關係。

然而，要以科學家身分進行這類研究並非易事，一路走來更是遇上不少顚簸和阻礙。十年前，我終於提出想法，打算正式進行智慧研究時，包含同事與摯友在內的其他人不是覺得好笑，就是要我打消這個念頭，甚至還有人同情我、可憐我，或是對我感到失望。

他們說，智慧是一種宗教與哲學概念，不屬於科學範疇，還建議我如果想成功獲得計畫資金，不想遭人議論恥笑，就不要大肆談論什麼智慧研究。若當時我還是個年輕的研究人員，可能會被排山倒海而來的消極傳統觀念說服，就此放棄；但那時我已經有點年紀了，在學術界也有一定的成績，我願意並準備好接受挑戰。

綜觀我的學術與職業生涯，大多都在探究人類的心智狀態及相關疾患，了解成人生命全期（特別是年紀較大時）的認知與大腦功能。過去二十年來，我以老年神經精神科醫師的身分展開研究，聚焦於「成功老化」的概念，簡單來說就是大多數人都想追求的幸福感與滿足感。

一般認爲，老化（特別是中年後）指的是身體、認知和心理社會功能逐漸衰退。很多人都相信美國高齡化現象背後藏著逐漸逼近、令人憂心的公共衛生問題，而且無可避免。

然而，世上依舊有許多長者於晚年活出精采的人生。許多知名的藝術家、作家、法官與政治人物都非常活躍，有的孕育出大量作品，有的充滿創意，有的對社會貢獻甚大。舉例來說，聖雄甘地（Gandhi）六十一歲時，體重僅約四十五公斤，卻仍率領群眾徒步遊行整整三週，走了三百二十多公里，抗議英國殖民政府的鹽稅制度，讓印度跨出歷史上重要的一步，邁向獨立；班傑明．富蘭克林（Benjamin Franklin）簽署《美國獨立宣言》時年屆七十；尼爾森．曼德拉（Nelson Mandela）於七十六歲那年成爲南非總統，四年後與格拉莎．馬榭爾（Graca Machel）結婚；日本醫師日野原重明不僅在七十五歲後出版了多本著作，更活到一〇六歲；美國女畫家、綽號「摩西奶奶」的安娜瑪麗．羅伯森－摩西（Anna Mary Robertson-Moses），直到七十六歲才開始學畫，在二十五年間產出上千幅畫作，以一〇一歲高齡辭世，她的作品如今價值數萬美元。

年長者通常比年紀小一半的人更快樂。我和同事在二〇一六年進行的一項研究中發現，成年人即便身體健康狀況不如以往，心理健康依舊會隨著年齡增長而改善。他們的生活滿意度、幸福感和快樂指數較高，焦慮、憂鬱和主觀感知的壓力程度低於年輕人。

我認爲，從根本來看，智慧與意識、壓力和復原力一樣具有生物學基礎，而這也是本書的根柢。智慧就像其他生物功能，可以用現代科學與醫學實徵（經驗性）方法來研究、測量、改變與提升。這個論點並沒有否定心理社會因素在智慧發展中的角色與重要性。從充滿關愛的父母與祖輩、安全的校園環境，到親朋好友組成的人際支持網絡，我們所體驗到的世界會形塑出個人的身分樣貌，定義我們是誰，影響我們與他人的互動及生活模式。

行爲和環境會影響生物習性，生物習性也會影響行爲。這是好事，表示每個人都可以透過行爲、環境、生物與科技介入等手段，來提升奠基在生物學上的「智慧」。事實上，我們可以加快速度，在短時間內增長智慧。

這個想法非常大膽，徹底顚覆了過去對智慧的理解與傳統論述。對大多數人與大部分人類歷史來說，智慧是人生教訓的累積，是一種崇高又難以形容的概念。許多人追求智慧，卻發現需要花上大把時間，還經常伴隨無數血汗和淚水，進而將智慧視爲虛無縹緲的成果與老化的回報。

然而，隨著科學飛快發展，我們愈來愈有能力觀察大腦的運作，檢視形成記憶的神經元間傳遞化學與電訊號的模式，找出相關的心理機制，也愈來愈能在相對較短的時間內積極且刻意地改變個體的想法和行爲。事實上，科學家已有能力創造並消除實驗動物的記憶。要是我們能改變大腦結構，爲什麼不能編織新的智慧脈絡呢？

我相信一定可以。如今我們逐漸了解人腦的生物學原理，知道不同的腦區會共同合作，創造出個體的心智世界，未來自然也能慢慢擴增、縮減、修復、改善和調整其結果。

《智慧的科學》是一本前所未有的指南，目的是要幫助你識別、理解、培養和促進內在既存的智慧行為。這種新興智慧科學是以生物特性為假設，其中有愈來愈多的特性都可以測量、修改、擴展和加強。

唯一倖存的人類物種，以科學術語來說叫「智人」（*Homo sapiens*），拉丁文意為「有智慧的人」。人類需要智慧。智慧具有演化上的重要意義，本書也會深入探討這個主題。

雖然偶爾會有機緣巧合或靈光一現的時刻，但一般來說，科學是一門晦澀難解的學問，需要耗費很多心神埋頭工作，一步一步慢慢走，才能有所進展。不過這算是優點，因為煞費苦心換來的發現與結論，正確的機率比較高。智慧也是類似的概念；沒有哪個愚蠢的人能一覺醒來就突然變得睿智無比。智慧增長是一種過程。本書就是以相對新穎的智慧科學為基礎，告訴你該如何加速這個過程。

也許你讀到這裡依舊抱持懷疑的態度，這一點完全可以理解，也表示你很有科學精神。長期以來，關於智慧的討論少之又少，而且轉瞬即逝，就算是很酷的想法，也僅止於想法。我經常接觸學者和科學家，定期與他們見面，許多人聽到這個主題都很訝異，不斷質疑我的觀點，提出各式各樣的問題和疑慮。本書就是我的答案和憑據。討論沒有結束，事實上才正要開始。

現在是我們有史以來最需要智慧的力量及其好處的時代。在戰火紛飛和全球疫情大流行的時刻，在困難重重、充滿恐懼與災難的時刻，這種需求格外急迫。我們不僅要培養己身智慧，更需要領導者充滿智慧，因為集體智慧才能改善人類的處境，造就一個更美好的世界。

接下來，我們會隨著書頁展開一場智慧之旅。希望這些研究成果和證據具有足夠的說服力，更重要的是，希望字裡行間能傳遞出新的想法、見解與鼓勵；希望智慧不再是概念籠統、輪廓模糊的理想，而是能清楚掌握、微調與改善的事物；希望大家知道我們可以有意識地增長智慧，而這份理解與新興的智慧神經科學，有望改變個人本身，改變全世界。我相信智慧會讓所有人變得更好。每一個人，無一例外。

Part 1

何謂智慧？

What Is Wisdom?

無論是想安裝新的水槽、改造汽車引擎，還是變得更有智慧，第一條鐵律就是要知道自己面對的是什麼，了解其運作模式（如水管、汽車引擎或是大腦），確認自己的作爲眞的能改善原先的情況。

第一部分的重點在於解決這些需求，爲後續章節奠定基礎。首先我會解釋智慧的意義，令人驚訝的是，這些概念恆久流長，數千年來都沒什麼改變；接著我會闡述智慧神經科學（其特點在於大腦），介紹那些將研究與討論挪出哲學沙龍，帶進實驗室的新興科學工具。

另外，我還會探討年齡與智慧之間緊密卻非絕對的關係。正如英國才子王爾德（Oscar Wilde）所言，智慧往往會隨著年齡增長，但有時長的只有歲數而已。幸運的話，智慧的確會因爲年紀與經驗累積而增加，不過有些年輕人也同樣充滿智慧。

最後，我會分享一種全新且經同儕審查的智慧衡量標準，名爲「傑斯特－湯瑪斯智慧指數」（Jeste-Thomas Wisdom Index）。這是第一個以智慧神經生物學爲基礎開發出來的評量方法，可直接於網路搜尋，進行線上測驗。

Chapter 1 定義智慧

在所有人類可追求的事物中，智慧更完美、更崇高、更有助益，令人滿懷喜悅。

——湯瑪斯・阿奎那斯（Thomas Aquinas）
中世紀哲學家、神學家

人之所以有智慧，絕非出於偶然。

——塞內卡（Lucius Annaeus Seneca）
古羅馬哲學家

講到追求智慧，就會想到兩千五百年前的古希臘哲學家蘇格拉底（Socrates）。他在古代雅典公民間探尋智慧，最後只得出一個結論：他遇見的人沒有一個比他更睿智（而且大多不如他）。據傳柏拉圖（Plato）說，蘇格拉底聲稱「唯有自知無知，才是眞智慧」。這句話歷久不衰，成爲經典中的經典。

蘇格拉底並不是唯一一個喜歡思考智慧本質的人。化爲智慧原型、永生不朽的所羅門王（King Solomon）在《聖經・箴言》第四章第七節就提到「智慧爲首」。此外，智慧也是《塞拜特》（*Sebayt*）最喜歡的主題；「塞拜特」在古埃及文中意爲「指導、教學、學習」，是一種像智慧書的文獻紀錄，最早可追溯至西元前兩千年至西元前一千七百年的古埃及中王國時期。具類似神聖意涵、探討智慧的古籍，還有印度教的宗教哲學經典《薄伽梵歌》（*Bhagavad Gita*，撰於西元前五世紀至西元前二世紀間，以約有五千年歷史的《吠陀經》〔*Vedas*〕爲基礎發展而成）。佛陀、孔子等古印度與古中國文人，同樣反覆思忖這個問題。縱覽歷史，從數千年前的阿卡德（Akkadian）帝國、古巴比倫，到歐洲文藝復興時期、理性時代，直至當今現代，都有許多哲學家、神職人員、詩人和學者在探索智慧的意義。

雖然討論與爭辯的內容，可能會因爲時空環境與文化背景不同而有所差異，但智慧的定義整體來說空靈縹緲，難以捉摸，有點超出世人可理解的範圍。智慧似乎屬於另外一個層次，是一種很罕見的特質，令人心馳神往。《流浪者之歌》（*Siddhartha*，一九二二年出版，描寫一個名叫悉達多的男子踏上靈性之旅，探索自我的過程）的作者，德國文學大師赫曼・赫塞（Hermann Hesse）就說，人們可能會尋得智慧，活出智慧，獲得智慧的力量，透過智慧創造奇蹟，但「無法講述與傳授智慧」。

我開始透過自問的方式來探求智慧的含義。什麼是智慧？該怎麼定義？如何衡量？這些硬指標都是科學家思考及評估想法和假說的依據。長年以來，智慧一直無法被量化，但隨著我們著手研究、測定，並以演繹法推論出來的細節，詳述意識、壓力、情緒、復原力和勇氣等其他無形的人類特性之後，情況開始有了改變。幾十年前，頑固的科學家終於拋棄傳統觀點，認爲這些概念不但可定義、可測量，更會受到生物學因素影響。

知名美國科幻小說家羅伯・海萊因（Rober A. Heinlein）曾說：「一個人只要集結權威專家的看法，鄭重聲明什麼做不到、什麼不可能，就能徹底改寫科學史。」

事實證明，過去科學界只是缺乏適當的技術和工具而已。

如今，神經科學、腦部影像、神經化學與行爲科學方法學都有長足的進步，嚴肅的研究人員也敞開心胸接受新的觀點，認爲情緒管理、復原力和勇氣等人類特質，除了心理社會因素外，更具有生物學基礎，兩者的影響力可能不相上下。「先天、後天大對決」向來是科學界激辯的熱門話題，這不過是另一個例子，只是其中無所謂「對立」可言。智慧的發展無疑取決於個體的生命經驗，同時也有生物學因素雜揉其中，深深影響個體學習及應對人生課題與事件的方式。

以復原力來說，感謝紐約西奈山伊坎醫學院的艾瑞克．奈斯勒（Eric Nestler）與丹尼斯．查尼（Dennis Charney）等研究人員的努力，我們現在更了解其分子路徑、神經生物學、遺傳學與動物模式。更重要的是，我們開始運用生物學與行為方法，來加強並提升這項有用的個人特質。

本書想傳達的觀念之一，就是**我們可以用「智慧」換取「復原力」**。智慧是一種攸關個人年齡、經驗、行為與特質的產物，而這些都與大腦中個別分離又相互聯繫的區域有關。

新興的智慧科學

「智慧」指的是神經元在一個或多個特定相關腦神經迴路中，以特定的模式發射，導致個體做出其認為是「明智」舉動的結果。行為與生物學讓「智慧」有了新的解釋，不再是過去那套陳腔濫調。

一九七〇年代，一場認眞定義並闡釋智慧的科學運動就此展開。幾位科學家分別在不同的國家與實驗室裡探尋智慧的含義，想知道智慧可不可以測量。

德國心理學家保羅・巴特斯（Paul Baltes）偕同妻子瑪格麗特（Margret）及其他同事，一起架構關於智慧的人類發展理論，該理論探討並試著解釋人類隨著生命推衍，於生物、認知與心理社會上改變的過程。這是科學界首次以科學原理和方法爲基礎進行實徵（經驗性）研究，企圖解析人類的智慧本質，點出那些會隨著時間而影響人類思考與行爲模式的具體特徵。

保羅・巴特斯和同事編纂了一份關鍵特徵清單，這些特徵會隨著個人生命歷程不斷發展，從出生一直到死亡，各個方向與層面都會出現變化；這是一個成長與衰退的過程，也是一個流動與可塑的過程，其中社會與環境因子具有很大的影響力。這些成果最後演變成重要的「柏林智慧專案」（Berlin Wisdom Project），而他們建構出來的智慧模式，將其本質定義爲「行爲純熟精練，洞察生命意涵」。

柏林智慧模式強調「知識」與「認知」。這是一個好的開始，但不僅於此，因爲智慧不只關於認知，也涉及情緒。

離保羅・巴特斯半個地球遠的地方，有個就讀加州大學柏克萊分校的年輕研究生薇薇安・克雷頓（Vivian Clayton）也提出類似的疑問。她的指導教授是老年學先驅之一詹姆斯．比倫（James E. Birren），鼓勵她進行相關科學研究，尋找解答。

薇薇安．克雷頓開始研究智慧文學。她瀏覽古代文本與當代論文，找出所有直接提及、間接暗示與讓人聯想到智慧的描述，將智慧視為一種心理結構，發展出一個關鍵的理論框架。一九七六年至一九八二年間，克雷頓發表了幾篇值得注意的論文，為智慧科學研究立下重要的里程碑。她認為，從根本上來說，智慧由三種不同的構面組成，分別是認知、反思與慈悲心，而且這些面向都可以用科學方法定義和測量。

保羅．巴特斯與薇薇安．克雷頓等人開創了一條嶄新的道路，其他人也承續他們的研究成果，不斷拓展智慧科學範疇。例如，哈佛醫學院的喬治．威朗特（George Vaillant）、康乃爾大學的羅伯．史坦伯格（Robert Sternberg）；奧地利克拉根福大學的茱蒂絲．格魯克（Judith Glück）、杜克大學醫學院的丹．布萊澤（Dan Blazer）、佛羅里達大學的莫妮卡．阿德爾特（Monika Ardelt）；溫哥華蘭加拉學院的傑佛瑞．韋伯斯特（Jeffrey Webster）、芝加哥大學的霍華．諾斯邦（Howard Nusbaum）、加拿大安大略省滑鐵盧大學的伊果．葛羅斯曼（Igor Grossmann）等，都是深受啓發又鼓舞人心的科學家。

這些研究人員以老化、智力與幸福感為重點，深入探查智慧的本質，卻始終找不到一個讓人百分之百完全滿意的答案。哥倫比亞大學心理學家烏蘇拉．史陶丁格

（Ursula Staudinger）和一位心理學權威曾用有點揶揄的口吻表示：「目前關於智慧的心理學實徵（經驗性）研究，大多繞著同一件事打轉，只求進一步闡釋智慧的定義。」

從思覺失調症到智慧

我對智慧及其與老化之間的關係很感興趣。一切都始於我研究重度精神疾病期間一個出乎意料的發現。

一九九〇年代，我在加州大學聖地牙哥分校醫學院研究患有思覺失調症的高齡患者，其中一項結果讓我大爲驚訝。

思覺失調症（schizophrenia，舊稱精神分裂症）是一種非常嚴重的精神疾病，有「精神癌症」之稱。本質上來說，思覺失調症指的是思維、情感與行爲之間的關係出了問題，患者通常在青春期或成年初期發病，與好發於老年人的阿茲海默症（Alzheimer's disease，舊稱老年失智症）不同；一旦出現病徵，狀況就會急速惡化。思覺失調症患者會在年少時出現各種身體病痛，平均壽命也比一般人少了十五到二十年不等，有些患者甚至會選擇自己結束生命。據統計，有二〇%到四〇%的思覺失調症患者有自殺傾向，成功率則爲五%到一〇%。

不過，雖然思覺失調症通常在青春期或二十多歲時發病，許多患者卻能與之共存長達數十年。我和同事研究了數百名患有思覺失調症的中老年人，以爲大部分患者會出現早期失智現象（如阿茲海默症或其他類型的失智症）伴隨神經與生物功能衰退；畢竟傳統的觀點是，患者被確診爲思覺失調症後，病況會愈來愈糟，出現功能障礙、各種疾病與絕望感，而思覺失調症的原始德文名稱就是「早發性失智症」的意思。

殊不知，研究結果令人大感訝異。我們發現，許多思覺失調症患者的情況到了中晚年便有所改善。由於他們從慘痛的經驗中，學到了停止治療會導致症狀復發，釀成災難，因此更願意遵循醫囑按時服藥，也比較不會濫用非法藥物。這些人復發的次數比較少，需要入院治療的機率也比年輕患者低。我敢說，隨著年齡增長再加上持續治療，許多患者的智慧表現都有所提升，知道該如何控制病情，重新奪回自己的生活。我們發表研究報告之初，不少學術人員都抱持懷疑的態度，甚至質疑患者的診斷結果。

大約在這個時候，電影《美麗境界》（*A Beautiful Mind*）正式上映。這部電影改編自席薇亞．納薩（Sylvia Nasar）於一九九八年出版的約翰．奈許（John Nash）的傳記。奈許是一位傑出的數學家，年輕時就發展出極具突破性的賽局理論，這番創見更讓他成爲一九九四年諾貝爾經濟學獎得主。奈許是他那一代最出類拔萃的人之一，而他也患有思覺失調症。

約翰．奈許於二十歲出頭確診，並接受多種療程，包含電痙攣療法、胰島素昏迷療法，還有一大堆藥物與心理治療。他時常進出醫院，但這些努力似乎只換來短暫的效果。奈許與家人、同事聚少離多，有時還會莫名其妙地消失，寄送神祕的明信片，然後返回母校普林斯頓大學（他以前可是風靡全校的學術界超級巨星），於校園間四處遊蕩，「走進數學系大樓，孤身一人站在同一塊黑板前，以潦草的字跡飛快地寫下沒人看得懂的公式。過去他就是在這裡創造出驚人又不可思議的數學成就。」

在約翰．奈許五十多歲時，病情有了改變，不僅症狀緩解，健康也逐漸好轉，更對自身疾病有了不同的見解。六十歲那年，他停止所有療程，進入普林斯頓大學任教，將重心轉回教學與學術研究，並在期刊上發表了多年來的第一篇論文。那些在他年輕時就認識他的人說：「我們熟悉的約翰．奈許又回來了。」

約翰．奈許並非完全無症狀，有時他還是會出現幻覺和妄想，但他已經能將這些病徵與正常的思維區分開來。他以一種嶄新的角度洞察自身心靈，知道症狀發作時該如何控制自己，有意識地將思想和行爲拉回正軌，而非屈服於精神病理學，任憑病魔肆虐。他在一九九六年寫信給同爲普林斯頓教授的多年老友哈洛．庫恩（Harold W. Kuhn）：「我終於擺脫了非理性思維，而且完全沒吃藥，只有荷爾蒙因爲上了年紀而產生自然變化。」

約翰．奈許的故事反映出我們在思覺失調症高齡患者身上的發現。許多年輕時飽受這種可怕疾患折磨的人，在步入中晚年後就慢慢好轉，恢復心理健康。即便身體隨著年齡增長而衰老，他們的腦袋卻比過去幾十年來更清楚。爲什麼他們會變得更有智慧？多年後，我們發表了一篇論文，認爲思覺失調症患者的智慧程度與他們的幸福感和功能強弱有關。

患有思覺失調症等嚴重精神疾病的人，就算身體健康狀況惡化，智慧表現還是能隨著年齡增長而提升，心理功能也有所改善，那麼一般人是不是也一樣呢？

這時，我已經接下加州大學聖地牙哥分校史坦老化醫學研究院主任一職，與同事一起研究聖地牙哥社區中數千名高齡者。我們寄送調查問卷，前往部分人家拜訪，還去了養老社區等地方蒐集數據，有些民衆則親自來實驗室參與研究。結果顯示，一般人的情況與我們在思覺失調症患者身上看到的早期「老化悖論」（paradox of aging）相呼應：隨著年歲增長，生理健康狀況會變差，心理健康狀況和生活滿意度卻有所提升。當然不是每個人都會這樣，但確實有許多年長者（特別是那些採取積極行動、好好打理生活的人）變得更快樂。

二〇一六年，一項以大約一千五百名二十一歲至一百歲成年人爲對象的綜合研究指出，覺得自己正在老化的參與者，不僅快樂指數更高、態度更樂觀、復原力更好，幸福感也更強，就算身體機能因年紀增長而有所衰退亦然。即便將收入、教育程度與婚姻狀態等變項納入考量，結果還是一樣。他們就像葡萄酒和優質皮鞋，隨著時光堆疊愈變愈好，愈陳愈香。

請注意，這項研究屬於橫斷性研究（cross-sectional study，編註：指在同一段時間內，觀察或實驗比較同一個年齡層或不同年齡層的受試者之心理或生理發展狀況），是「成功老化評估（Successful Aging Evaluation, SAGE）多年期調查研究計畫」的一部分，研究對象也是從社區成年居民中隨機抽樣。所有參與者都住在美國加州聖地牙哥，男女比例將近一比一，平均年齡六十六歲，其中有二〇％的人具高中以下學歷，六〇％有大學以上學歷，二〇％具有研究所學歷，七十六％爲非拉丁裔白人，十四％爲西班牙／拉丁裔，七％爲亞裔美國人，一％爲非洲裔美國人，另外還有二％屬於其他民族或種族。橫斷性研究是一種觀察研究，單純反映研究團隊從目標研究對象那裡蒐集到的資訊，無法判定因果關係。

幸福感會隨著年齡增長而有所提升，這種反直覺的現象雖然振奮人心，卻也令人費解。如果早上起床就得忍受關節炎疼痛或前列腺腫大等惱人的身體疾病，同時面對撕心裂肺的痛楚，即想起那些離世的親朋好友，知道自己今天又要獨自一人孤零零地過，怎麼快樂得起來？

這就引出了其他疑問：既然老化帶來的影響與失落無可避免，是不是只有坦然接受現實的高齡者，才會出現上述的反直覺現象？還是這種情況表示老化相關的腦功能有所提升？這些人是不是眞的愈老愈有智慧？

我開始思考一個最重要也最迫切的問題：什麼是智慧？

科學家對智慧的了解

研究新主題的第一步就是要回顧現有的文獻，才不會弄到最後才發現自己只是浪費時間做別人做過的題目，或是無謂地探究已知的範疇。

因此，我和當時一起做研究的同事湯瑪斯．米克斯（Thomas "Trey" Meeks）不斷搜尋資料庫 PubMed①與 PsycINFO②，爬梳大量文獻資料，回顧所有試圖用實徵（經驗性）方法而非宗教或哲學觀點來定義智慧的論文。我們找到德國的巴特斯團隊，以及後來其他（大多是歐美地區）老年學家、社會學家和心理學家的研究成果，發現學界似乎普遍認爲智慧是一種錯綜複雜、由多個要素構成的特質。

究竟是哪些要素呢？這個模糊的定義中藏著未知的謎團。要是沒有一個公認的定義，科學界又怎麼能理解智慧？於是，我和米克斯決定展開研究，試著構築智慧的定義。我們做了一張表格，列出不同研究人員所說的每一項要素，發現眾多釋義中有幾項位居表格之首，包含利社會行為（如同理心與慈悲心）、情緒調節、明白人生充滿未知卻仍果敢決斷、洞察力和自我反思、基本生活常識，以及社會決策能力。

然而，即便在智慧相關主題的研究人員中找出這些共通性，新的問題仍不斷浮現。這些論文大多是西方科學家寫的，他們在西方實驗室裡工作，研究同質性高的群體。但智慧不是一種文化概念嗎？世界各地對智慧的詮釋是否有所差異？要是其他地區的科學家得出智慧的定義，只是還沒發表在我們閱讀的期刊上呢？我們意識到自己必須擴大調查範圍，這項研究才有眞正的價值可言。於是我們開始向外探求，搜尋曾以此爲題發表學術論文或出版相關書籍的國際智慧專家。

這個過程非常複雜，需要耗費極大的心力，基本上就是以匿名的方式進行多輪調查與意見徵詢，請多位專家解析並刪減關於智慧的解釋。這種方法稱爲「德菲法」（Delphi method），目的在於取得一個整體共識。

最後，我們根據不同專家的見解得出一些結論：智慧是一種由經驗驅動的進階認知與情緒發展形式，可以測量、習得和觀察。大家或多或少都認識一些典型人物，他們就是智慧的縮影。

參與調查的專家認爲，智慧確實會隨著年紀成長而增加，屬於人類獨有的特質，且因人而異，但不太可能透過服藥來增強智慧（至少目前不行）。

並非所有專家都認同表列的每一項定義，但其中有幾項大家一致認爲是智慧的要素，很接近我和湯瑪斯．米克斯回顧文獻時的發現：

- **利社會行為和態度**：包含同理心、慈悲心與利他主義。這些專有名詞究竟是什麼意思？同理心指的是理解、感受他人情緒與想法的能力；慈悲心則是將同理心轉化成有益的行爲；至於利他主義與自我主義相反，意指幫助他人且不求任何外部獎勵與回報的舉動。你能設身處地爲別人著想嗎？你想幫助那些需要幫助的人嗎？心理學中有個概念叫「心智理論」（theory of mind），指的是推測自我與他人心理狀態（如信念、欲望、情緒、知識）的能力。該理論對慈悲心等行爲至關重要，個體在這類行爲中通常會依據自身與他人之間的連結感而行事。
- **情緒穩定與幸福感**：指自我控制的能力，喜歡正面情緒大於負面情緒。古羅馬詩人賀拉斯（Horace）曾說：「憤怒是一種短暫的瘋狂。」欠缺考慮的激情與衝動，往往會讓人表現不佳，甚至做出後悔的事。

- **決斷力與接受不確定性之間的平衡**：「接受不確定性」指的是承認有不同但同樣站得住腳的觀點存在，明白個人心中根深柢固的想法和信念等事物，會隨著時間流轉，抑或接觸新的知識、累積新的經驗、產生新的見解而有所改變，了解其他人可能有不同的信仰、欲望、目的和觀點，無須將不同信念體系的人視為道德敗壞、討厭或愚蠢的一方。不過，接受生活中的不確定性與多樣化觀點之餘，也別忘了適時表態，不要長期採取中立，老是騎牆觀望。一旦需要有所作為，就必須根據手邊的資訊採取行動，同時有所覺悟，知道這個決定將來可能會被證明是錯的。「決定不行動」也是一種決定。
- **反思與自我理解**：即洞察力、直覺和自我覺察。你能剖析自我與內在動機，知道自己有哪些優缺點嗎？了解自己比我們想的難多了。
- **社會決策能力與實用的人生知識**：包含社會推理、提供忠告，以及分享人生知識和生活技能的能力。少了分享的智慧就不算有所得，反倒有所失。

以上就是我們歸納出來的智慧基礎。不過，這五點並非各自獨立、相互分離，事實上恰恰相反。這些特質之間具有共通性，甚至以出乎意料的方式彼此重疊，像支柱一樣，是智慧的基石，而且缺一不可，只是各項能力程度因人而異。

第一次進行智慧調查後經過幾年，另一位研究團隊成員凱薩琳．班根（Katherine Bangen）加入我和湯瑪斯．米克斯的行列，展開第二次文獻回顧，以新興的評估方法進一步提萃並改善有關「智慧」的實徵（經驗性）定義。這些新發現再次證明了舊的結論有其效度。除了上述五大層面外，還增加了「靈性」這個重要的新元素及兩種不太常見的特質，分別是「經驗開放性」（openness to experience）和「幽默感」。「智慧科學」開始慢慢發展，日漸成熟。

● **靈性**：請注意，靈性與宗教性不一樣。後者通常指有組織或文化的信仰體系。許多宗教本質上具有靈性，但其實踐方式在世界各地有很大的差異，在不同的社會中情況也不盡相同。靈性比較像恆定的普世價值，是一種超然於個人與社會之上、層次更高的核心信念，能讓人產生謙卑感與撫慰感，舒緩日常生活壓力。宗教可以是靈性的一部分，但靈性本身的意義更深更廣，不僅限於此。

有些質疑聲浪從特定角度切入，批判我們對智慧的定義。由於智慧是一種文化概念，或許古代對智慧的看法不同於現代；說不定所羅門王的智慧與當今的智慧不同。我們的任務就是要深入了解智慧在遙遠的過去具有何等含義。我在印度長大，讀過《薄伽梵歌》。這部經典撰於西元前五世紀至西元前二世紀，是一首以數千年前的瑜伽修持理論爲基礎、長達七百節的詩歌。在加州大學聖地牙哥分校一位醫學人類學家的建議下，我和研究員伊普．瓦西亞（Ipsit Vahia）開始研讀網路上的《薄伽梵歌》英文譯本，在經文中搜尋「智慧」、「睿智」，以及「愚昧」、「愚笨」等反義詞，檢視這些詞彙的上下文脈絡，找出智慧的要素。

舉例來說，《薄伽梵歌》中有一節寫道：「（憤怒和欲念是）智者永遠的敵人，會蒙蔽其智慧。」（第三章第三十九節）由此可知，《薄伽梵歌》認爲「心靈平靜」（equanimity）是一種非常重要、不可或缺的美德。有智慧的人能維持恰好的平衡，不會出現極端正面或負面的情緒，無論快樂或悲傷，都會以同樣的眼光來看待。我們將之視爲情緒調節的能力。

《薄伽梵歌》中還有一些與「慈悲心」和「利他主義」有關的描述。例如，「在智慧瑜伽中保持堅定、自制與慷慨，無懼犧牲。」（第十六章第一節）這說明了有智慧的人具有慈悲心，而「爲犧牲而犧牲，不求任何物質回報」同樣也是智慧的元素。我們將這些歸類爲利社會行爲。

我們在《精神醫學》（*Psychiatry*）期刊上發表了一篇論文，說明自文獻探討與國際專家共識歸結出的智慧內涵，與我們在《薄伽梵歌》中發現的內容有所重疊，相似度高得驚人。

當然，這兩者還是有些微差異。《薄伽梵歌》強調神的愛、不要追求物質享受，關於現代西方的概念化智慧則隻字未提。但比起相似之處，這些分歧根本微不足道。這項發現完全出乎意料，說是大驚喜也不爲過。可見得智慧的基本概念超越了時空文化的藩籬，數千年來幾乎沒什麼改變。我認爲這一點更進一步表明了智慧具有生物學基礎。

我非常興奮，內心澎湃不已。現在我們對智慧有了公認的定義，而且該定義歷經千年洗禮，大體上維持一致。下一步我們要往前推進，踏入當代尖端科學領域。如果我想幫助別人，讓他們變得更有智慧，就必須研究大腦本身，了解智慧神經生物學，看看這些特定要素與哪些特定腦區有關。

接下來，我們會從神經科學的角度出發，深入探索智慧。

譯註

① PubMed：生物醫學文獻資料庫，由美國國家醫學圖書館（NLM）的美國國家生技資訊中心（NCBI）所建置，收錄超過三千萬筆生物醫學與健康領域相關文獻書目。

② PsycINFO：心理學與行爲科學領域最大且最具權威性的索引摘要資料庫，由美國心理學會（APA）建置，涵蓋心理學、社會學、教育學、精神醫學、神經科學、護理學、藥理學、語言學、人類學、商業、法律等研究主題。

Chapter 2 智慧神經科學

現在我們知道，所謂的非物質靈魂可以用刀一分為二，用化學物質來改變，用電力來開關，因猛烈一擊或缺氧而殞滅。

——史蒂芬・平克（Steven Pinker）
《心智探奇》（*How the Mind Works*，暫譯）

要是人類的大腦簡單到我們可以理解，我們就會頭腦簡單到無法理解這些知識。

——艾默生・普伊（Emerson W. Pugh）
卡內基理工學院研究員

正如序言提到的，我在十幾歲時喜歡讀佛洛伊德的暢銷書，看他詮釋夢境與日常生活中的各種差錯。佛洛伊德會先描述一個夢境或口誤經驗（即所謂的「佛洛伊德式失言」），再從這個人的過往行爲與現在行爲中提取線索，進一步破譯夢境或經驗的潛在意義（符合他的精神分析理論）。

根據他的觀點，失言會暴露出潛意識的想法。譬如把「幸好有你在」講成「不幸有你在」，後面那一句才是說話者的眞實感受。佛洛伊德賦予這些錯誤許多潛藏的含義，我覺得看他的書就像在看「謀殺天后」阿嘉莎．克莉絲蒂（Agatha Christie）的推理小說，故事從一場謀殺案開始逐步發展，主角警探則利用各種行爲與環境線索找出兇手，解開命案的謎團。

不過我們這邊要談的是大腦，不是謀殺。佛洛伊德認爲，所有行爲背後都有大腦生物學基礎。夢境是一種解決衝突的潛意識過程，這些衝突大多埋藏於過往記憶的深處，直到最近被某個事件觸發才浮出表面。這種行爲反映出本我與自我或超我之間的角力。本我由原始衝動、本能衝動和無節制的欲求滿足所驅使，充滿激烈的渴望，想要什麼就要什麼；自我是理性的代表；超我則是嚴厲、負責懲處的管制者，由社會價值觀、道德規範和期望形塑而成。

我不知道佛洛伊德對夢的解析有多準確，只知道終極解答就藏在生理大腦裡。日子一天天過去，我對心智與大腦的興趣也愈來愈濃。

很多人會把「大腦」（brain）和「心智」（mind）這兩個詞互換使用。這在某種意義上很合理，因為兩者無法分離，不過大腦和心智顯然是兩回事。大腦是物理形體，心智不是。大腦由神經細胞、血管和有形的組織組成，也有確切的形狀、質量和重量，外觀也很獨特，像果凍一樣軟黏滑溜。

心智是大腦的功能之一，其所萌發的思想、情緒、行為和舉動，都是由腦細胞彼此之間的互動，以及腦細胞與其他身體細胞和外部刺激交互作用的產物。心智沒有形狀，也沒有質量和重量，其存在無法用身體感官目睹或感受，只有另一個心智才能察覺。

如果我們對智慧存在一種永恆普世的理解，所有人一看就知道，而且歷經數十個世紀都沒有改變，那麼說智慧以某種方式內建在大腦中也很合理。大自然會保存有用的東西，這是演化的基本原則。可是智慧的具體位置在哪裡？要怎麼找呢？

紙上談腦

每個身體器官都有獨特的形態，但大腦是最與眾不同的一個。大腦是橢圓形，由兩個大腦半球組成，皮質表面布滿許多代表性的凸起和凹壑，稱為腦回（gyri）和腦溝（sulci）。另外，活著的大腦不只一種顏色，除了紅色、粉紅色、白色和黑色外，還有各種灰階色調交織其間。

人腦能夠快速地辨識，是思緒的主體和根源，無時無刻都在思考。時至今日，大腦依舊是科學界最大、最恆久的謎團之一，用溫斯頓・邱吉爾（Winston Churchill）的話來說，大腦的奧祕藏在滿是皺褶的皮質內，晦澀難解。比起這個位於脊柱上方重約一・四公斤、色彩斑雜、主成分是水的組織，以及其電化學、細胞和分子運作機制，我們對恆星誕生過程的了解可能還比較多。

那麼，同理心、自我理解和情緒控制等智慧要素，究竟存在於哪些腦區？又要怎麼找呢？

我和湯瑪斯・米克斯於二〇〇九年發表了一篇論文。該研究從一個簡單的想法開始。我們上網搜尋「智慧」和「神經生物學」（neurobiology）這兩個詞。神經生物學指的是神經系統（即大腦和脊髓）病理學、生理學與解剖學研究範疇。然而，搜尋結果大多是以智慧或智齒為題的科學論文，跟我們想找的沒什麼關係。

這項結果很好笑，但也令人沮喪。網路上居然找不到半篇標題或關鍵字中同時包含智慧與神經生物學的文章。我們得換個方法才行。我們決定擴大搜尋範圍，囊括許多智慧和神經生物學以外的專有名詞，加入「慈悲心」等智慧構成要素，以及與欠缺這些要素有關的疾病，例如「反社會型人格障礙」（antisocial personality disorder，一種缺乏慈悲心的人格疾患）等。另外，我們還增添了相關的科學術語，像是神經解剖學、神經迴路、神經化學、遺傳學及其他神經生物學詞彙。

搜尋結果飛快地跳出螢幕，論文書目愈疊愈多。我們仔細查看那些將智慧要素與特定腦區連結起來的大腦構造影像、神經生理學及其他神經生物學方法報告，發現一個驚人的事實。同樣的腦區名稱一而再、再而三出現，其中又以「前額葉皮質」（prefrontal cortex）與「杏仁核」（amygdala）最多，表示這些區塊可能與智慧在大腦中的位置有關。

不過還有一個大問題。就算能以神經生物學觀點進一步了解智慧的內涵，不代表我們就能窺見智慧的全貌，了解各種智慧元素之間的關聯，還有它們是如何結合起來生成這種單一又複雜的特質。雖然每個腦區都有不同的功能，但各區會以一種有意義的方式彼此聯繫，建構出特定的神經迴路。

要揭開這層複雜的智慧面紗，就要先了解情況、掌握細節，認識相關詞彙。

繪製大腦地圖

大腦是個奇妙又不可思議的器官，因此，在看我們的討論時，有幾件事要牢記在心。首先，本書所提供的大腦知識經過高度簡化，屬於粗淺的入門介紹，不是正式教科書。第二，雖然我們會聚焦於幾個特定腦區及其功能，但是要記住，大腦是以整體的樣態連續運作，這一點非常重要。最後，我們談的是所謂「正常」的大腦，不僅成熟健康、充分發展，也沒有受重大疾病、先天畸形、身體創傷、老化、不良飲食習慣與糟糕的生活方式影響。

人腦由三個主要區域組成，分別是大腦、小腦和腦幹。大腦有左右兩個半球，各可分爲四區，前方爲額葉（frontal lobe），後方爲枕葉（occipital lobe），中間則是頂葉（parietal lobe）和顳葉（temporal lobe）。

大腦表層由灰質神經元及其連結（即突觸）組成，稱爲大腦皮質（cerebal cortex）。從智慧研究人員的角度來看，大腦最重要的部位在於額葉皮質前方（即前額葉皮質）與杏仁核。在動物物種大腦演化史中，前額葉皮質是最近才形成的區域。人類的前額葉皮質相對於其他物種來說體積較大，占了大腦前區的三分之一，位置在額頭正後方。相反的，杏仁核是個小小的杏仁狀結構，位於邊緣系統深處；邊緣系統則座落於腦幹頂端，是大腦最老的區塊，幾乎所有有大腦的動物物種某種程度上來說都有邊緣系統。

要準確定位邊緣系統的位置，可以把大腦的演化發展想像成一顆球，這顆球會隨著新的層次和區塊堆疊擴張而不斷成長，變得愈來愈大。比較原始的物種，其大腦主要由邊緣系統構成，但能夠執行高階功能（如意識思考）的組織不多。另一方面，人類的大腦經過一層層增添、調整與改善以利於個體生存，是歷經數百萬年演化與天擇的產物。當然，人腦中的邊緣系統依舊存在，只是被更大的大腦包圍起來，除了調節呼吸和血液流動外，也支援情感、記憶和嗅覺等其他基本功能。大腦主要掌管更高層次的思維，而體積較小、藏在後下方的小腦與後腦，則負責運動控制。

想像一下，把人腦像摺頁地圖一樣攤開來放在桌上，撫平皮質上的皺褶，盡量擴大表面積，縮短點與點之間的距離。攤平的大腦大概有二千五百平方公分，跟一塊小桌布差不多。這座心智城市由多個區域組成，智慧的要素就棲居於其中幾區。

心智之旅的第一站自然是前額葉皮質。此區毫無疑問屬於優雅的高級區，利社會行爲與態度就安居於此。這類行爲態度代表我們與生俱來、爲共同利益而奮鬥的信念和理解。幫助別人就是幫助自己；每個人都在尋求更偉大、更美好的事物。同理心和利他主義就是利社會態度，具有很深刻的生物學根源。無論是微笑望著孩子快樂地吹熄生日蛋糕上的蠟燭，還是瞥見電影中淒美的一幕而鼻酸哽咽，前額葉皮質中的鏡像神經元都會以與我們所看對象相同的模式發射。那些無意識軀體模仿（unconscious somatic mimicry）能力較強的人，自陳報告中的利他主義分數較高。若他們說自己感受到你的痛苦，就是眞的感覺到了。至少在他們的大腦裡是這樣。

可見得人類的同理心與利他主義非常複雜，不只是兩人的大腦神經元以相同的模式齊射而已。除了部分例外，幾乎每個人都受到自身理解他人的情緒、意圖、信念和欲望之能力所支配，特別是那些感受和想法與我們不同的時候。我們能憑直覺知道他人的想法，是因爲我們假設對方的心智運作模式和自己的類似，就算雙方可能會得出不同的結論也一樣。這種推斷力讓我們能夠理解、詮釋及預測他人的心理狀態和行爲。少了這項能力，就會失去社會連結，智慧也會變得遙不可及。

第二站同樣是前額葉皮質，以及前扣帶迴皮質（anterior cingulate cortex）、後顳上溝（posterior superior temporal sulcus）和顳頂交界處（temporoparietal junction）附近，爲社會決策能力與實用人生知識之所在。這些拐彎抹角的學究式術語，基本上指的是個體對自我與他人的理解，及其應對變化無常的生活和各種問題的方式，亦是我們用來維繫日常，活出美好人生的「事實」。比方說，內心明白哭泣的孩子或悲傷的寡婦需要安撫和慰藉，而非刻薄的指責或不屑的譏笑等。

第三個智慧主要元素「情緒調節」則落在前額葉皮質和背側前扣帶迴皮質（dorsal anterior cingulate cortex）。情緒調節又稱情緒恆定（emotional homeostasis），而「恆定」就是平衡的意思。我們的身體（應該說宇宙間的萬事萬物），都在追求穩定與恆定，從不間斷。人體無時無刻都在調整內部狀態，以達到理想的平衡。例如：太熱會出汗，太冷會發抖，需要水或食物時會覺得口渴或飢餓。

心理層面也是一樣。若內在狀態動盪不安，智慧就難以萌芽；若經常生氣或充滿負面情緒，就無法表現出有智慧的一面。西元五世紀的印度僧人覺音論師（Buddhaghosa）曾寫道，持續性的憤怒就像是抓起一塊滾燙的煤要丟向別人，那麼會被燒傷的是你。無論是情緒與認知，還是情緒與思維，都必須維持陰陽平衡。有時，我們的確很有理由發飆或嫉妒，但必須巧妙控制這些情緒，將之昇華成智慧。同樣的，長期盲目樂觀或開心到飄飄然也很沒意義。

接下來，我們到前額葉皮質中的內側前額葉皮質（medial prefrontal cortex）晃晃，順道看看後扣帶迴（posterior cingulate）、楔前葉（percuneus）和下頂小葉（inferior parietal lobule）吧。這些區域與智慧的第四個要素息息相關，亦即反思和自我理解。

古希臘有句箴言流傳至今，那就是「認識自己」（拉丁文為*gnothi seauton*）。

這應該是最廣爲人知且世界公認的智慧要素了。「反思」意指深思熟慮，專注思考某個特定主題，也是智慧的基礎。很難想像所羅門王、亞伯拉罕．林肯（Abraham Lincoln）、英國女王伊莉莎白一世（Elizabeth I）或馬丁．路德．金恩（Matin Luther King Jr.）博士等象徵智慧的經典人物魯莽行事，完全不思考，也不權衡後果。沒有人知道所羅門王長什麼樣子，但我們可以在林肯臉上看見飽受苦思與艱難決定所摧殘的痕跡，在金恩博士情感豐沛又不失理性的言語勸誡中聽見思慮的餘音。所謂「輕率的智慧」其實是一種矛盾的修辭。

「明白人生充滿未知」則位於前額葉皮質，藏在前扣帶迴皮質下方。這種覺悟不僅能幫助我們學習並接受隨著新知識、新經驗和新見解而來的新思維與新信念，還能磨練我們的心，讓我們更有能力包容及接納他人。少了包容，就不可能展現同理心和慈悲心，也不可能與外部世界建立關係和連結。對智慧而言，包容不同甚至對立的觀點，其重要性不亞於自我反思或利社會態度。那是一種願意從多個角度看待生活與各種人事物，不會立即譴責或加以貶抑的能力。這個世界就像大腦一樣充滿繽紛色彩，而非純粹黑白。你眼前可能有一條路是對的，有一條路是錯的；唯有仔細思考所有選擇，才有機會找出正確的路。

最後一站同樣在前額葉皮質，以及前扣帶迴皮質和眼窩額葉皮質（orbitofrontal

cortex，位於眼窩正上方，因而得名）。明白人生模稜兩可、充滿未知，卻依舊有所作爲與行動的能力，與這些腦區密切相關。

有時，無所謂對的路可走。知識永遠有其侷限。美國演員與幽默作家威爾·羅傑斯（Will Rogers）說：「每個人都很無知，只是無知的領域不同罷了。」我們不可能探知一切，也不可能預測未來，這個事實讓人深感不安。關上這道門，可能會打開另外一道，但如果門後是電梯井怎麼辦？有時我們會選擇閉上眼睛縱身一躍，或是希望自己跳下去後能長出翅膀。

我在加州大學聖地牙哥分校的同事阿吉特·瓦基（Ajit Varki）和已故的丹尼·布勞爾（Danny Brower），在二〇一三年合著出版的《否認：自欺、錯誤信念與人類心智的起源》（*Denial: Self-Deception, False Beliefs, and the Origins of the Human Mind*，暫譯）一書中，以充滿說服力的論據闡明這一點。他們認爲，人類的心智大約在十萬年前出現了一些變化。新的認知技能與行爲發展，讓人類和其他動物有所區別，開始深思及探索生命的意義，進而察覺到自己終將一死。爲了緩解這些駭人想法所帶來的恐懼，人類演化出一種特殊的能力，就是「否認現實」。我們成了終極冒險王，甚至會選擇忽略一些具有科學根據的事實，好讓我們無憂無慮地追求人生、自由與幸福。就連死亡也變得無關緊要，或至少被忽視了。

智慧能幫助我們應付這些難題。智慧就是察覺到人生無常，一切皆無定數，唯一確定的就是生命有限，我們必須盡可能好好利用自己擁有的時間。

另外兩個腦區雖然跟我們的主題沒有直接關係，仍會造成深遠的影響。大腦左右腦兩側各有一條明顯又深邃的皺褶，名爲側溝（lateral sulcus），額葉在此看似垂落並遮住頂葉。側溝的深處藏著腦島（insula，每人都有兩個腦島，左右半球各一），主掌意識與多種情緒恆定相關功能。

另一個腦區是海馬迴（hippocampus）。海馬迴是一對海馬形狀的小結構，位於內側顳葉（medial temporal lobe）深處，主管長短期記憶資訊整合與空間方向感。事實上，這個區塊的影響遠不止於此。

海馬迴會把遙遠的記憶抽出來，或是把不相關的記憶湊在一起；如果你莫名聞到舊情人身上的香水味，或是明明沒來過這個地方，卻有種似曾相識的感覺，都是海馬迴的傑作。海馬迴並不是智慧神經迴路的一部分，但其功能（即正常記憶）對智慧思考與智慧行爲至關重要，不可或缺。

凹凸不平的顱骨與顱內的奧祕

科學發展至今，我們已經了解並找出不同智慧要素所對應的腦區位置，知道大腦各區通常會互相協調，共同運作。不過，這趟旅程一路走來曲折蜿蜒，極爲漫長，還不時轉錯彎，走進死胡同。

其中又以高爾（Gall）和布洛德曼（Brodmann）這兩個名字特別引人注目。前一個是騙子，另一個是先驅。

法蘭茲．高爾（Franz Joseph Gall）出生於德國一個羅馬天主教家庭。他本來想成爲神職人員，但正如波蘭醫學史家艾克納希特（Erwin Ackerknecht）所寫的那樣，高爾最有興趣的其實是「科學、園藝和女人」。

一七七七年，十九歲的法蘭茲．高爾捨棄神學院，進入醫學院，接受比較解剖學家約翰．赫曼（Johann Hermann）的指導。赫曼認爲，人類與猿類關係密切；這個觀點在當時可說是標新立異，遑論普及，畢竟達爾文（Charles Darwin）的演化論傑作《物種源始》（*On the Origin of Species*）要到一八五九年才會出版。

高爾是個厲害的觀察家。他在進行醫學研究時，注意到許多頭腦聰明、成績優秀的學生，眼球都很凸出，斷言這種情況不可能只是單純的巧合。後來，高爾獲得第一份工作，到維也納一家精神病院服務。由於約翰·赫曼和其他教授很強調自然觀察的重要性，他便將老師的教誨發揮得淋漓盡致，仔細觀察那些「瘋子」，特別是他們的頭骨大小和臉部特徵。

高爾在腦中逐漸架構出一個概念。他開始蒐集人類和動物的頭骨與蠟製大腦模型，以便研究顱骨輪廓，來與動物或死者的特有行爲相比對。例如，他會仔細檢視形狀和重量等特徵，尋找任何可能的線索，看看能否說明野貓的肉食欲望，或是某個惡名昭彰、最近才遭處決的強盜的竊盜傾向。截至一八〇二年，他已經蒐集了大約三百個人類頭骨和一百二十座石膏模型。

他的結論是，大腦皮質（即大腦外層，高爾稱之爲「外皮」）中不同的局部區域，似乎與他稱爲「基本能力」的二十七種先天心理特徵相吻合。其中，繁衍的本能、感受情感的本能、自我防衛機制、擁有時間感與空間感等十九項特徵，都是人類與其他物種共有的特性；另外八項則是人類獨有，包含詩才（寫詩的能力）、宗教、機敏和智慧等。

高爾認爲，這二十七種能力都可以對應到特定的腦區。比方說，「目標堅定」落在頭頂附近；「殺人傾向」潛伏在耳朵上方；「語言」則位於眼睛下方。

他認定這二十七種基本能力影響了頭骨的形貌，就像被子下的床單或床墊如果有凸起物，也會透過被子反映出來一樣。頭骨的不規則隆起和凹陷，分別對應不同的能力。高爾發明了一種名叫「顱檢查術」（cranioscopy）的方法，來檢視及測量人類頭顱外表起伏的形貌，再根據這些結果來判斷一個人的性格，推論其心智與道德能力的發展情形。這項實踐最後有了一個正式的名稱叫「顱相學」（phrenology），由希臘文中的「心智」（φρήν / phrēn）和「知識」（λόγος / logos）二詞組合而成。

顱相學很快就抓住了大眾的想像力。這個理論看似天馬行空，卻很容易理解，後來更風靡一時，成爲大受歡迎的熱門學說。顱相學誕生的時候，學術界尚未針對「可接受的證據」建構出一套系統性的科學程序和標準。這個觀點不僅影響了當時特定的社會習俗，看起來似乎也有科學根據，沒多久就成了書籍、手冊和巡迴演講的素材。

這種愚蠢的風氣實爲眾人被誤導的產物。到了一八四〇年代，由於連提倡顱相學的人都無法判定哪些是基本的心智器官，更重要的是，沒有人能具體明確地指出這些器官的位置，證明它們的功能，導致大家開始對顱相學多所質疑，否定的聲浪愈來愈大。

一九三三年，英國實驗心理學家約翰·富魯格（John Carl Flugel）懊悔地表示：

「顱相學是心理學界最大的失誤。」

無可否認的是，法蘭茲·高爾提出了一個很重要的科學概念，即「功能定位」，也就是不同的腦區具有不同的特定功能。此外，他也是科學史上第一批提出類似構想，試圖繪製大腦地圖的人之一。雖然高爾的理論基礎並非實質的科學數據，而是僞科學，他卻誤打誤撞，正確地將「睿智」這項特質放在額葉皮質附近，並判定「友誼和情感」位於後腦勺。

一八二八年，法蘭茲・高爾辭世。四十年後，科比尼安・布洛德曼（Korbinian Brodmann）於德國出生，成爲神經學家，開始根據概略的解剖特徵和細胞結構（cytoarchitecture，即細胞在功能上的組織方式）繪製大腦皮質地圖。

科比尼安・布洛德曼取得醫學學位後，前往德國耶拿大學（University of Jena）精神科診所工作，認識了艾洛伊斯・阿茲海默（Alois Alzheimer，阿茲海默症發現者）。在阿茲海默的勸服與鼓勵下，布洛德曼決定投入心神，致力於基礎神經科學研究。

布洛德曼的研究結合了臨床觀察與哺乳動物大腦基礎研究，涵蓋的範圍非常廣。他將人腦的解剖結構，與靈長類、齧齒類和有袋類動物的大腦進行比較，並以動物和人類爲實驗對象，利用刺激技術和病灶的概念，來辨別大腦皮質各區的功能。他會精確地刺激活體大腦某一區，看看實驗對象有什麼反應。動物的右腿有動嗎？鼻子有抽搐嗎？另外，他也會反向操作，觀察損傷的特定腦區（如病灶）與這些身體反應之間的關係。

這項研究雖然耗心費神，卻也結出豐碩的成果，讓布洛德曼得出有史以來第一張大腦功能圖，寫下卓越的科學成就。可惜這張圖同樣省略了不少細節。一九一七年，布洛德曼因肺炎突發敗血症感染而去世，享年四十九歲。

布洛德曼為神經科學領域的貢獻恆久流長，影響深遠。他將大腦皮質劃分為五十二區，依組織特性分為十一類，現稱「布洛德曼分區」（Brodmann areas）。他假設這些區域具有不同的生理特徵和結構，分別執行不同的功能。例如，顳葉中的布洛德曼分區四十一區和四十二區與聽力有關，枕葉中的布洛德曼分區十七區和十八區與初級視覺有關。他的研究成果與高爾轉瞬即逝的幻想不同，不但很有先見之明，更是歷久不衰。時至今日，現代科學界仍會使用改善過的布洛德曼分區系統來描述及討論大腦的組織、結構、細胞和各項功能。多虧布洛德曼及其他前輩的努力，我們才得以確立大腦是一個由分離各異又互相聯繫的神經生物區域所組成的複雜多變的世界。

費尼斯·蓋吉的悲劇

科比尼安·布洛德曼刺激實驗小鼠的大腦四區（初級運動區）時，小鼠的四肢動了起來。雖然很有趣，但顯然無法說明腦功能與動物智慧或人類智慧之間的關係。

不過，當布洛德曼在小鼠大腦四區製造損傷，小鼠的對側肢體便出現癱瘓的現象。當然，若實驗對象是人類，研究人員絕不能以實驗為由而故意造成任何傷害，否則會違反所有科學研究行爲準則。因此，我們會在所謂的「大自然實驗」或自然事故中尋找答案。只要對那些因頭部受傷或中風而四肢癱瘓的人，進行磁振造影檢查（magnetic resonance imaging, MRI），就會發現他們的大腦四區受損，與小鼠的情況類似。

這讓我開始思考，一個睿智的人會因爲頭部受傷或疾病影響而變得沒有智慧嗎？我著手搜尋文獻，想看看有沒有什麼大自然實驗能給予解答。沒想到，網路搜尋結果再度落空。這個問題太籠統了。因此，我和同事決定換個方向，尋找那些明顯喪失智慧要素的人。最後我們找到十幾個「現代費尼斯．蓋吉」，但這些案例報告都沒有具體提到「智慧」這個詞。

費尼斯．蓋吉（Phineas Gage）的故事是醫學史上最著名的定位案例之一。

一八四八年九月十三日下午，蓋吉和施工團隊在佛蒙特州卡文迪西鎮附近，執行拉特蘭至柏靈頓鐵路修建工程，準備清除一些岩石以利作業。當時蓋吉是工頭，大家都認為他是在地最優秀的工程領班。

當天，他負責將火藥填入岩石上的鑽孔，用長鐵棍（輕輕地）把火藥壓實，然後助手再倒入沙子或黏土，進一步壓縮混合物，從內部炸開岩石。這個工作極度危險，只有技術熟練的工程人員才能勝任。

蓋吉有一根填火藥專用的長鐵棍，約一百一十公分長，六公斤重，外型像標槍那樣，前端逐漸變細，他就是用鐵棍尖端將火藥戳進鑽孔並壓實。

關於那天究竟出了什麼事，大家衆說紛紜。據傳，當時不遠處有些工作人員正在把碎石搬到推車上，蓋吉可能一時分心，抬起頭，導致鐵棍在岩石上擦出火花，或是像其中一位目擊者推測的那樣，他只是壓火藥壓得太用力了。無論原因為何，火藥意外點燃，鐵棍就像彈道飛彈一樣從鑽孔裡射出來。

棍子從蓋吉的左顴骨下方插進他的頭部，刺過左眼後方，貫穿左額葉下半區，從頭蓋骨頂部略低於髮際線的地方飛出去，落在大約二十三公尺外的地方，如擲刀遊戲的小刀般筆直插在地上。根據目擊者的描述，鐵棍上「沾滿了鮮紅的血和油滑的腦組織」。

令人訝異的是，蓋吉奇蹟似地活了下來，既沒被炸死，也沒被鐵棍刺死。據傳他從頭到尾意識清醒，事發後短短幾分鐘就能邊走邊講話。他挺直身子坐在牛車裡，被同事火速送往小鎮市區，接著坐在旅館門廊的椅子上等，其他人則急忙去找醫師。

醫師終於抵達，只見「上翹的骨頭彷彿一座火山，從蓋吉的頭皮竄出來」，嚇得他目瞪口呆。受傷的蓋吉還開玩笑地說：「這下你有得忙囉。」

確實有得忙。無論是對當時毫無心理準備的本地醫師，還是日後一代又一代的神經科學家來說皆然。

意外發生前，大家都說蓋吉是個外表整潔俐落、品行端正的人，他的醫師約翰·哈洛（John Harlow）也認爲他是個充滿男子氣概的勞工典範。他在談起蓋吉時寫道：「雖然他沒有在學校受過正規的教育訓練，但他的心智非常平衡，認識他的人都覺得他是個聰明又精明的商人，而且活力充沛，做事有始有終，一旦擬定營運計畫，就會執行到底。」

但鐵路事故發生後，哈洛用心酸又沉痛的筆調寫道：「蓋吉不再是蓋吉。」

哈洛悲嘆著：「他反覆無常，粗魯無禮，不時出現不雅的言行舉止（他以前不會這樣），而且完全不尊重同事；只要他人的規勸或建議與他的心意相衝突，他就會很不耐煩。」經過一段康復期後，蓋吉返回父母位於新罕布夏州萊巴嫩的家，轉行從事農業，但沒多久就放棄了。後來他搬到智利，做長途驛站馬車車夫。陣發性病痛不斷折磨著他，他在生命中最後幾年更是飽受癲癇所苦。一八六〇年五月二十一日，蓋吉在母親位於舊金山的家中去世，享年三十七歲。

顯然，蓋吉受傷後完全變了一個人。鐵棍被爆炸震飛，刺穿他的頭部，釀成無法逆轉的傷害，摧毀了部分腦區，而正是這些區塊造就了蓋吉從前的模樣。

不過，蓋吉的大腦究竟有哪些區域受損？感謝神經科學家安東尼歐・達馬吉歐（Antonio Damasio）及其同事出色又充滿創意的研究成果，我們才得以知道答案。他們在一九九四年於《科學》（*Science*）期刊上發表了一篇論文，名為〈費尼斯・蓋吉回來了：知名患者顱骨內的大腦線索〉。文中不僅描述他們挖掘蓋吉頭骨和鐵棍（兩者埋在一起）的過程，還提到他們用X光與磁振造影，以3D立體的方式重建蓋吉早已消失的大腦，判斷鐵棍可能的軌跡，找出蓋吉受損的腦區。十八年後，加州大學洛杉磯分校大衛格芬醫學院（David Geffen School）的約翰・范霍恩（John Darrell Van Horn）利用磁振造影及其他造影技術，建構出蓋吉受損的頭骨和大腦模型，確認他左額葉損傷。該區承載了一半複雜的認知能力，從許多意義上來看算是人類的本質。

蓋吉的悲劇可說是一個起點。因爲他，神經學家開始探索大腦結構損傷與特定行爲變化之間的關係。事實上，這種情況一點也不罕見。

舉例來說，二〇〇四年，也就是蓋吉死後將近一個半世紀，聖地牙哥退伍軍人醫療中心與加州大學聖地牙哥分校醫學院的瑪格麗特・卡托（Margaret Allison Cato，她曾是我的研究員）及其同事，在《國際神經心理學協會期刊》（*Journal of the International Neuropsychological Society*）上發表了一篇關於「現代費尼斯・蓋吉」的個案研究報告。

該名男性患者曾是軍人。一九六二年，他乘坐的吉普車不慎輾過地雷，爆炸的威力讓他的前額猛地撞上擋風玻璃的金屬邊框。當時二十六歲的他和蓋吉一樣，沒有因強烈撞擊而瞬間失去意識，不但記得爆炸經過，也記得事發後旋即有人問他問題。吉普車司機則不幸喪生。

這名患者雖然保住一條命，腹內側前額葉皮質（ventromedial prefrontal cortex）卻嚴重受損，特別是左側。受傷前的他，無論是在學術或專業領域都表現良好，堪稱模範，不僅在校成績優異，從軍之路也很順遂，短時間內就多次晉升。

但創傷導致他的社交和行爲能力急遽下降。儘管他在後續大多數神經認知測驗中都拿到平均分數，甚至優於常人（例如他的語文智商爲一一九，屬於「高水準」），依舊無法維持正常工作。他被迫退伍，只能做送報紙等一些較簡單的勞務，還經歷了四段婚姻，親子關係也非常疏遠。

我和湯瑪斯・米克斯在文獻資料中找到十幾個「現代費尼斯・蓋吉」案例。請注意，這些論文完全沒有使用「智慧」這個詞，但其描述顯然符合我們對智慧（或失去智慧）的定義。這些個案分別是哪些腦區受損呢？根據研究報告，大多數患者都是前額葉皮質損傷，有些患者則外加杏仁核損傷。

可見得這並不是巧合。前額葉皮質和杏仁核顯然是智慧生物學的核心。這項發現進一步強化了我們的假設。若智慧會因大腦關鍵部位受損而弱化或喪失，反過來也一樣：我們可以藉由培養及訓練特定腦區能力的方式，來增強或獲得智慧。後面的篇章會再深入探討這個主題。

少了疾病，多了智慧？

大腦前額葉皮質損傷及其對智慧的影響，有時也會以較溫和的方式呈現，其中額顳葉失智症（frontotemporal dementia, FTD）是智慧神經生物學領域特別感興趣的疾病之一。十九世紀時，捷克精神科醫師阿諾．皮克（Arnold Pick）首度描述此病症，因此它亦曾稱爲「皮克氏症」（Pick's disease），是僅次於阿茲海默症和路易氏體失智症（Lewy body dementia），第三常見的神經退化性疾病。

家族病史是目前唯一確定的顳額葉失智症危險因子。患者通常會在五十多歲發病，不像阿茲海默症最常見於八十多歲的高齡者。加州大學舊金山分校神經學特聘教授暨記憶與老化中心主任布魯斯．米勒（Bruce Miller），是一位傑出的學者與顳額葉失智症專家，更以此症為題寫了一本相關書籍，多虧他的持續研究與努力，我們才得以了解這種疾病。

顳額葉失智症會逐漸破壞大腦功能。起初，患者會出現一些微妙的行為變異，變得不像原來的自己，例如言行舉止比較悲觀、快快不樂等，有點類似費尼斯．蓋吉的情況。他們的行徑一開始往往會被誤認為憂鬱症，或單純年紀大鬧脾氣之類；然而隨著時間過去，其他症狀（如失控等）會慢慢浮現。患者可能會口不擇言，做出極不恰當的舉動，人際關係與社交生活明顯脫序，甚至釀成無法收拾的後果。顳額葉失智症會選擇性影響大腦皮質前半區，主要是前額葉皮質，而其所導致的行為變異徵狀，感覺起來與智慧的標準恰恰相反。

前額葉皮質與人類獨有的認知能力息息相關，例如語言、處理複雜社會資訊的能力、自我反思、有目的地追求更高層次的目標等。另外，前額葉皮質中的腫瘤也會導致患者人格改變，失去智慧就是其中一種。

杏仁核損傷同樣會造成類似的影響，只是方式截然不同。

安東尼歐．達馬吉歐及其同事在一九九四年於《自然》（*Nature*）期刊發表的論文中首度提到一個個案。該名患者是住在肯塔基州的女性，當時四十九歲，患有一種名爲「類脂質蛋白沉積症」（Urbach-Wiethe disease）的罕見遺傳疾病，導致杏仁核於兒童晚期萎縮，因此她幾乎無法感受到焦慮或恐懼，無論遇到蛇或蜘蛛，還是經過恐怖的萬聖節景點、觀看驚悚電影，都沒有任何情緒反應。後來她成爲許多科學家研究的對象，還被媒體封爲「無所畏懼的女人」。

據了解，這名患者平常是個活潑外向、親切友善又自在不羈的人，很喜歡開玩笑或是跟別人打情罵俏。當然，這些性格特質都不錯，可是少了功能正常的杏仁核，她無法察覺那些提醒她注意危險和傷害的負面社會線索，例如外顯攻擊、他人臉上的憂懼等，導致她成爲許多犯罪行爲的受害者，遭遇不少創傷，不僅曾被人持刀和持槍搶劫，更差點死於一樁家庭暴力事件。

這名患者在這些經歷中，絲毫沒有表現出一般人預期的絕望、緊張、急迫、恐懼等典型反應。雖然很多創傷事件可歸因於外在環境（她生活在一個比較貧困、犯罪率高又毒品氾濫的危險社區），但她沒有察覺或應對即將來臨的傷害和威脅，以致情況更加嚴重。

儘管這名患者活出自己的人生，不但結了婚，還獨立扶養三個孩子健康長大，可是她少了一個必要的大腦機制，無法調節行為的情緒面，而這個面向正是構成智慧的重要元素。

智慧何在？

不論生活中出現什麼樣的挑戰，又或者正是因為這些挑戰，我們往往認為智慧與年齡呈現正相關，年紀愈大，就愈有智慧。我們會這樣想也不意外，畢竟經驗是個很棒的老師，而且通常需要時間累積。

二〇一九年，我和同事查看一千多名年齡介於二十一歲至一百歲以上成人的數據，以了解他們是否找到自己所認為的「人生意義」。尋得生命的意義是智慧的標誌，這一點似乎不言自明；然而，我們公布的研究結果卻沒那麼簡單，反倒出乎意料地複雜。

研究結果顯示，「尋找生命意義」基本上呈U型曲線，「意義的存在」則相反。你在年輕的二十多歲時，可能還不知道自己想做什麼工作，不確定想找什麼樣的人生伴侶，也還沒摸清楚自己的眞實樣貌。你正在尋找生命的意義。

邁入三、四十歲和五十歲後，你會建立人際關係，可能會結婚成家，安於特定的職業和身分。隨著人生的意義增加，探求的需要也會減少。

六十歲後，情況開始有所改變。你進入退休生活，也許會失去一些身分，不再是水電工、銀行家或學校教授。沒有工作可以定義你。你可能會出現反覆發作的病痛或慢性健康問題，身旁的親朋好友也一一離世。年老的你開始重新尋找生命的意義，因爲過去熟知的意義顯然已經消失了。

但願我們擁有的智慧會隨著年齡成長而增加，因爲一生中獲得的智慧，有助於彌補及緩解一生中的壓力所造成的後果。不過，愈來愈多證據表明，我們不必等上一輩子，就能變得比實際年齡更有智慧。

Chapter
3
智慧與老化

年輕時不可怠於探尋智慧，年老時不可疲於追求智慧。對維持靈魂健康而言，任何年紀都不算太早，也不算太遲。

——伊比鳩魯（Epicurus）
古希臘哲學家

變老最大的好處，就是不會失去過往所有年華。

——麥德琳．蘭歌（Madeleine L'engle）
美國作家

身爲一名專門診治精神障礙高齡患者的老年神經精神科醫師，我不僅聽過，更親眼看過許多老化可能帶來的困擾和必然出現的問題，舉凡高血壓、糖尿病、關節炎、心臟病、癌症、中風等身體病痛，阿茲海默症和其他失智症等認知障礙，以及憂鬱症等精神障礙，都是年長者經常面臨的身心疾患。

即便沒有這些疾病，屬於正常老化一類，也會出現體力與精神不如以往、難以記住他人姓名和臉孔、不易習得新事物與孤獨感等問題。

一般來說，老化的確會讓人有種不祥的預感，覺得生命隨著年齡增長逐漸流逝，我們似乎愈來愈掌控不了自己的身體、心智和命運。

老年人既不強壯也不敏捷。人類物種的體能在二十到三十歲之間臻至巔峰，接著開始走下坡，於五十歲左右急速驟降。

從演化的角度來看，長壽似乎非常荒謬，毫無道理可言，畢竟達爾文的演化論是以「適者生存」和「成功繁衍後代的能力」爲基礎，而老年人無法繁殖，不能促進物種生存。多數大型動物除非生活在動物園、研究實驗室或其他受保護的環境中，否則年齡增長到無法繁衍後不久就會死亡。人類過了繁殖期後，通常還能再活數十年，是靈長類動物中的特例。如果一位女性在四十五歲時自然停經（以生物觀點對照，男性的話就是進入男性更年期），活到九十歲，表示她後半輩子都沒有對人類物種繁衍做出直接的貢獻。

然而，當前所謂的「老年」定義逐漸往後推移，人類平均壽命不斷增加。一九〇〇年，美國的國人平均預期壽命約為四十七歲，如今大約是八十歲，其中女性的壽命略高於男性；二〇五〇年，平均預期壽命預計會增加到將近九十歲。如果人類的壽命在延長，生育能力和健康壽命會不會跟著延長？

答案是「不會」。數千年來，女性停經或男性更年期的平均年齡變化不大，而且人們還是會罹患各種老化相關疾病。既然如此，為什麼人類能在失去生育能力和身體健康惡化的情況下異常長壽？

唯一可能的解釋是，有些事物想必會隨著年齡增長而改善，以彌補個人與社會的不足。多年來，我專注研究相關主題，決心要發現人類有哪些方面會隨著年歲累積變得更好，這些面向又是如何彌補生育能力和身體健康的匱乏。本章就是要說明我的觀點：**隨時間推移而增長的智慧，對年長者和社會都有好處**。自然機制支持我們實現「愈老愈有智慧」的目標，前提是我們要積極主動地幫助自己。一旦了解智慧是如何隨著年齡成長而增加，我們就有能力讓年輕人變得更有智慧。

發展心理學家艾力克．艾瑞克森（Erik H. Erikson）是最早將智慧與老化正式連結起來的心理學家之一。一九八八年，艾瑞克森及其妻子瓊安（Joan）接受心理學家丹尼爾．高曼（Daniel Goleman）與《紐約時報》（*New York Times*）採訪，闡述老年的本質。當時艾瑞克森八十六歲，瓊安八十五歲，正如高曼開玩笑地表示，他們倆一直在想這件事。

沒有一對夫妻比他們更適合討論這個主題。一九五〇年代，艾瑞克森夫妻創造出一個新穎的生命圖表，將人類心理發展分割成各不相同、按時序排列的時期，共有八個階段，每個階段都會影響並定義個體的人格特質。

生命的初始階段是嬰兒期（自出生到十八個月大），也是「信任」與「不信任」互相拉扯的時期。嬰兒會在父母身上尋找穩定感和始終如一的照顧，如果尋得，他們就會於內在種下希望，發展出一種信任感，這些感受會逐漸滲透他們的生活，即便感知到威脅或危險，他們依舊能維持安全感。

相反的，以艾瑞克森的觀點來看，若嬰兒早期生活環境惡劣，或是照顧者反覆無常、難以預測又不可靠，不信任感就會慢慢萌芽，深植於心。恐懼、憂慮和懷疑會影響他們的人生、世界觀與人際關係。

生命圖表的另一端是第八個，也是最後一個階段。個體會試圖在現實生活中調和自我期望與理想，亦即自我整合與絕望感彼此對立，互相拉鋸。這項任務非常重要，有時還令人難以招架；與此同時，肉體本身也隨著年紀逐漸老化，一點一滴崩解。

根據這項理論，智慧正是在生命的最後階段，於協調過去與現在（對八十多歲的人而言，未來似乎沒那麼緊迫）的掙扎中繁榮成長，抑或陷入困境。艾瑞克森夫妻認爲，這個階段代表自我整合與絕望感之間的衝突，而補救的辦法就是智慧。

瓊安．艾瑞克森對高曼這麼說：「回顧四十多歲時的生命週期，我們發現自己會向長者尋求智慧，不過到了八十歲，我們會轉向其他同齡的人，看看誰有智慧，誰又缺乏智慧。老年人不見得充滿智慧，但唯有變老，才能獲得智慧。」

這句話很巧妙，因爲我們的確需要機會來學習和鍛鍊有智慧的行爲。要是不下水，就不可能會游泳；如果不堅持不懈地練習，就不可能成爲游泳高手。慈悲心、復原力和幽默感等智慧構成要素也一樣，必須時常且規律練習，重塑大腦，以做出更有智慧的行爲，無論是有意識或無意識皆然，就像大量游泳能雕塑體態一樣。

不過，關於瓊安．艾瑞克森那句話後半段，我倒有些異議。她說「唯有變老，才能獲得智慧」，但我堅信，我們可以學習培養及增長智慧，不必等上好幾年。**智慧具有生物學基礎，這是本書的基本前提，而生物學因子是可以改變的**。孟德爾（Gregor Mendel）利用豌豆實驗歸納出基因操作與遺傳基本法則，就是最好、最深刻的闡釋。

話雖如此，年長者身上依舊有我們可以學習與汲取教訓的地方。凡是過往，皆爲序章；我們可以觀察那些活躍的年長者，看看他們的大腦是如何不斷演化、適應與促進充滿智慧的思維、感覺和行為。這些策略同樣適用於年輕人；無論在什麼年紀，我們都能讓自己的決定和努力變得更有智慧。

為什麼老化有益於社會？

對地球上絕大多數物種來說，生命長到只足夠做一件事，那就是繁衍更多生命。生育，而後死亡。

大自然提供了很多例子。例如，雌性澳洲紅背蜘蛛（學名 *Latrodectus hasselti*）懷孕後不久，就會殺害並吃掉雄性蜘蛛；這種雄性「犧牲」行為，同樣有助於增強潛在的親子關係與基因傳遞。一隻吃飽的雌性蜘蛛不太可能再次交配。

父母之所以無私的原因顯而易見，且普天之下皆同：一切都必須用來培養下一代，有時就連父親的生命也不例外。但大部分非哺乳動物在出生後，很少或甚至完全不會從父母那裡學到什麼生活技能。

人類就不一樣了。我們是唯一一個在心智發展成熟前幾年就有能力繁衍後代的物種。人腦會在青少年時期經歷突觸修剪（synaptic pruning）等多種過程，不斷調整與改進。一般人的大腦要到二十歲出頭才會完全成熟，但從生物學的角度來看，我們的身體在十二、十三歲青春期來臨時，就已經準備好懷胎了。這些年輕人的大腦尚未完全發育，更未達法定年齡（美國爲二十一歲），不是法律上認定具有完全行爲能力、可負擔責任的成年人，他們怎麼有辦法照顧自己的孩子，讓孩子於潛在的危險環境中存活下來？

來看看智慧的「祖母假說」（grandmother hypothesis）吧。

一九五〇年代中期，一位名叫喬治·克里斯多夫·威廉斯（George Christopher Williams）的生物學家，首次提出可能的理由來解釋停經後長壽的現象。他認爲，女性隨著年齡的增長，繁衍後代的成本會愈來愈高，因此，將撫養後代所需的精力拿來照顧較早出世的子嗣，確保他們能成功達成自身繁衍的目的比較好。這時，停經後的祖母就派上用場了。她們會支持親屬、提供所需的支援，確保其基因傳給後代，而這並非出於巧合。

「祖母假說」是根據長期對人類與非人類物種的研究發展而來，具有豐厚的基礎。目前已有多項研究報告指出，不少動物都符合這個假說。例如，虎鯨就是地球上少數雌性會經歷更年期的物種之一，牠們會組成包含多個世代的「小群」（pod），展現出不可思議的情感連結與群體利益。此外，小群中處於生殖後期的雌虎鯨死亡，會增加後代死亡的風險，其中雌性後代的風險會多五倍，雄性後代的風險會多十四倍。鳥類中，生殖後期的雌性塞席爾藪鶯（Seychelles warbler）會搖身一變，成爲「祖母級助手」，幫忙撫養群體中的後代；瓶鼻海豚會哺育孫輩；亞洲象群中的小象若有大象祖母在身邊，存活率與繁殖率都會比較高。

至於人類，前現代人口的定量證據和軼事類型證據都表明，停經/男性更年期後的長壽現象，與孫輩數量增加有關，且其結果有益於個人和社會。祖父母共同撫育孫子女時，年輕的成年父母往往會活得比祖父母更久、更快樂，生養的孩子也更多。

另外，東非坦尚尼亞有一群從事狩獵採集的哈札族人（Hadza），多項以該族爲對象的研究發現，祖母級助手似乎能確保年輕一代更長壽。就連在現代社會中，祖父母參與養育過程，也能減少孫輩的情緒問題與適應困難，讓他們展現出更多利社會行爲，特別是那些於單親家庭或繼親家庭長大的孩子。《自然》期刊曾登載一項研究，根據其列出大約二千八百名出生於一九〇〇年之前的加拿大婦女和芬蘭婦女多代完整紀錄顯示，較年長的母親，其後代生育的年齡更早、次數更頻繁、成功率也更高。由此推測，這些祖母的「智慧」不僅可能延長己身的壽命，同時也可能促使後代成功。

很明顯，祖母（和祖父）在身邊的其中一項主要優勢，就是分享生活經驗，將智慧傳授給年輕一代。這個好處恆久不渝，從古老遊牧部落到當代社會都歷歷可見。蘭德．康格（Rand Conger）教授與共同作者提出一項「家庭過渡計畫」（Family Transitions Project），以孩子、父母、祖父母三代同堂的家庭爲對象，研究了一百二十七個家庭。研究人員發現，祖母參與孫輩事務的程度愈高，孫輩的行爲問題就愈少。

蘭德．康格的研究並非獨一無二。目前已有大量證據顯示，年長者的存在及其智慧傳授，大幅改善了人類的生命與生活。我的家庭就是一個例子。身爲外祖父的我可以盡情和孫子們分享我的愛與喜悅，如果我的女兒和女婿針對養兒育女的問題徵詢我的意見，我也能提供相關指引；另一方面，他們也是我的老師，教我如何成爲一個更好的外祖父和父親，讓我變得更快樂、更健康。愛與資訊就在不同的世代中綿延流轉，多向交流。

《小婦人》作者、美國作家露意莎．梅．奧爾柯特（Louisa May Alcott）曾寫道：「家家户户都需要一位祖母。」

還有祖父。

祖輩基因

年長者的社會價值甚至可以轉譯成基因。加州大學聖地牙哥分校與沙克生物研究中心（Salk Institue）共同合作，設立了「人類起源論學術研究暨培訓中心」（Center for Academic Research and Training in Anthropogeny）；二〇一五年，我的同事阿吉特・瓦基與該中心研究人員共同發表了一篇論文，指出部分人類基因變異可能已經演化成特定樣態，以保護高齡者免受神經退化性疾病和心血管疾病的影響。

具體而言，阿吉特・瓦基的研究團隊發現，人類與近親黑猩猩的基因組中，都有種名叫CD33的蛋白質編碼基因，但人類的CD33基因數量比黑猩猩多了四倍。CD33是一種從免疫細胞表面投射出來的受體，負責調控免疫反應，防止免疫細胞「自我」攻擊，減少不必要的發炎反應。其他相關研究也指出，特定類型的CD33基因會抑制及阻止β澱粉樣蛋白（amyloid beta protein，或稱β類澱粉蛋白、乙型類澱粉蛋白）於腦部累積。β澱粉樣蛋白是一種摺疊成錯誤形態的蛋白質聚合體，會沉積在腦部形成黏稠的斑塊，被認爲是阿茲海默症的肇因之一。

此外，瓦基團隊還發現人體內一種名爲APOE4的祖先基因，在演化上出現變異。APOE4是阿茲海默症與腦血管疾病的危險因子，而其變異APOE2與APOE3似乎對失智症有一定的保護作用。

該項研究的共同作者帕斯卡．加尼奧（Pascal Gagneux）表示：「一旦高齡者罹患失智症，不僅社群會失去重要的智慧、累積的知識與文化來源，這些認知能力輕微下降、擁有影響力且年紀較長的成年人，也會做出有缺陷的決策，傷害到自身所屬的社會群體。我們的研究並未直接證明這些因素與CD33、APOE及其他保護性基因變異選汰有關，但這種推論與可能性是有理有據的。畢竟，年輕一代的代間照顧（intergenerational care）與資訊傳遞，是非常重要的因子，能讓年輕親屬在群體與更廣泛的部落或社會網絡中生存。」

心靈的力量勝過逐漸消逝的物質

老化對軀體的影響顯而易見，在許多人眼中更是有形的痛苦。我們的肌肉鬆垮下垂，身體愈來愈虛弱。每一個層面、每一個地方都有變化。不只是老舊細胞和器官功能變差，較難進行常規修復，骨骼也不如以往密實，變得更脆，更容易斷裂。除了關節軟骨磨損，韌帶失去彈性，肌肉質量下降（這個過程其實從三十歲這個相對年輕的年紀就開始了）和體力衰退之外，還會失去所有感官敏銳度。舉例來說，大多數人到了六十歲就會喪失一半味蕾，這或許可以解釋爲什麼許多老年人喜歡吃高糖、高鹽和高脂肪的食物來增添滋味。

莎士比亞（Shakespeare）在十六世紀的喜劇作品《皆大歡喜》（*As You Like It*）中提到，人的一生可分爲七大階段，第一階段是嬰孩，而第七階段，即最後一個階段是：

> 返老還童，全然遺忘；
> 牙齒脫落，眼不復明，口不知味，一切歸於空無。

這種老年原型屬於片面描述，忽略了一項事實，那就是老化也是一種心境。馬克·吐溫（Mark Twain）於《赤道漫遊記》（*Following the Equator*）一書中寫道：「皺紋不過是微笑留下的痕跡。」你覺得自己有多老就有多老；或是像居於威斯康辛州的專欄作家道格·拉森（Doug Larson）說的那樣：「若你從未有過丟雪球的衝動，就表示你老了。」

科學也證實了這一點。一九八一年，當時還很年輕的哈佛大學心理學家艾倫·蘭格（Ellen Langer）進行了一項實驗，將八名七十多歲的男性受試者送進新罕布夏州的一座修道院，讓他們回到過去。正如自由記者與專欄作家布魯斯．葛里森（Bruce Grierson）在二○一四年於《紐約時報》發表的文章中提到的：「老式收音機裡傳來派瑞．寇摩（Perry Como）輕柔的抒情嗓音；黑白電視播放著艾德．蘇利文（Ed Sullivan）歡迎來賓的畫面……修道院裡的所有東西，包含書架上的書籍雜誌，都是爲了讓人想起一九五九年。」

艾倫．蘭格對布魯斯．葛里森說，研究人員請受試者在這五天內擁抱過去，「試著在心理上成爲二十二年前的自己」。從來到改造後的修道院、踏進大門的那一刻起，受試者就會被當作身處過往時代的年輕人。他們要自己扛行李上樓；體育話題圍繞在傳奇四分衛強尼．尤尼塔斯（Johnny Unitas）和「籃球皇帝」威爾特．張伯倫（Wilt Chamberlain）的輝煌成就，好像比賽才剛打完一樣；新聞報導了美國首次發射衛星的壯舉；電視上播放的電影是詹姆斯．史都華（James Stewart）主演的《桃色血案》（*Anatomy of a Murder*）。

受試者會換上與一九五九年同時代的服裝，牆上則掛著他們年輕時的照片，沒有鏡子來破壞這些幻象。

不可思議的事情發生了。在實驗的最後，所有受試者都覺得自己彷彿重返年輕，而這種感受也反映在行爲上；不只動作更敏捷，身體更柔軟，體格更高大、更強壯，握力、記憶力、靈活性與認知能力等生理指標測量分數，也比實驗前好，就連視力也有所改善。

受試者在等待回劍橋的巴士時，自發地玩起觸式橄欖球。五天前，他們還只是八名佝僂老人，在人行道上拖著蹣跚的腳步走向修道院。

臨終時的人生教訓

當一個人走到生命的盡頭，面對逐漸逼近的死亡，可能會經歷一種最終的頓悟，眼光變得澄澈明晰，人生中所有矯飾、期盼、困惑、煩惱、失望……或許都會消失無蹤。心理學家蘿拉．卡斯騰森（Laura Carstensen）稱之爲「社會情緒選擇」（socioemotional selectivity）。基本上，社會情緒選擇指的是個體會隨著自己在世上的時日愈來愈少，開始愈來愈仔細斟酌，選擇自認有意義的事物與生活方式，把握日漸流逝的人生。你不再爲小事煩憂，反而意識到其實大部分的事都是小事。如果你躺在安寧療護病床上，只剩下六個月或更少的時間可以活，大多數事物在你眼中就沒那麼重要了。

那麼什麼才重要呢？我和同事訪談了二十一位因疾病末期接受安寧療護、年齡介於五十八歲到九十七歲之間的男性和女性。他們對智慧的定義是什麼？他們的觀點有沒有隨著時空環境而改變？

不出所料，這些徘徊於生死關頭的受試者，對智慧的描述包含了利社會態度、人生知識、積極活躍、情緒調節、感恩與正能量、經驗開放性、接受不確定性、靈性/宗教性、自我反思、幽默感與寬容等專家認可的智慧內涵，只是程度不一。

所有受訪者都認為，同理心、慈悲心、愛、良善、寬恕、尊重等利社會行為和態度，是智慧的主要元素。其中一位受訪者表示：「我從沒見過哪個自我中心的人稱得上有智慧。」

同樣的，所有受訪者都認為決策與人生知識是智慧不可或缺的成分。一位受訪者說：「我認為，一個有智慧的人會先去蒐集資訊、尋求建議，然後再做出決定。他們會權衡後果和利弊。」

此外，所有受訪者都認為智慧是一生的課題，需要不斷努力和操練。「人生嘛，不如意十之八九。我知道自己必須竭盡所能……必須投入心力才行。」

至於情緒調節和正能量，幾乎所有受試者都認為至關重要。「嗯，我不認為自己有什麼大智慧，但我認為智慧就是在生活中培養一種快樂的態度；不見得是要有錢，而是單純仰望天空、欣賞大自然、熱愛身邊的人，就能感到幸福。這樣一來，我想人生會變得非常豐富。」

其他受訪者則提到接受不確定性、靈性、自我反思和幽默感的重要。一位男性受訪者說：「雖然人生難免悲傷，但還是有很多有趣又幽默的事物。你必須擺脫那些哀愁，不能聽任它，否則會變得很憂鬱、很沮喪，不但會爲別人帶來負面影響，對自己也無益。」

疾病、失智、衰弱、憂鬱和死亡

當生活陰霾籠罩、情況不太樂觀的時候，我們可能會認爲「年老」代表的不過是病痛、退化、衰弱、失智、殘疾、憂鬱和死亡。以美國爲例，六十五歲以上的年長者中，有十三％的人罹患阿茲海默症（八十五歲以上則有四〇％），此病症主要的病理原因是澱粉樣斑塊與神經纖維纏結，慢慢殺死了神經元，致使大腦功能逐漸出現異常。據估計，美國目前約有五百多萬名阿茲海默症患者，預計到二〇五〇年，人數會增加三倍。

話雖如此，還是有個值得高興的事實，那就是大多數人不會罹患這種可怕的腦部疾病。二〇一三年，時任加州大學聖地牙哥分校醫學院病理學系與神經科學系副教授的蘇博吉・羅伊（Subhojit Roy）與希利馬可斯阿茲海默症研究中心（Shiley-Marcos Alzheimer's Disease Research Center）及學校同仁於《神經元》（*Neuron*）期刊共同發表了一篇論文，指出蛋白質和酶在多數人的大腦中處於分離狀態，一旦兩者結合在一起，就會引致阿茲海默症特有的漸進式細胞退化和死亡。

「這就像是把火藥和火柴分開，以免發生爆炸。這項發現讓人備感寬慰。」蘇博吉・羅伊說道。

在過去的一項研究中，研究人員要求受試者閱讀特定的文章段落，裡面夾雜著許多莫名其妙、令人意想不到的詞彙。研究結果顯示，六十歲以上的受試者會出現閱讀困難的現象，大學生則會以一致的步調快速掃過文字。許多年長受試者只要看到格格不入的字詞就會放慢閱讀速度，彷彿遇上「心智減速丘」，停下來吸收並處理不尋常的資訊。

不過，有個好消息。後來，研究人員詢問年輕組和年長組受試者，關於那些不當字詞的含義時，年長者的表現更好。

多倫多大學心理學教授琳恩・哈瑟（Lynn Hasher）對《紐約時報》的記者說：「年輕受試者在閱讀過程中無視於干擾，彷彿這些字詞從未出現。相反的，年長受試者保留了這些額外資料，因此在面對突如其來的問題時，比較有辦法解決。他們可以將自己在某個情境下吸收到的資訊，移轉到另一個情境。」這在現實生活中是一種很寶貴的技能，畢竟這個世界變化多端，答案不總是明朗，遙遠的記憶或細微的跡象可能具有很重要的含義。

大腦就像肌肉，需要時常運用

智慧是一種以數個特定腦區的功能爲基礎，而且錯綜複雜的人格特質，怎麼可能會隨著年齡而增長，甚至在部分較年長的成人身上也一樣？

我就讀醫學院時，學到子宮內那段時間到出生後幾年，是人類大腦成長與發育的黃金期。一般來說，懷孕期間，胎兒的大腦平均每分鐘生成二十五萬個新的神經細胞，且出生後仍會繼續成長，體積翻了四倍，到了大約六歲，就會長到成人大腦體積的九〇%左右。接下來，個體會進入青春期，這時大腦中約有一百兆個神經元，此階段主要是改善、調整、建造或加強部分神經元之間的連結，提升大腦的功能和效率。二十多歲到五十多歲這段期間，大腦的結構與功能相對穩定。根據教科書的說法，六十歲後，神經元、突觸、血管和白質（white matter）的數量與質量都會下降，大腦也會逐漸萎縮。臨終時，腦組織體積就會變得跟七歲小孩差不多。

當然也有例外，但最普遍的看法是，從認知的角度來說，沒有東西會隨年齡增長變得更好。現在我們知道，這個觀念大錯特錯。

雖然年長者的大腦會慢慢萎縮，可能導致認知功能障礙，但此影響不具有同質性。過去二十年來，神經科學領域最令人興奮的發現之一，就是只要有適當的生理、認知和心理刺激，大腦就會隨著生命歷程不斷演化。我的好友兼同事弗雷德・蓋吉（Fred Gage）是加州大學聖地牙哥分校與沙克生物研究中心的神經科學家，他的同事已經證明，伴隨心理社會刺激的身體活動，不僅能增加腦內的突觸（即神經元之間的連結）數量，還能增加特定腦區的神經元數量，例如海馬迴內的齒狀迴（dentate gyrus）和腦室周圍的區域等，就連年長的小鼠也會出現這種現象，研究人員亦在其他動物物種身上複製出這些結果。

大腦構造影像與神經生理學研究顯示，體能鍛鍊、心智刺激和社會化，能為高齡者帶來正面的生物學影響。身體、認知與社交活躍的人，往往能維持腦中的詞彙量，有能力辨識先前遇見的人事物，不會喪失幼年時習得的技能（如游泳、騎腳踏車等）。這類人的大腦不太可能出現萎縮或衰弱等變化；反之，久坐、孤獨、活動量少的年長者，較可能出現這些腦部特徵。

我、麗莎・艾勒（Lisa Eyler）、艾莎・薛札（Ayesha Sherzai）和艾莉森・卡普

（Allison Kaup）在二〇一一年一篇論文中，回顧了五百五十項探討大腦構造影像的人體研究。多數研究報告顯示，更大的腦結構、更強的神經元連結（特別是前額葉皮質與內側顳葉），與成功的認知老化之間至少有一項重要關聯。目前我們還不清楚是什麼原因讓這些結構變得更大、連結更強，然而，動物研究確實證明了環境豐富化有益於大腦功能和腦結構。維持身體與精神活躍，不僅能促進大腦健康，還能爲「適應性神經可塑性」（adaptive neuroplasticity）帶來正面影響，減緩神經系統的退化。

大腦的鍛鍊與權變方法

一般來說，年紀愈長，部分智慧要素會變得更完善、更強大，成爲個體的第二天性。儘管流質智力（fluid intelligence，指個體經由遺傳得來的能力，與後天習得的知識和經驗無關）會因年老而下降，社會推理能力仍有所提升，其中包含抽象思考、識別模式、分辨關係、解決當下問題等一般能力。多項神經造影學研究顯示，高齡者的大腦學會補償年齡增長所帶來的影響。一旦不同腦區在別的地方執行任務，就會一肩扛起職責。即便其他迴路愈來愈弱甚至萎縮，有些迴路仍會不斷擴張，愈變愈強。換言之，年長者的大腦自會找出變通的辦法。

另外還有幾項引人入勝的研究指出，老化卻活躍的大腦或許較有能力培養及增強智慧的主要元素。這類大腦的活動，往往會從大腦後方（枕葉）轉移到大腦前方（前額葉皮質，對發展與提升智慧至關重要），而且比起年輕成人或不活躍的高齡者，活躍的高齡者大腦參與心智活動的區域較多。

年輕人有許多腦功能具局部性，通常我們會從左腦和右腦切入，分別探討其中的腦部活動；活躍的年長者則截然迥異，其大多數腦功能同時牽涉到左右兩個腦半球。由於身心活躍的老年人活動到更多腦區的關係，在執行認知任務（如學習新事物）時的表現可能會和年輕人不相上下。

這樣想好了。我年輕時能單手推動沉重的推車，現在受到關節炎的影響，不得不改用雙手推車，然而，因爲持續規律鍛鍊，我的手部肌力比那些較少活動的同年男性更好。我還是可以用雙手移動笨重的推車，就像幾十年前一樣。

高齡者的大腦在情緒反應上會有所改變。年輕時那種充滿高低起伏的激烈情緒會漸趨平緩。研究顯示，透過功能性磁振造影（Functional Magnetic Resonace Imaging, fMRI）技術，可發現隨著年齡增長，杏仁核對負面刺激或壓力刺激（如可怕的車禍現場照片）的敏感度也會降低。這種變化有助於情緒調節，加強積極正向的態度，提升個體晚年的智慧表現。此外，杏仁核與海馬迴（另一個與情緒、記憶有關的腦區）

之間的功能性連結也會減弱，但杏仁核與背外側前額葉皮質（dorsolateral prefrontal cortex）之間的連結依舊緊密，此現象或許可以有效減少負面記憶，同時增強正面記憶。高齡者的杏仁核對正面刺激（如嬰兒笑開懷的照片）的敏感度與年輕人一樣；換句話說，正面情緒和記憶不會像負面的一樣，隨著年齡增長而消滅。

倫敦政經學院研究員漢尼斯．施萬特（Hannes Schwandt）在一九九一年至二〇〇二年間，針對二萬三千一百六十一名德國人進行民意調查，評估他們的「生活滿意度期望」，得出的數據超過十三萬筆；五年後，他再次進行同樣的調查，並於二〇一三年發表論文與研究成果。受試者的年齡介於十七歲至八十五歲，其中年輕人比年長者更悲觀、更容易後悔；相反的，年長者比較能放下失望與懊悔的感受，也比較不會對自己無法改變的事感到生氣或難過。

「年輕人只是有比較多的負面情緒。」康乃爾大學教授伊蓮．威辛頓（Elain Wethington）對《大西洋》（*Atlantic*）雜誌撰稿人強納森．勞赫（Jonathan Rauch）說道。他們比年長者更難釐清背景脈絡，並找到平衡。人的心態會隨著年齡增長而逐漸改變。年長者的活動比較少，比較不會多方嘗試各種事物，因爲他們早就經歷過了。除此之外，他們也比較能接納自己的身體缺陷與局限，對過往的成就感到開心，而且不太在意同儕壓力，能對自我優缺點做出較切合實際的評價。賓州州立大學教授大衛．艾米達（David Almeida）指出，與青年和中年族群相比，老年人很少被壓力源壓得喘不過氣來。

加州大學柏克萊分校「至善科學中心」（Greater Good Science Center）資深研究員與心理學家瑞克．韓森（Rick Hanson）針對該主題寫了不少文章。他聲稱，人類的大腦天生就偏好專注負面思想。這是演化的結果。我們的祖先必須特別留意飢腸轆轆的掠食者或自然災害等負面事物，因爲這關係到每天的生死存亡。覓食、尋找棲身之所或交配機會等正向經驗固然很好，但直立人（*Homo erectus*）或尼安德塔人（*Homo neanderthalensis*）能否活著看到明天的太陽，跟這些事沒什麼直接關聯，這一點在當今的智人身上尤爲明顯。

因此，我們的大腦發展出一種負面偏好，格外注意具有威脅性的事物，就算會感受到壓力和不快也一樣。這就是爲什麼攻擊對手的負面政治廣告那麼有效，壞消息比好消息難忘的原因。

年齡與智慧是克服這種負能量的良方。一旦遇上消極負面的情感體驗和記憶，年輕人的心智就會變得像魔鬼氈，很容易黏在一起；至於年長者的心智有如鐵氟龍，沾在上面的髒東西通常都能洗得一乾二淨。

史丹佛大學心理學家蘿拉．卡斯騰森表示，年長者會愈來愈有所體悟，意識到生命所剩的時日有限，所以通常會轉向熟悉的人事物，從中獲得更大的情緒滿足感，也不會花太多時間煩惱那些必然發生或已成定局的事。

卡斯騰森對強納森．勞赫說：「年輕人不善於調節情緒。」而這讓勞赫回想起從前的個人經驗：「幾年前，我問我爸為什麼他五十多歲就不再大發脾氣，他也說了類似的話。火爆個性不僅讓他的青春歲月蒙上一層陰影，更讓我們家變得四分五裂。他說：『我明白自己沒必要小題大作。』。」

Chapter 4

量測智慧：傑斯特－湯瑪斯智慧指數

測量一切之可測，將不可測化為可測。

——伽利略・伽利萊（Galileo Galilei）
義大利物理學家、數學家、天文學家及哲學家

我相信證據，相信由獨立觀察者背書的推論和觀測結果。無論事情有多離奇、多荒謬，只要有證據，我都會相信。然而，事情愈是荒誕可笑，證據就得愈確鑿可靠。

——以撒・艾西莫夫（Issac Asimov）
《艾西莫夫科普教室》（*The Roving Mind*）

約翰是我的病人，在他身上可以看見許多典型的思覺失調症症狀。他深受妄想所苦，認爲有個資金雄厚的祕密組織以他的街坊鄰居爲目標，企圖顛覆他們的基本價值觀；不過，他每次看診時的說法都不一樣，老是變來變去。另外，他也會出現幻覺，說自己打電話時聽見莫名其妙的呼吸聲，或是在雜貨店和健身房看到有黑影跟蹤他。約翰的陳述不太好懂；有時他的思路雜亂無章，講話沒頭沒尾，常東一句、西一句拼拼湊湊，夾雜許多流行語和意識形態，而且他非常多疑，很少敞開心扉談話，甚至不願描述自己的想法或自以爲看見的人事物。

然而，最近幾週，他看似平靜了不少，不僅睡眠時間增加，更沒有攻擊性，不會抱怨鄰居或其他人。如果你問那些陪伴約翰來做檢查或治療的家屬，他們會說約翰沒有胡言亂語，也沒有跟人爭吵打架，情況似乎有所好轉。

但是如果你問約翰本人，他的回答完全相反。他非常害怕，內心滿是痛苦和沮喪，只能在生活中使勁掙扎，握手、倒垃圾、和家人共進晚餐等看似日常活動的事，他都得很努力才做得到。他不時冒出自殺的念頭，覺得自己死了會比較好。他把這些想法和感受都藏在心裡，沒有跟別人分享。

精神科醫師會見病患及其家屬時容易出現一種自然傾向，比較相信家屬的說法，認爲他們能以「更客觀」的眼光清楚評估患者及其病況。

事實上，沒有人比患者本身更了解自己的情況與感受。如果約翰跟我說他很憂鬱，即便他的憂鬱症徵狀不明顯，抑或不符合教科書上的定義，我還是會相信他，並認真看待這件事。新聞上常看到自殺者或屠殺案嫌犯的親友大為震驚，不敢相信他們會做出如此激烈而暴力的行為。為什麼？

因為幸福是一種主觀狀態。有誰比你更了解自己在生理和心理上的感受？自我健康評估是很重要的參考因子，能預先判斷潛在的疾病、殘疾，甚至死亡。另外也有卓越研究指出，客觀的社區生活福祉（如犯罪率、房價、通勤時間等）與該社區居民主觀自我評估的個人生活福祉息息相關。

個人的主觀特質或狀態（如焦慮等），很難用客觀的評估方式來衡量。舉例來說，某位歌手給觀眾的印象是一派輕鬆、自在不羈，本人實際上卻焦慮不安，充滿壓力。因此，大部分心理建構評量以自我陳述為主、帶有主觀性質，也是在意料之中。例如，大家一致認為「主觀感受」是評估個人壓力的最佳途徑。你覺得自己的壓力有多大？即便是身旁的家人、朋友，也無法徹底了解並評價一個人的個性，畢竟他們無法二十四小時不間斷地觀察對方的思想。以目前的科學技術來看，衡量個人智慧最好的方法就是自我行為陳述，藉此點出不同的智慧構成要素。未來應該有機會發展出客觀的智慧衡量方式，不過這些方式同樣需要主觀評估來補充。

測量重要的事物

加拿大溫哥華蘭加拉學院心理學教授傑佛瑞．韋伯斯特曾在《成人發展期刊》（*Journal of Adult Development*）上寫道：「想在紙筆問卷的參數中捕捉智慧，這會不會很蠢？這種豐富又難以捉摸的動態概念，究竟能不能透過自我評估調查來簡化成數字，算出總分？」

傑佛瑞．韋伯斯特發現答案是肯定的，只是需要注意幾個條件，而他也爲測量智慧做出寶貴的貢獻。

科學及其他奠基於科學的學科（如醫學），皆以經驗數據或可測量的數據爲基礎，得以測試與再測。科學方法歷經數千年來的發展，一直是以精確測量爲根本；少了這個環節，科學不過是個人臆測與看法罷了。

一旦有了適當的工具，要進行物理測量就相對容易。這些工具和標準都是根據可見、可觸和可計算的事物演變而來，而且多半源自人類生理學。例如，英吋（inch）意指大拇指長度（主要是皇室成員的大拇指）；英尺（foot）從字面上就知道跟腳有關；而現代以「十」爲基底的十進位記數系統，無疑是依據人類手指數量所創造出來的產物。

人類發明了許多客觀的度量衡來估算重量、質量和時間，可是像思維和感覺這類心理現象，又該如何測量?只要世上還有精神病學家、心理學家和認知科學家，他們就得面臨這項挑戰。

《精神疾病診斷準則手冊》（*Diagnostic and Statistical Manual of Mental Disorders*, DSM）是臨床醫師與研究人員用來診斷精神疾患的工具之一。這本厚重的參考書將近千頁，目的在於說明各種精神疾病，提供具權威性的描述、診斷標準和相關指引，內容從思覺失調症到創傷後壓力症候群（post-traumatic stress disorder, PTSD）都有。該書第一版於一九五〇年代初期問世，目前已修訂到第五版。

以精神疾病診斷來看，《精神疾病診斷準則手冊》第五版是很可靠、很實用的醫學指南，但明顯有其局限，也沒有對心理健康或智慧、復原力等正面行爲，做出臨床上的定義。

當然，欲發展智慧測量方法更是複雜多了。衡量健康的人類心智狀態，比診斷和評估病因更困難。

儘管如此，我們仍盡力一搏，未來也會不斷嘗試。雖然目前還在努力，卻已經有所進展。你可以在本章的最後評估一下我們的成果和自己的智慧指數。

智力測驗真的能反映出聰明才智嗎？

客觀的人格特質衡量標準中，研究最多的就是智商（intelligence quotient, IQ）。法國心理學家艾弗烈．比奈（Alfred Binet）的智力測驗，大概是歷史上最廣爲人知的版本，不過，學界也提出、創造並使用其他評估方法，如魏氏成人智力量表（Wechsler Adult Intelligence Scale, WAIS）等。

智商計算方式，就是將「受試者的智力測驗分數」除以「同年齡所有受試者的平均分數」，然後再乘以「一百」，以方便記憶。

舉例來說，一個十歲小女孩在一項測驗中得到六十分，該項測驗中，十歲兒童的平均分數爲五十分，那她的智商就是六十除以五十，再乘以一百，爲一二〇。根據史丹佛－比奈智力量表（Standford-Binet scale），智商落在八十五到一一五之間爲「中等」（智力正常）；一一六到一二四爲「中上」；一二五到一三四爲「資優」；一三五到一四四爲「高度資優」；一四五到一六四爲「天才」；一六五到一七九爲「高度天才」；一八〇到二〇〇爲「極端天才」。目前參與過這項智力測驗的受試者中，只有不到四分之一的人屬於「天才」類別。一般認爲，亞伯特．愛因斯坦（Albert Einstein）的智商約爲一六〇，遠高於平均值，據說好萊塢一代動作巨星杜夫．朗格

（Dolph Lundgren，就是電影《洛基》裡的伊萬·德拉戈）、美國知名脫口秀主持人康納·歐布萊恩（Conan O'Brien）與棒球界傳奇名人瑞吉·傑克森（Reggie Jackson）的智商，都跟他差不多。

雖然智力測驗屬於客觀評量，卻也存在許多爭議。曾有人指控這類測驗將受試者按種族、性別、階級和文化分組，非常不公平；此外，測驗準則與規範，雖然不是像古代那樣由國王說了算，但大多是由來自西方國家、生活在城市或郊區的高加索人制定。因此，這些測驗可能不適用於鄉鎮村民、弱勢團體及其他來自非西方國家、擁有不同文化背景的人。

不僅如此，受試者的應試能力也會影響測驗成績。一個很少練習、甚至完全沒做過選擇題，或是單純不擅長這類題型的孩子，分數自然不像經驗豐富、答題熟練的孩子那麼高；不過實際上，他們可能一樣聰明。

最後，智力測驗測量的是一般智力，而非人際關係技能、音樂智力或創造力等特定類型的智力。這類測驗不僅不評估性格與實際知識，更隱約宣揚一種觀念，即個人的智力潛能是與生俱來、不可改變的定數，人生成功與否取決於此。

最關鍵的問題在於，標準智力測驗衡量的是一種智能，和美國大學入學考試（SAT）分數一樣，主要是評估受試者的重要認知功能，一窺其在學業與事業上可能的成就，但這也是很明顯的局限。智商沒辦法讓我們了解個體的情緒調節狀況、慈悲心或自我反思能力，而這些都是智慧的構成要素。

專攻思維與推理能力的哈佛教育研究所教授大衛・柏金斯（David Perkins）說：

「高智商就像籃球員的身高，如果其他條件都平等，這項因素就非常重要。然而，在現實生活中，一切都不平等。要成爲一名優秀的籃球員，光有傲人的身高是不夠的；要成爲一名傑出的思想家，也不能只憑高智商。」

如何量化智慧？

目前沒有什麼簡單直接的方法可用來仔細審視人的智慧。我們不是住在培養皿裡，隨時都能進行連續觀察、記錄數據和操作實驗。任何影響個體生命與周遭環境的事物，都會影響他在這些情境下的行爲本質與結果。因此，智慧研究人員會著重於詢問精心設計的問題，或提出具體的兩難困境，再根據受試者的行爲或想法是否明智，來推測他們的答案蘊藏著什麼樣的含義。

這些研究會以問卷和訪談的方式進行。首先是自我評估。研究人員會提出一個問題或一項敘述，例如「我的朋友認爲我很有幽默感」，再請受試者從「非常不同意」

到「非常同意」的等級範圍中，選出一個最適當的答案。

但自我評估有個很明顯的問題，那就是「自我」評估。寬以待己是人的本性，至少我們看待自身的眼光會跟別人不一樣。有的人會試圖呈現出一個自以爲更容易被社會接納的自我形象，有的人會給出自以爲研究人員想得到的答案。我們往往會將自認的優點放到最大，缺點縮到最小。

部分智慧研究人員則會用同儕提名法（peer nominations）或同儕評量法（peer ratings），來評斷一個人的智慧。若同儕團體中大多數成員認爲你很有智慧，研究人員就會據此判定你有智慧；若其他成員對你的睿智程度評分很低，研究人員對你的評分也會下降。

如果上網搜尋「有智慧的人」，螢幕上多半會跳出所羅門王、佛陀、孔子、蘇格拉底、班傑明．富蘭克林、作家賽珍珠（Pearl S. Buck）、甘地、作家瑪雅．安吉羅（Maya Angelou）、德蕾莎修女、林肯、邱吉爾之類的結果。許多「史上最有智慧的人」名單裡都會看到這些名字。這種共識雖然有其價值，實際上卻受到許多因素影響，包含當代思維、流行性與知名度、受訪者的個人偏見，以及其對這些人物的了解程度等。

改變智慧典範

保羅．巴特斯和烏蘇拉．史陶丁格是第一批企圖探究智慧與評估智慧表現的學術工作者。他們於德國馬克斯普朗克人類發展研究院（Max Planck Institute for Human Development）展開研究，提出第一章談到的柏林智慧典範（Berlin Wisdom Paradigm）。該典範並非智慧測驗，而是一種研究與評量智慧的方法，避免對情緒或動機進行「含混不清」的討論，將重點放在可測的技能，他們稱之爲「對人生根本問題有關的實用性知識」。

巴特斯和史陶丁格將「智慧」定義成一種高層次的智識專長，而且極爲罕見。他們認爲，眞正有智慧的人很少，智慧也因其在社會上的稀有與貧乏而更顯得珍貴。

基本上，柏林模式將智慧視爲一種特殊的認知過程。我思，故我在。提升思維層次，我也會變得更好（因而更有智慧）。不過，人類不只受理性思維驅使，事實上可能更常被相反的事物，亦即「情緒」所支配。沒有情感的智慧，就像沒有陽光的日子，若用偶爾會化身爲哲學家的喜劇演員史蒂夫．馬丁（Steve Martin）的話來說，就是……「你知道的，晚上。」

換言之，少了情感的智慧，就不是智慧，而是另外一回事，有如白晝和黑夜的天差地別。

想想一個缺乏慈悲心的反社會型人格障礙患者。精神病態者未必是危險凶殘的罪犯，事實上，大多數患者在社會上都表現良好，許多人不但聰明機敏，甚至化身為成功的象徵。但他們有智慧嗎？我不這麼認為。

史考特．利林費德（Scott Lilienfeld）與哈爾．阿科維茨（Hal Arkowitz）在二〇〇七年於《科學人》（*Scientific American*）雜誌上寫道：「外表迷人又富有魅力的精神病態者，往往會給人很好的第一印象，讓觀察者覺得他們再正常不過。事實上，他們非常自我中心，既不誠實也不可靠，有時還會沒來由地做出不負責任的行為，純粹為了好玩。基本上他們沒有罪惡感，也沒有愛和同理心，人際關係與戀愛關係都很隨便、很無情。精神病態者通常會為自己的魯莽行為找藉口，把責任推給別人。他們很少從錯誤中汲取教訓，也很少從負面回饋中學習，而且很難抑制自己的衝動。」

這些都不是智慧的特質。

智慧的三大向度

其他科學家也加緊腳步，試圖找出一種更全面、更完善的工具來衡量智慧。其中喬治・威朗特、丹・布萊澤和羅伯・克勞寧格（C. Robert Cloninger）不僅是受人景仰的學界同仁，更是傑出的精神醫學家和領域先驅，三人分別以「智慧」爲題撰寫了許多文章，描述智慧的含義。另一位致力於智慧研究的是我的長期合作夥伴與好友，佛羅里達大學社會學副教授莫妮卡・阿德爾特。她的職業生涯有一大部分都在探索老化與成功老化的奧祕。當然，老化與智慧往往相生相依（稍後會詳細討論），因此她也花費大量時間思考智慧的本質，以及如何在衡量晚年幸福感的脈絡下測量智慧。

二〇〇三年，莫妮卡・阿德爾特提出「三向度智慧量表」（Three-Dimensional Wisdom Scale, 3D-WS）。該量表奠基於薇薇安・克雷頓與詹姆斯・比倫等前人的開創性成果，以智慧是三種人格特質的組合爲前提，這三種特質分別是認知（純粹智力）、反思（內省能力）和情感（同理心與惻隱之心）。

三向度智慧量表提供了寶貴的新見解，洞察三大面向之間的關係與相互牽動的連結。這三種特質並非獨立存在，也不會彼此孤離、逕自發展；每一個構面都能鞏固及強化其他構面。

舉例來說，若一個人認爲「做任何事都只有一種正確的方法」（認知），那他可能會非常同意自己「容易被跟我爭論的人激怒」（情感）。

如果一個人非常同意「無知便是福」（認知），那他就不太可能認爲自己「總是試著從不同的角度看問題」（反思）。

若一個人說，「我覺得單純知道答案就好，不必理解答案背後的理由」（反思），那他可能也會表示，「有時別人跟我攀談，我會希望他們離開，不要跟我講話」（情感）。

三向度智慧量表有個難題，就是題目多達三十九項。測驗時間愈長，就愈有可能出現疲乏或注意力渙散等情況，進而影響測驗結果（不過，量表愈全面，可能的效度就愈高）。

二〇一五年，我偕同麥可．湯瑪斯（Michael Thomas）和凱薩琳．班根兩位研究團隊成員，與莫妮卡．阿德爾特合作，讓一千五百四十六名聖地牙哥居民進行最原始、有三十九個項目的三向度智慧量表測驗，這些受試者都有參與前述的「成功老化評估多年期調查研究計畫」。

歷經多次調整，我們將量表內容縮減為十二項陳述，請受試者再次作答，選擇非常同意、非常不同意，或是該描述與自身不符。這些項目內容依舊涵蓋了認知、反思和情感三大智慧構面，「三向度智慧量表十二項簡易版」就此誕生，而且同樣具有良好的心理計量特性。

自我評定智慧量表

三向度智慧量表問世的那一年，蘭加拉學院的傑佛瑞·韋伯斯特也提出了「自我評定智慧量表」（Self-Assessed Wisdom Scale, SAWS）。

根據韋伯斯特的研究，自我評定智慧量表是以智慧五大構面爲基礎來測量智慧，分別是重要的人生經驗、回憶與生活反思、經驗開放性、情緒調節和幽默感。

如同三向度智慧量表，自我評定智慧量表列出四十項陳述，要求受試者從「非常同意」到「非常不同意」等六個選項中，選出一個最適切的答案。該量表主張，若受試者是有智慧的人，其答案應該會反映出他們有能力管理自己的生活，無論面對好事或壞事都能協商討論，同時盡可能追求個人成長。他們會接受不同甚至相反的觀點，對新的看法和事物（如音樂、書籍、藝術、飲食）抱持開放態度，並與自身和他人的情緒保持連結，能運用幽默感來減輕壓力、建立關係。此外，他們也能反思過去和當前的景況，讓自己得以預見並應對未來的困境。

此量表和三向度智慧量表一樣，強調智慧並非脫離現實、獨立發展而成，而是會隨著時光推移逐漸積累，在「人生的緊要關頭與日常的混亂顛簸」中現身。

另外還有幾位學者也建構出不同的智慧量表，各有其優缺點。我和同事都認爲有必要設計一種新的量表，專門用來測量根據文獻回顧與專家共識所得出的智慧構成要素及其假定的神經生物學基礎。因此，我和一位年輕的同事，即量表發展專家麥可・湯瑪斯，在幾位研究團隊成員的協助下展開相關研究，制定出「聖地牙哥智慧量表」（San Diego Wisdom Scale, SD-WISE）。

聖地牙哥智慧量表

該量表奠基於我們對智慧的心理模式與神經生物學模式的理解，具體來說，就是要測量那些已確認且牽涉到不同腦區和大腦活動的智慧構成要素，包含情緒調節、利社會行爲、自我反思、接受不確定性、決斷力和社會決策（提供建議）。這個方法能讓我們往前一步，了解基礎生物機制是如何構築出「智慧」這種和諧又複雜的特質。

多虧保羅・巴特斯、莫妮卡・阿德爾特、傑佛瑞・韋伯斯特等前輩與學界同仁的努力，我們才得以找到方向，踏上已鋪平的智慧研究之路。我、麥可・湯瑪斯及其他同事蒐集了許多資料，進行審閱與微調，嘗試各種自我評估陳述組合；經過好幾個月的反覆琢磨、修改和精煉，最後總算選定二十四個項目，並以五百二十四名年齡介於二十五歲到一百零四歲之間的社區成人爲對象，測試最終版本。這些受試者都是「成功老化評估多年期調查研究計畫」的參與者，也做了三向度智慧量表和自我評定智慧量表，以便進行比較。

檢驗過程涉及到許多步驟和決策，必須講究方法，有條不紊。例如，篩選受試者時，我們需排除失智症患者、疾病末期患者和英語不流利的居民。這些限制對這類初步研究來說是必要之舉，卻也反映出實驗本身的挑戰，畢竟不是只有講英語或住在聖地牙哥的人才有智慧。這些都是本項研究的局限，但我們總得起個頭才行。

和其他量表一樣，聖地牙哥智慧量表以一系列陳述爲項目內容，受試者必須根據各項敘述選擇同意或不同意。量表中的二十四個項目都是經過精心設計，以便研究先前找出的智慧元素。

我們將受試者分成兩組樣本，比較大的那組做爲訓練集（training set），另一組則用於數據驗證。我們利用手邊掌握的每一項工具，根據我們對智慧的神經生物學理解，打造出可能測量智慧的最佳方法。

以現代科學與統計評量標準來看，聖地牙哥智慧量表不僅可靠，也有其效度。二○一七年，我們在《精神醫學研究期刊》（*Journal of Psychiatric Research*）上發表研究成果，引起許多討論和關注，各國媒體也爭相報導。值得注意的是，這是聖地牙哥智慧量表首次現場測試。

自此之後，多項研究計畫都採用這份量表，例如針對美國聖地牙哥與義大利奇倫托地區（Cilento region）的孤獨感研究、IBM合作研究，以及使用亞馬遜（Amazon）旗下網站「土耳其機器人」（Mechanical Turk, MTurk）的研究（土耳其機器人是一個群眾外包平台，能讓研究人員以更高的效率和更經濟實惠的方式，發掘更大、更多樣化的樣本）。

當然，後續還有更多工作要做，像是在不同社會文化背景、種族、民族、國家與國際樣本中，評估其效度與可信度等。聖地牙哥智慧量表就跟其他測驗一樣，可以不斷改進和調整，使之趨於完善。我們在研究報告中，也簡述了量表當前的局限，提出未來的發展方向，希望這份量表能成爲智慧研究領域內重要又有價值的基本工具，可用來衡量我們是否變得更有智慧。

聖地牙哥智慧量表算出的是個人總分，受試者不會知道自己的分數相較於同儕團體（同年齡、同性別受試者）的情況。因此，最近我們發展出「傑斯特－湯瑪斯智慧指數」（Jeste-Thomas Wisdom Index），進一步提升並闡釋聖地牙哥智慧量表，受試者除了個人智慧總分外，還會知道自己分別在六項智慧構成要素上拿到幾分，以及同年齡與同性別群體的平均分數，進一步了解自我整體表現，看看能改善什麼。

在做聖地牙哥智慧量表時，請去除自我和與生俱來的衝動，盡可能放下偏見，坦牽作答，以達到更好的測驗效果。這些問題的結構和措辭都經過縝密設計，以便消弭個人成見與偏頗的看法。

聖地牙哥智慧量表：看看你的智慧指數有多少

請閱讀下列二十四項敘述，分別選出一個最符合自己的答案。

我善於感知他人的情緒。

□非常不同意 □不同意 □中立 □同意 □非常同意

別人會希望我提供協助，幫忙他們做選擇。

□非常不同意 □不同意 □中立 □同意 □非常同意

別人認為我能給出好的建議。

□非常不同意 □不同意 □中立 □同意 □非常同意

別人向我尋求建議時，我常常不知道該說什麼。
□非常不同意 □不同意 □中立 □同意 □非常同意

我很難做出決定。
□非常不同意 □不同意 □中立 □同意 □非常同意

我常及時、適時做出決定。
□非常不同意 □不同意 □中立 □同意 □非常同意

面臨重大抉擇時，如果可以，我往往會延後做決定。
□非常不同意 □不同意 □中立 □同意 □非常同意

拿不定主意的時候，我寧願讓別人替我做決定。
□非常不同意 □不同意 □中立 □同意 □非常同意

我心煩時很難清楚思考。
□非常不同意 □不同意 □中立 □同意 □非常同意

我能在壓力下保持冷靜。
□非常不同意 □不同意 □中立 □同意 □非常同意

我能從情緒壓力中復原。

□非常不同意　□不同意　□中立　□同意　□非常同意

我無法過濾負面情緒。

□非常不同意　□不同意　□中立　□同意　□非常同意

我會花時間好好思考自己的想法。

□非常不同意　□不同意　□中立　□同意　□非常同意

我會逃避自我反思。

□非常不同意　□不同意　□中立　□同意　□非常同意

我覺得了解自己的行為原因很重要。

□非常不同意　□不同意　□中立　□同意　□非常同意

我不會分析自己的行為。

□非常不同意　□不同意　□中立　□同意　□非常同意

我很難維持友誼。

□非常不同意　□不同意　□中立　□同意　□非常同意

我會避開那些需要我幫忙的情況。
□非常不同意 □不同意 □中立 □同意 □非常同意

看到陌生人掉出二十美元，我會叫住對方，把錢還給他。
□非常不同意 □不同意 □中立 □同意 □非常同意

我用自己希望別人怎麼待我的方式來待人。
□非常不同意 □不同意 □中立 □同意 □非常同意

我喜歡認識、了解不同的文化。
□非常不同意 □不同意 □中立 □同意 □非常同意

就算別人的價值觀和道德標準跟我不同也沒關係。
□非常不同意 □不同意 □中立 □同意 □非常同意

通常不管認識什麼人，我都能從對方身上學到些什麼。
□非常不同意 □不同意 □中立 □同意 □非常同意

我喜歡接觸各式各樣的觀點。
□非常不同意 □不同意 □中立 □同意 □非常同意

後續追蹤

這項測驗不太好拿分，但也不意外，畢竟智慧是個很複雜的特質。無論是什麼量表，都需要特定的訓練和專業知識，才能以適當又嚴謹的科學標準來評估測驗結果；不過，就算沒有這些工具，你還是能利用聖地牙哥智慧量表洞悉自我，產生新的見解，知道自己的智慧指數落點，找出最佳方法持續努力，成為一個更有智慧的人。

想知道自己的聖地牙哥智慧量表得分和傑斯特－湯瑪斯智慧指數，最好又最簡單的方法就是上我們的網站 sdwise.ucsd.edu 進行線上測驗。

該網站會自動算出你的智慧指數總分、各項智慧構成要素得分，還有同年齡與同性別群體的平均分數和標準差。除了年紀、性別和教育程度外，無須提供任何個人資訊。匿名測驗結果可能會被用來進一步調整及改善量表，提升其價值，你也會成為貢獻者，為智慧研究付出一分心力。

我建議你可以進行多次測驗，過幾天再試一次，不要參考之前的答案，然後比較結果。

掃瞄此 QRCODE，即可進入 sdwise.ucsd.edu 網站，進行線上測驗。

傑斯特－湯瑪斯智慧指數測驗完全免費（僅供個人用途），想測多久就測多久。聖地牙哥智慧量表可說是一個成爲公民科學家的機會。請多多鼓勵家人和朋友參與測驗，不只是要他們評估自我，還要他們想像自己是你，用另一個角度來回答，最後再比較測驗結果。你給自己的分數和別人給你的分數有什麼差別？各方對某人的智慧表現是否意見一致？共識程度有多高？

至關重要的是，在這種「實驗」中，參與者之間必須互相信任。如果有人對批評很敏感，請考慮到這一點，給予體諒。保持愉快的心情、互相尊重、維護愛和友誼，就是集體智慧的表現！

除此之外，保密也很重要。研究人員進行這類實驗時，必須獲得當地機構審議委員會批准，這類委員會是獨立的倫理審查委員會，目的在於確保實驗依循最佳實踐方法進行。正式研究中，參與者必須簽署書面的知情同意書；至於你個人的研究，可以盡情探討所有相關議題與關注焦點，營造出一個無壓力的環境，讓大家都能輕鬆參與討論。

聖地牙哥智慧量表提供了一份智慧狀態報告，以具體的指標描述個人在特定智慧元素中的表現，給出一個智慧指數，一個數字，一個點，而這個點就落在一條不斷往前延伸的線上，直至生命末了。

接下來的章節會詳細探索並研究具體的智慧範疇，還有重要的是，可以用什麼方法來培養智慧，提高智慧指數。閱讀期間，不妨回頭重做聖地牙哥智慧量表，檢視一下自己的狀態，或是重新調整思維。智慧是我們的目標，但這個追尋過程無窮無盡，沒有終點。天底下沒什麼「太有智慧」這種事。我們開始吧！

Part 2

智慧的內涵

Components of Wisdom

接下來五章，我們會深入探究智慧的本質，也就是智慧的關鍵要素，包含慈悲心、情緒調節、決斷力與接受不確定性之間的平衡、自我反思、好奇心、幽默感和靈性。每章都有一個基本架構，我會先從歷史、社會或科學角度切入，勾勒出背景脈絡、定義、度量方法，再加上一點生物學知識揭開序幕。

最後，每一章都會分享相關的介入措施，教你如何運用及提升智慧。有很多事，從今天就能開始進行（關於介入措施的細節，詳見第十章）。

另外，我還會介紹一些實驗，這些實驗的目的在於解析智慧，層層剝除並探索，以觸及智慧的核心。不意外的，這些被無數論文引用與收錄的成果，大多具有豐富的創意和不可思議的影響力，讓人深受啓發。欲探尋「智慧」，沒有簡單又完美的試金石，因此，要了解智慧的運作模式及箇中奧義，不但需要靈巧的心思、智識與堅持不懈的毅力，有時還需要一點棉花糖。

實驗室外也有許多精采的故事。從同理心、幽默感、好奇心，到面對不確定性時的決斷力，這些凡人與英雄的奇談軼聞都展現出智慧的內涵，令人難以忘懷。

每種智慧構成要素都很重要。一個有智慧的人也許擁有的各項要素比例不等，但加起來的整體，絕對大於部分之總和。

Chapter 5

培養慈悲心

人類野蠻、殘暴的能力很強，不去同理、悲憫他人的能力也很強。

——安妮・藍妮克斯（Annie Lennox）
歌手、詞曲創作人

人類歷代以來都明白慈悲心不是一種奢侈，而是幸福、復原與生存的必要條件。我們活在一個以科學驗證此事的時代。

——瓊安・哈利法克斯（Joan Halifax）
美國佛教禪宗法師

悉達多．喬達摩（Siddhartha Gautama）是眞實存在的人物，他生活的年代大約是西元前五世紀，最終修道成爲世人所知的佛陀，即釋迦牟尼佛。悉達多出身貴族家庭，降誕於今日尼泊爾境內的藍毗尼（Lumbini），優渥又享有特權的生活讓他免於承受種種苦難。有一天，中年已婚的悉達多冒險踏出皇家宮牆；這是他第一次目睹眞實且未加粉飾的人間世道，親眼看見傴僂老叟、命垂病患和出殯的死者。這些景象讓他惴惴不安，而明白老病死終會降臨，是衆生及自己無可避免的命運，更是讓他心神不寧。

在那影響重大的一天，悉達多也看見一位儀容祥和、正直崇高的出家人。他把這當成一個徵兆，就此放棄皇室特權與榮華富貴，成爲一個四處遊走、居無定所的虔誠修行者。幾年後，他在菩提樹下頓悟得道，徹底領略生命的眞諦。

佛陀是國際公認的智慧化身。他的人生故事體現出智慧的內涵，特別是慈悲心的發展，而他也經常針對這個主題冥思細想，以文字闡述其義，更曾在《慈心應作經》（*Karaniya Metta Sutta*，又稱《慈經》）中寫道：「慈無量，愛無量，傳予世界眾生，無遠弗屆。」

我在就讀醫學院及住院實習期間，同樣親見病痛、衰老與死亡。這些景況讓人有所感悟，可是我每天都很忙，累到筋疲力盡，從早到晚都在上課苦讀，後來又轉到醫院和診所實習，累積臨床經驗。

習醫之路充滿疲憊與艱辛，很容易磨損身而為人的情感與本性，至少一開始是這樣。活生生的血肉之軀在你眼中可能變成一連串症候，或是必須解決的醫療個案。已經待命八小時的你，在凌晨兩點看到病患進入急診室時，第一反應大概不是精神抖擻、燃起熱忱，覺得又有機會服務有需要的人了。

幾項相關研究指出，醫學生的同理心從大學一年級到四年級（最後一年）逐年下降，導致許多醫學院開始將「慈悲心」納入正式課程。

舉例來說，加州大學聖地牙哥分校的大一、大二學生，會在講師和執業醫師的監督下，練習對「病患」進行臨床檢查。那些患者都是演員，他們會事先接受詳細的指示，描述一系列特定疾病與症狀表徵，每個人設定的背景故事都不一樣。例如，有個場景是醫學生遇到一名跨性別患者，他們必須尊重該名患者的性別認同，以其偏好的指稱代名詞問診，了解患者的情況與病史。這麼做的目的是要教導學生將偏見、論斷與假設留在診間之外，將患者視為需要幫助的人。每個人一生都有需要幫助的時候。

醫學院學位證書不包含所謂的「慈悲心文憑」。畢業之後緊接而來的是忙碌、充滿壓力又令人心神耗竭的住院醫師生活，這種特殊際遇會讓人真正跳脫醫學視野，意識到疾患與傷病的情感面，進而將重點從純粹追求精確診斷與教科書式標準療法等技術角度，轉移到全人醫療照護。

我不記得確切的時日，只記得過去在診間的某一刻，深深影響了我的觀念和人生。當時，我在孟買愛德華國王紀念醫院與桑德達斯醫學院（King Edward Memorial Hospital and Seth Gordhandas Sunderdas Medical College）當精神科住院醫師，一個家族老友因為眼睛受傷，突然出現在診所。一開始，我只看到他用一小條繃帶將傷口包紮起來，但細看之後才發現底下的傷勢非常嚴重。

時至今日，那個畫面仍深深烙印在我的腦海裡，細節清晰鮮明。看到患部那一刻，我忍不住全身發抖，差點暈過去。並不是這個傷口血肉模糊、史無前例地恐怖（在醫院，這種創傷見怪不怪），而是我和該名患者之間有情感上的連結。他是我們家非常親近的摯友，曾多次援助我和家人；那個瞬間，我因為這種聯繫而產生強烈的同理心，對他的痛楚感同身受，這個體驗讓我永生難忘。

幾十年後，我和同事發表了一項研究，調查高齡者的慈悲心程度差異。我們請一千多位年齡介於五十歲至九十九歲的中老年受試者填寫問卷，衡量他們的慈悲心、復原力、過去與現在的壓力源，以及個人對生活際遇的感受。

其中一個重要的發現是，重大人生經歷在「助人意願」上扮演著關鍵角色，影響力遠大於自然增長的年齡、當前的壓力程度和個人的情緒功能狀態。這個代價很痛苦，但個人的苦難與損失，能讓我們更容易了解別人的感受，因為我們也有同樣的經驗。有句格言說，在批判與論斷前，先「設身處地，理解他人的境遇」。自發性地將心比心、替他人著想，這不是件容易的事，但若換作是你或身邊親近的人遭難，你就能感受到那種痛苦，體驗到眞正的同理心。

利他大腦

利社會行爲是最重要的智慧元素，若想提升智慧，這一點不可或缺。利社會行爲指的是做有益於他人或整體社會的事（所以你也包含在內），而這些行爲背後的驅動力，來自同理心、慈悲心和利他主義等特質。同理心代表理解及分享他人感受與想法的能力；慈悲心是將同理心轉化爲有益的行爲；利他主義則是在不期待任何外部回報的情況下，幫助他人的行爲。

人類是群居動物。總體來說，個人無法離群索居，獨自生活，至少沒辦法長時間與世隔絕。我們需要其他人的存在。人類創造出許多無須與他人共處的方法，發明了門禁社區、養老中心、網路購物、網飛（Netflix），還有無數種不必實際面對面交談的手機應用程式，卻忽略了這個事實，而風險由我們自己承擔。

根據美國智庫「皮尤研究中心」（Pew Research Center）二〇一五年的調查，青少年中有五十八％的人與朋友溝通交流時，比較喜歡用智慧型手機傳訊息，只有一〇％的人喜歡打電話。十八歲到二十四歲的年輕人平均每天交換一〇九．五則訊息，也就是每個月大約傳三千兩百條簡訊。

這種現象其實有點諷刺。二〇二〇年，世界各國政府和社區爲了減緩並阻斷新型冠狀病毒（novel coronavirus）傳播，抑制新冠肺炎（COVID-19）疫情擴散，紛紛祭出所謂的「社交距離」，即防疫期間應與他人保持距離，至少相隔一．八公尺，好讓呼出的飛沫有足夠的空間落地，不致造成傳染。這個方法做爲對抗病毒傳播的公共衛生工具，無論在過去或現在都很有效，但這邊談的其實不是社交上的距離，而是身體上的距離。

在艱困時期，我們更需要彼此的支持、指引、建議和智慧，因此社交需求格外重要。只是說來又一諷刺，在我們經常抱怨現代人過度使用電子裝置和社群媒體、對千禧世代和年輕族群指手畫腳的同時，電話、簡訊、電子郵件、FaceTime、Skype、Zoom等功能，卻能幫助我們應對這種被迫保持身體距離的情況。一旦禁止身體上的緊密接觸，科技帶來的虛擬關係就成了社會聯繫的主要載體。

然而，想在群體中好好生活，就要知道如何與周遭無數個體相處，不論人數多寡，也不論對方跟自己有沒有關係。如今要達到這個目標，可能得突破層層挑戰，難度更甚於以往，因爲我們現在接觸的人事物更多（如果自身允許的話），除了形形色色的人之外，還有各式各樣的文化、社會和觀點。眞正的智慧與慈悲，需要遼闊的胸懷和一顆開放的心。利社會行爲就是透過共同利益來保障個人利益。

洛克菲勒大學教授暨神經生物學家唐諾．法夫（Donald Pfaff）在二〇一五年出版的《利他大腦》（*The Altruistic Brain*）一書中提到，善是人類的天性，就像習得語言能力一樣自然。法夫認爲，我們天生傾向於博愛，而非自私自利。

這個觀點出自於唐諾．法夫所謂的「利他大腦理論」。該理論認爲，大腦會按照步驟循序漸進，發展出利他主義。所有步驟都植根於經演化而來，以促進利社會行爲的基本神經認知機制，目前我們對這些機制已有相當程度的了解。

同樣的，這個觀念也是演化的產物和必然結果。比起其他猿類和動物，人類算是「早產兒」。人類嬰幼兒必須經細心照顧多年才能長大，其中又需要許多人共同參與，包含父母、祖父母、遠親、周圍的社區群體……簡言之，就是「需要全村的力量」。

因此，唐諾．法夫引用發展心理學家麥可．托瑪塞羅（Michael Tomasello）的話：

「智人經演化以適應團體生活，能在文化群體中與其他成員合作思考及行動，發展程度前所未有。舉凡複雜的技術、語言和數學符號、繁複的社會制度等，人類史上最令人驚豔的認知成就，都不是個人單獨行動的產物，而是個人與個人交互作用的成果。」

換句話說，我們傾向於爲別人做對的事，因爲這樣通常對大家最好。

無論古老文化或新興文化，許多都將促進共同利益和超越自我利益，視爲重要的智慧構成要素。綜觀歷史記載，同理心、慈悲心、社會合作與利他主義等利社會行爲和態度，不僅備受尊崇，更成爲衆人爭相效仿的美德。

古希臘悲劇作家尤里比底斯（Euripides）曾在兩千多年前寫道：「一個好人受到傷害時，所有被稱做好人的人都會和他一同受苦。」

古埃及人認爲心臟是人類智識、智慧、情感、記憶和靈魂的泉源。製作木乃伊的過程中，心臟是少數幾個沒有被從屍體取出的器官之一，因爲埃及人相信，死者進入來世後會需要心靈的資源和力量；另一方面，大腦則被認爲是顱骨的填充物，他們會將一根長勾插進鼻腔，把大腦攪碎，再舀出來扔掉。

這種以心臟爲中心的觀念，早在很久以前就被世人推翻、摒棄不用，不過，觀念的殘跡和餘緒仍遺留至今，例如「用心記住」和「心地善良」等依舊是常用的說法，但我們現在知道，同理心這類特質其實存在於前額葉皮質，這個區塊位於額頭後方，占了大腦皮質前區的三分之一，裡面有一種名爲「鏡像神經元」的腦細胞。一九八〇年代至一九九〇年代，幾位義大利神經生理學家在研究猴子的大腦功能時發現，部分腦細胞具有厲害的鏡像功能。只要猴子進行某項特定活動（如撿起食物），以及一隻猴子看到另一隻猴子做同樣的事，這些細胞就會變得非常活躍。

人類也有鏡像神經元。這些神經元不僅對個人身分和自我樣貌至關重要，還能解釋人類的模仿學習機制，說明我們之所以會同情他人的原因。無論是瞥見公園裡毫無防備的路人被飛盤打到頭而畏縮，聽見廣播描述棒球投手與打者間緊張刺激的對決，還是看到催淚電影中生離死別的場景而啜泣，鏡像神經元都在腦中賣力運作，讓你得以出於本能，直接洞悉他人的意圖和感受。

除此之外，鏡像功能也擴展到觸覺。研究人員發現，當個體看到另一個身軀被觸摸時（純粹視覺輸入），大腦中的觸覺敏感區會開始活化，極少數人甚至能因爲看到別人被觸摸，出現自己身體被觸摸的意識經驗，這種現象稱爲「鏡像觸覺聯覺」（mirror-touch synesthesia）。

鏡像神經元與「心智理論」有關，亦即個體推論自身與他人的信念、意圖、渴望、感覺、知識等心理狀態的能力。這種能力並非與生俱來，但發展的速度很快。六個月大的嬰兒就會出現「了解他人注意力」的徵兆，知道這種選擇性觀看的行爲表示觀者對觀看對象很感興趣。他們很快就學到可以用手指示方向來引導、分享注意力，而要做到這一點，就必須明白對方有獨立的心智狀態。這是一種自然又必然的領悟，能讓我們看到微笑就本能地了解並感受到對方的喜悅，建立人際連結。幼兒在觀察和模仿臉部表情時，鏡像神經元會變得非常活躍，多項研究指出，這種活動與同理心有所關聯。

缺乏同理心

缺乏心智理論的情況，與特定精神疾病和心理狀態有關。例如，自閉症類群障礙（autism spectrum disroder）患者、思覺失調症患者、古柯鹼或酒精成癮者，其大腦處理社會線索的方式可能與「一般精神狀態者」（neurotypicals）不同，但這不代表他們一定缺乏同理心。目前已有令人信服的證據顯示，這類患者只是需要其他心理工具來準確評估及表達同理的態度。

社會病態和精神病態指的是具有反社會傾向與行爲的人。這些人可能會對他人懷有不同程度的同理心，但很容易被更大、更有吸引力的自我利益呑沒，例如病態說謊、完全沒有悔恨等。遺傳傾向和環境影響都會塑造出反社會人格。

精神病態者可能很聰明，看起來與正常人無異，甚至充滿魅力；但事實上，他們全都缺乏良知與責任感，無法親切及溫暖待人。許多研究表明，精神病態者天生就缺乏同理心。芝加哥大學研究團隊以八十名年齡介於十八歲到五十歲的囚犯為受試對象，用標準化工具來檢測其精神病態程度，觀察他們的大腦構造影像。不出所料，監獄中的精神病態者比例高於一般人；監獄中約為二十三%，一般僅有一%。與對照組相比，高度精神病態組受試者的腹內側前額葉皮質、外側眼窩額葉皮質（later orbitofrontal cortex）、杏仁核與中腦環導水管灰質（periaqueductal gray）的活動明顯減少，紋狀體（striatum）和腦島的活動則增強。

令人意外的是腦島活躍度上升，因為這個區域與情緒和軀體共鳴（somatic resonanace）有關，其中軀體共鳴是指身體透過能量頻率與他人互動，有時會感受到一種良好的氛圍，有時則否。除此之外，其他研究結果都與證據相符，即精神病態者的同理心、鏡像功能、直覺與調頻相關腦區都不太活躍。

神經科學家詹姆斯．法隆（James Fallon）在二〇一三年出版的《天生變態》（*The Psychopath Inside*）中，提到自己出於好奇而進行基因檢測與核磁共振檢查，結果顯示他符合精神病態的病理描述。法隆是個婚姻幸福的男人。他知道自己有一種「討厭的好勝心」，曾對《史密森尼》（*Smithsonian*）雜誌的記者說：「玩遊戲時，我絕對不會讓孫子贏。我會做一些惹毛別人的蠢事。」但他不認爲自己有精神病態人格；再說他也沒有暴力傾向，不太可能成爲冷酷無情的詐欺犯或連環殺手。

詹姆斯．法隆認爲，他之所以能逃離墮入黑暗的命運，部分原因是他從小在一個健全又充滿愛的家庭中成長，父母也給予他深切而持續的關注，強化了前額葉皮質等負責調節、控制衝動的腦區發展。除此之外，他自己也付出相應的努力，有意識地改變令人不快的行爲，選擇做正確的事，多多考慮別人的感受。

不過，法隆說，他的慈悲心不是純然仁慈好善。「我這麼做不是因爲我突然變成好人，而是因爲自尊，因爲我想向所有人和自己證明我做得到。」

精神病態者與自閉症類群障礙患者之間有個顯著的差異。自閉症類群障礙患者很善良，也樂於助人，只是可能缺乏認知能力，無法了解他人的情緒或心境。以同理心來看，自閉症類群障礙患者在認知方面有缺陷，卻仍渴望幫助他人（慈悲心）；相反的，精神病態者能在認知層次上理解他人的情緒和心理狀態，也就是說，他們擁有同理的能力，可以像讀書一樣判讀別人的心思，察覺對方的反應，但他們缺乏慈悲心，沒有助人的想望。

然而，法隆的例子清楚點出生物學不能決定命運。儘管他在生理上有精神病態傾向，但他獲得的家庭支持、關懷照顧，加上個人堅定的決心，讓他成爲一位思慮縝密的神經科學家，協助他人了解人類的行為。慈悲心和智慧不僅能調整及改變，也可以透過適當的介入措施，來提升表現程度。

為什麼要關心陌生人？

慈悲心和利他主義是近親，兩者皆與社會合作（social cooperation）有關。社會合作是動物世界中另一種古老又普遍的行為，有很深的演化根源。

社會合作多為一種互惠互利的關係。螞蟻和蜜蜂、獅子和黑猩猩的共生樣態，就是很明顯的社會合作範例，展現出有利於個體和群體的連結行為。

人類也有同樣的行徑，但未必是為了生存。如果你協助同事完成任務，或許對你也有好處，畢竟老闆快樂，整個辦公室都快樂。但利他主義與合作不同，有時是一種單向行為，甚至可能傷害到行為人本身。

人類的利他主義是一種關心他人福祉的表現，例如攙扶老人家過馬路、捐款給慈善機構等，只要仔細尋找，就能在日常生活中看見無數良善和不經意的暖心之舉。幾年前，聖地牙哥在地記者麥克．邁肯泰（Mike McIntyre）毅然決然辭掉工作，把所有家當送給別人，只帶了幾件衣服就上路，決心不借助金錢與物質資源橫越美國。他口袋裡一毛錢也沒有，若要解決食物、住宿和交通問題，成功抵達東岸，就得仰仗陌生人的善意。（後來麥克寫了《不帶錢去旅行》〔*The Kindness of Strangers*〕這本書描述旅程，想必絕非湊巧。）好消息是，麥克做到了。現在的他活得很好，身體也很健康。這趟放逐之旅讓他變得比從前更有智慧，成長程度難以估量。

陌生人會幫助麥克，是因爲他們認爲他需要幫助。有人讓他吃一餐，有人提供睡覺的地方，這些都是純粹的利他主義行爲。

「非凡的利他主義」（extraordinary altruism）則遠不止於此。這是一種實實在在、眞切確鑿的利他主義表現，事實上，這種舉動甚至會對利他行爲人本身造成危險或傷害。器官捐贈就是一個很好的例子。器官捐贈會帶來極大的生理痛楚和心理壓力，但這邊談的不只是捐贈器官，而是捐贈器官給一個素昧平生的人。

腎臟是最常見的移植器官。據統計，腎臟捐贈數目是肝臟的兩倍之多（肝臟捐贈數僅次於腎臟），但依舊無法滿足醫療需求。目前有超過十萬名患者在等待腎臟移植，每個月新增三千名等候者，平均等待時間大約五年，每天都有十三人因爲等不到器官移植而離世。

大多數腎臟移植來源爲已故的捐贈者。全美有三〇%到四〇%的人塡寫駕照上的器官捐贈同意書，或是向州政府登記成爲捐贈者。活體捐贈者必須放棄體內其中一顆腎臟，人數遠比已故捐贈者少，當前的數字更是逐年下降，其中願意在不知道受贈者身分的情況下無私捐腎的人，更是寥寥可數。

幾年前，研究人員開始探尋究竟是誰願意把自己的一顆腎臟捐給陌生人。他們檢視一九九九年至二〇〇九年間的腎臟捐贈紀錄，在成千上萬筆資料中找到九百五十五例全然無私、純粹利他的個案。研究人員發現，捐贈腎臟給陌生人這種非凡的利他行爲，與「幸福感引擎模型」（engine model of well-being）關係密切。基本上，幸福感引擎模型的概念，就是個體在生活美好、一切順遂時會變得格外親切、善良和慷慨。健康與收入等客觀指標會激發正面情緒，讓人產生更強烈的意義感，進而帶著眞誠的善心，做出無私的善行。

這些捐腎給陌生人的捐贈者，他與受贈者分享的不只是器官，還有自己的情緒狀態：我（很幸運）擁有健康的身體；你也應該健康地活下去。

自我慈悲的重要

「自我慈悲」就是在面對個人錯誤、失敗、無能感和痛苦的人生境遇時，好好關心及關懷自己，進而養成對他人的慈悲心，這對幸福感和復原力來說至關重要。

印度詩人莎諾貝・坎恩（Sanober Khan）寫道：「即使在最孤寂的時刻，我也一直陪伴、支持著自己。」

自我慈悲的重點不是要你對自己比對別人更寬容，而是要認識到每個人，包含你在內，都是不完美的個體，每個人都有犯錯和失敗的時候。「自我慈悲能把個人缺陷與人類共有狀態連結起來。」荷蘭馬斯垂克大學的艾可・史密茲（Elke Smeets）在談及二〇一四年的一項研究時寫道。

在這項研究中，史密茲及其同事以一組女大學生爲研究主體，調查自我慈悲教學是否比一般時間管理技能教學，更能提升其復原力和幸福感。

那些參與正念訓練課程，學習如何覺察、處理與平衡生活好壞的受試者，在後續的慈悲心、樂觀、幸福感和自給自足測驗中分數較高，從而讓她們更有可能與他人分享這些好處。

當個體很滿意自身狀態及其在這個世界上的位置，可能就會想與他人分享。然而，令人訝異的是，悲天憫人的胸懷與自我慈悲之間沒有必然關係。有些親切的醫師和牧師以寬容良善待人，對自己卻非常嚴苛。同樣的，肩負痛苦憂傷、需要幫助的人，對他人可能更有慈悲心和同理心。

加拿大安大略省威爾弗里德勞雷爾大學（Wilfrid Laurier University）神經科學研

究團隊，進行了一項有趣的實驗。研究人員以隨機分派的方式，將受試者置於特定的心態模式，請他們寫下自己在做決定或需要他人幫助時的感受，是覺得自己很強大，還是充滿無力感？

接下來，每位受試者都會觀看一段中立的影片，內容是一隻手正在擠壓一顆橡膠球，研究人員同時追蹤並檢視受試者的大腦功能，具體來說是觀察鏡像神經元的活動情況。他們假設，鏡像神經元活動愈多，受試者與螢幕中看不見的擠球者同在當下的程度就愈高。

感覺無力的受試者在觀看擠壓橡膠球的影片時，鏡像神經元會變得非常活躍，而感覺自己掌權的受試者，鏡像神經元活躍度相對較低。據此看來，權力感似乎抑制了同理反應。

自我慈悲與自戀不同。自戀（narcissism）指的是自視甚高，誇大自己在這個世界的重要性。該詞源自希臘神話中一名深愛自己的美男子納西瑟斯（Narcissus）。這個性別象徵很恰當，因爲男性的自戀傾向確實高於女性。自戀是一種人格特質，程度因人而異，若嚴重到衝擊個體功能，造成負面影響，可能會演變成一種名爲「自戀型人格障礙」（narcissistic personality disorder, NPD）的精神（醫學）診斷疾病。根據美國精神醫學會（American Psychiatric Association, APA）出版的《精神疾病診斷準則手冊》第五版，上面表列九項標準中至少要符合五項，才可以診斷爲自戀型人格障礙，例如妄自尊大、過度渴求他人讚美、特權感、缺乏同理心、人際間的剝削行爲等。

社群媒體和自拍是不是在鼓吹自我聚焦（self-focus），助長自戀文化？自戀的人格表徵和其他特質一樣，一部分由遺傳基因決定，一部分由外在環境決定。經常在臉書（Facebook）、推特（Twitter）和Instagram貼文、發布動態，或是手機裡存了一大堆自拍照，不代表你是個自戀的人。

不過，許多社會行爲和所謂的「浮誇型自戀」（grandiose narcissism）有緊密的關聯。浮誇型自戀的特質包含態度浮誇、自信爆表、喜歡在人際關係上掌握主導權等。這類型的人很容易自我膨脹（自我感覺良好），決策時也過於自信，似乎不會從錯誤中汲取教訓。

具有妄自尊大、缺乏同理心、渴求他人讚美等高度自戀特質的人，喜歡社群媒體的原因顯而易見。這些社群平台是非常強大的工具，可以用來頌讚和宣傳自己。若一個人使用社群媒體的頻率日益增加，可能會開始展現出比較明顯的自戀跡象。

自戀並不是社群媒體的產物，當然也不是所有使用社群媒體的人都很自戀，但擁有自戀特質的人可能比較常在這些平台上流連。

較高程度的自戀會導致個體對他人缺乏慈悲心，而這絕非智慧的象徵。

性別與慈悲心的基因

有些人天生就比其他人更有慈悲心。同理心和利他主義等特質，似乎有一定的遺傳基礎。多項同卵雙胞胎（基因體完全一樣的雙胞胎）研究指出，有三〇％到六〇％的利他主義傾向（例如幫助陌生人或捐錢給慈善機構）都可以用遺傳學來解釋，至於個人差異則較可能受到社會或文化因素影響。

女性比男性長壽，確切的原因目前仍是一個謎，但很有可能是生物學因素，例如性染色體（女性爲XX，男性爲XY）的影響不同等。智慧是否也有性別差異，特別是慈悲心？

根據我個人「不科學的研究」，世界宗教中掌管智慧的神以女神爲多！以我家來說，我身邊就有三位非常成功又很有智慧的女性，我的妻子桑娜莉，還有我們的女兒莎法莉和妮倫，都是小兒科次專科醫師（分別是精神科、神經科和腫瘤科）。以智慧來看，我們家的確存在性別差異，這一點毫無疑問。女性相對來說更有智慧。

二〇〇九年的一項研究中，莫妮卡・阿德爾特對四百六十四名大學生和一百七十八名年齡在五十二歲以上的成年人進行抽樣調查，以三向度智慧量表測量認知、反思和情感（慈悲心）三大智慧構面。阿德爾特發現，女性往往在智慧情感向度（同理心、無私）獲得較高的分數，男性則是在認知領域（自我認識、理解）得分較高，不過只有年長組受試者出現這種情況。另外，以一千五百多名隨機挑選的居民爲對象，自二〇一一年追蹤至今的「成功老化評估多年期調查研究計畫」及其他幾項調查也顯示，女性在「慈悲心」這項要素的得分明顯較高，除此之外，兩性之間沒有其他智慧相關差異。

整體來說，女性比男性更能同理他人，目前已有實徵（經驗性）證據支持這項論點。一九九五年一項斯堪地那維亞（北歐）研究發現，比起男性，女性更容易不自覺地模仿別人表達出來的情緒，反映出她們腦中鏡像神經元的活動增強。

此外，二〇〇三年的一項研究也指出，女性受試者在被要求辨識他人情緒時，腦部監測結果會顯示出特定腦區的活動，表示受試者本身也在經歷及體驗這些情緒；相反的，男性受試者在被要求判斷他人情緒時，理性分析相關腦區會變得很活躍。男性會觀察他人的情緒，思考自己是否見過這些情緒，其名稱又是什麼。

不過，男嬰和女嬰在自我或他人情緒辨識能力上似乎沒有這些差異。一九九三年的一項研究發現，以對他人的注意力和敏感度來看，男嬰的得分和女嬰一樣高。然而，成年男性和女性衡量道德困境的尺度卻有所不同。二〇一五年，學界發表了一項相關研究，有位科學家就對全美公共廣播電台（National Public Radio）說，女性似乎更容易對「傷害他人」產生負面的情緒反應，就算受害者只有一人亦然；相較之下，倘若傷害一個人可以拯救更多人，男性對這類行爲的情緒反應就沒有那麼強烈。

兩性的大腦在生理學與解剖結構上也有些微不同，但這些差別與智慧之間的關係仍有待釐清。慈悲心之所以存在性別差異，部分原因可能是睪固酮（testosterone）和雌激素（estrogen）這兩種荷爾蒙的影響。除了生物功能外，睪固酮濃度也和攻擊性、支配欲等典型男性行爲有關；相反的，雌激素似乎能提升養育、仁慈與同情行爲表現。

加州大學柏克萊分校研究團隊找到一些證據，證明那些較具同理能力的人，帶有特定的催產素受體基因變異。催產素（oxytocin）是一種荷爾蒙與神經肽（neuropeptide，一種類似蛋白質的小分子），主掌抗壓功能，會在分娩、哺乳和性高潮時釋放到血液中。此外，在人類和草原田鼠、老鼠等動物世界中，催產素也在社會聯繫上扮演一定的角色。

過去的研究發現，雌性草原田鼠（老鼠的近親）釋放至腦中的催產素，對於形成一夫一妻制性伴侶配對關係非常重要。分娩後以藥物阻斷其催產素活性的雌鼠，不會出現典型的母性行爲。人類實驗結果顯示，服用催產素的受試者更有同理心，也更願意幫助他人，就算對方是陌生人也一樣。

二〇一一年，多倫多大學科學研究團隊進行了一項新的研究，用影片記錄長期伴侶討論無關愛情的個人困境和痛苦，然後節選對話中情緒最激動的二十秒片段，以無聲的方式播放給不認識這對伴侶的受試者觀看，並研究這些受試者的反應。

研究人員請受試者根據影片中可見的言行舉止，來評估該對伴侶的慈悲心、可信度和社會智能。總體來說，被受試者認為更有同理心的人，也是帶有可提高催產素接受能力的基因突變的人。

「這些行爲對陌生人傳遞出『這個人值得信賴』的訊息，說明微小的基因變異擁有極大的影響力，而人類的能力也很不可思議，能注意到這些細瑣的差異。」該項研究的共同作者、博士後研究員亞歷山大．柯根（Aleksandr Kogan）說道。

從握手到安寧緩和醫療

慈悲的行為，無論大小，都會徹底改變當事人的生活。

一九八七年，即愛滋病全球大流行的第六年，英國首家專門治療愛滋病（AIDS）與人類免疫缺乏病毒（HIV）的診所開業，黛安娜王妃受邀參與開幕儀式，期間和一名愛滋病患者握手，成為眾所皆知的佳話。

當時黛安娜王妃二十六歲；該名患者三十二歲，瀕臨死亡邊緣。

如果將黛安娜王妃的舉動放在今天，大家會認為這是一種善良又充滿關懷的動作，而且非常普遍，可是在當年，這個行為極為罕見。黛安娜王妃既沒有戴防護手套，也沒有穿上防護衣；雖然當時研究人員已經知道這種致命病毒不會藉由一般接觸方式傳播，但世界上有很多人不這麼認為，也不了解這種疾病，只要講到愛滋病毒就會陷入恐慌，疑神疑鬼。

黛安娜王妃簡單卻引人注目的握手行為開啟了一段進程，各界紛紛付諸行動，努力化解世人對愛滋病及其患者的恐懼。黛安娜王妃天生就有豐沛的慈悲心。不少傳記作家都提到她對人有種異乎尋常的直覺，一種天性，喜歡接觸外界，與他人建立關係。她是一個樂於張開雙手擁抱的人，她和愛滋病患者那一握，不僅是她自然的自我延伸，也是她有意識地積極操練及拓展慈悲心的結果。接下來幾年，她親自穿梭於病榻間，探視許多被社會忽略、大眾避之唯恐不及的病患，巴西里約熱內盧的孤兒院、英國倫敦的遊民收容所、加拿大多倫多的安寧病房、印度的痲瘋病診所和兒童癌症醫院都有她的足跡，令人動容。

她曾說：「我每週至少去三次，每次花四個小時和病人握手交談，有些人能活下來，有些人會死，但無論如何，他們都需要被愛。我想陪在他們身邊，盡力支持、幫助他們。」

根據部分傳記作家的說法，這種情操可說是她短暫悲劇人生中的試金石，因為她很難在私生活裡找到同理心、慈悲心和幸福感。一九九七年，黛安娜王妃發生車禍，就此香消玉殞，但她無與倫比、悲天憫人的胸懷，深深鼓舞並啓發了數百萬人。她的逝世讓一個公共紀念基金會獲得四千四百萬美元善款，直到二〇一二年關閉前，該基金會已發放了七百二十七筆捐款給四百七十一個組織，支出逾一億四千五百萬美元推動慈善事業。

照護是護理師的職業使命之一，其中最常見的療護對象，大概是癌症病患或安寧病房患者等病況容易惡化、命懸一線的人。然而，長時間面對這些令人心痛的情緒挑戰，會造成所謂的同情疲勞（compassion fatigue）。若了解同情疲勞所帶來的影響，知道那些成功抵抗並克服這項威脅的護理師及其他照顧者的作為，就會明白他們為什麼堪稱最有智慧的一群。

幾年前，北卡羅來納州的研究人員針對三十位腫瘤科護理師進行訪談，請他們聊聊照顧癌症病患的經驗，以確認這些經驗能否促進個人成長。

以所有受訪者的情況來看，答案百分之百是肯定的，也巧妙反映出智慧的內涵。受訪護理師表示，他們意識到人生無常，充滿未知，只能無條件接受並擁抱現實。他們以宏觀、客觀的角度來看待一切，不再為無關緊要的小事煩惱。

一位負責安寧療護與臨終關懷的護理師說：「如果下班回家後發現家裡一團亂，或是東西沒收、事情沒做，我先生就會很煩躁，但我只覺得『誰在乎啊？回家真好。』」

根據研究人員的描述，這些護理師經歷了一個名為「替代性創傷後成長」（vicarious post-traumatic growth）的過程。他們並不是單純「藉由看病患受苦和死亡來學習或感知成長；更確切地說，他們親身體驗到喜愛或難忘的病患死亡所帶來的痛苦、失落和悲傷」。

某種意義上，病患的個人經驗成了他們所學到的教訓。受訪護理師說，他們不僅變得更有同理心，情感上更加成熟，更有能力辨識個體的身分及其之間的差異、接受局限性，人際關係技能也有所改善。

一位護理師坦言：「在醫院做這份工作，你涉入的不再只是自己的生活，而是所有病人的生活。因此，你從這份工作中得到的，不光是身為一個人所學到的一切、所經歷的一切，還有其他人告訴你的事……你吸收了這些個人經歷……內化成自我的一部分。」

另一位護理師則提到自己教女兒關心他人，實踐利他主義：

「如果別人遭遇不幸、生活困苦，（我女兒）該怎麼幫助他們，讓他們的人生變得更美好？總之伸出援手就對了。如果你自己需要幫忙，好，那就自助，然後記得踏出自己的小世界，為別人付出。你能為身邊的人做些什麼？我認為每個人來到世上都有目的，有自己的使命。你打算怎麼辦？……你今天能在這裡健康呼吸……你要怎麼為別人的生命帶來喜悅？」

慈悲心是一種付出，施與受的雙方都能從中得益。慈悲心愈豐沛（就算需要很努力），對所有人的好處就愈大，包含你自己在內。

冥想有用嗎？

慈悲心是一種經過長時間演化出來的自然本能，但也能透過其他方法習得，大腦甚至會在這個學習過程中出現根本性的轉變。

二〇一三年的一項研究中，研究人員對一組受試者進行「慈悲訓練」，觀察受試者在看到其他人受苦時，大腦神經元會有什麼變化。

與早先測試的對照組相比，接受慈悲訓練的受試者有幾個特定腦區格外活躍，包含內側眼窩額葉皮質（medial orbitofrontal cortex）、殼核（putamen）、蒼白球（pallidum）和腹側被蓋區（ventral tegmental area），這些區域都與正面情緒和親和感（affiliation）有關。

研究結果顯示，刻意培養慈悲心提供了一種新的應對策略，可以讓人養成關注、警覺力、快樂、喜悅等積極正向的情緒，就算面對他人的痛苦也一樣。

冥想是一種古老的紓壓方法。根據文獻記載，冥想可以改善個人的身心健康，以及對自我和他人的感受。近年來，有幾項相關研究指出，我們不必去遙遠的彼方拜訪瑜伽大師，也不必苦苦攀上山巔尋覓，就能求得解脫。

二〇一六年，一群英國科學家進行了一項隨機臨床試驗，研究線上教授的慈愛冥想（lovingkindness meditation, LKM）及其效用。慈愛冥想源於佛教傳統，練習方式爲安靜舒適地坐著，潛入內在靈魂深處沉思，剔除外在的憂慮和煩惱，進而尋得心靈的平靜、愛和靜謐，是一種非常經典的冥想。

英國研究人員表示，慈愛冥想確實有效，受試者的放鬆程度和成就感都有所提升，只是還需要進行更多研究，設計出適當的方法，好讓不同族群能透過網路學習並操練慈愛冥想。

二〇一七年發表的另一項研究中，俄亥俄州立大學研究團隊招募護理師、醫師、社工等受試者進行線上冥想課程。說來也許諷刺，醫療衛生訓練有時會扼殺了慈悲的精神，許多醫學院學生的同理心都曾經受到侵蝕，最後只能藉由相關課程來重拾共感能力。

俄亥俄州立大學的研究和英國的慈愛冥想研究差不多。研究人員表示，參與身心練習等線上培訓課程的醫療衛生專業人員，在幸福感、感恩、自我慈悲和自信方面的得分較高，而這些特質都會讓他們照護的患者受益。

毫無疑問，慈悲冥想有助於維持及滋養寬容大度的胸懷，讓人能不吝惜給予善意，形成深厚的心靈底蘊，像是曾親眼目睹暴力撕裂了民族與國家的達賴喇嘛就擁有這些特質。然而，想發展出更豐沛的慈悲心，並不需要終其一生努力操練和奉獻，只要用相對簡要的介入措施就能實現目標，例如每天花一分鐘靜默反省，或是每週寫下值得感恩的理由，這些都能讓人產生正面情緒，減少憂鬱症狀，提高生活滿意度。

「有智慧的人比其他人更懂得感恩，感激的事物也更多。」奧地利克拉根福阿爾卑斯－亞德里大學的茱蒂絲．格魯克在二〇一四年於《老年學期刊》（*Journals of*

Gerontology）發表一項研究報告後這麼說道。

茱蒂絲．格魯克及其同事進行了兩項小型研究，其中一項是利用報紙和電台廣告向民眾徵求智者名單。被提名人中有四十七名平均年齡六十歲的男女同意參與研究，另外，研究團隊也隨機挑選出四十七名年齡、教育程度與前一組相近的成年人，做爲對照組。

所有受試者都會接受研究人員訪談，說出最困難、最美好的生活經驗，以及最重要的人生課題。其中有三十一%的人感謝上帝、感謝他人，或感謝人生經歷，無論好壞皆然。與對照組相比，被他人認爲睿智的受試者，表達感激之情的頻率較高。

感恩，就算只是對於自己走過的困境而感恩，都是智慧的原始素材，也是智慧的結晶。在被提名爲智者的受試者中，有一名七十六歲的男性過去曾經心臟病發作，在鬼門關前走了一遭。「撿回一條命讓我學到了新的教訓，開始用不同的角度去看待人生。」

欲培養慈悲心，還有一個更簡單的方法，就是閉上雙眼，想著生活中對你特別好的人，在心裡重複默念「願他們平安快樂」或是「希望他們健康無恙」之類的話。最後，爲自己，爲所愛的人，爲鄰居，爲每個人做同樣的事。在幸福感湧現的時刻，懷著善念想想那些不常心存良善的人。冥想就像運動鍛鍊，練習次數愈多，做起來就愈上手，心理上的好處也愈大。

「這有點像是在做重量訓練。」威斯康辛大學麥迪遜分校的翁海倫（Helen Weng）說道。她參與了二〇一三年一項探討成年人能否培養和習得慈悲心的研究，也是該研究的第一作者。「我們運用系統性方法分析，發現個體其實可以鍛鍊自己的『慈悲心肌肉』，以關懷和渴望提供幫助的心，來回應他人的苦難。」

寫下感恩

養成同理心的另一種方法是寫感恩日記。許多傑出的偉人都有以紙筆記錄自身思緒與活動的習慣，例如愛因斯坦、馬克．吐溫、達文西、居禮夫人、傑佛遜和達爾文都會寫日記。你不用草草記下什麼重力理論或天擇說，只需要每天寫幾行字，描述一下讓你覺得感恩，或是帶來快樂和滿足的人事物。可能是一個朋友、一頓喜歡的餐點、一句有趣的話，抑或看到一隻蜂鳥在晨光下盤旋飛舞。

一項又一項研究發現，這些回憶與歇息的恬靜時刻，能帶來顯著的撫慰效果，讓心靈歸於平靜，提振情緒。好心情會帶來美善的事物，創造出更好的生活，說不定有一天你的日記還會被學術論文引用。

言語的力量

好的詞彙也可以提升同理心。二〇〇六年，《神經影像》（*NeuroImage*）期刊發布了一項西班牙研究，研究人員請受試者閱讀與強烈氣味有關的詞彙和中性詞彙，同時對其進行腦部掃描，發現受試者在讀到「香水」和「咖啡」這類字詞時，初級嗅覺皮質（primary olfactory cortex）會變得非常活躍，對於「椅子」和「鑰匙」等字詞則不會。

初級嗅覺皮質在嗅覺中扮演重要角色，而嗅覺又與我們的情緒和記憶關係密切。一縷被遺忘已久的古龍水香味或是熟食的氣味，都會突然喚起意想不到的回憶。

我們的大腦會對強烈的隱喻有所反應。艾默利大學（Emory University）曾經進行一項研究，發現受試者聽到「歌手擁有絲絨般溫暖厚實的嗓音」、「他有一雙像皮革般粗韌的手」等諸如此類的語句，負責透過觸覺感知質地的感覺皮質（sensory cortex）活動就會增強，但若聽到「歌手的嗓音很悅耳」或「他有一雙強壯的手」，感覺皮質就會維持休眠狀態。

大腦不太能分辨閱聽一件事和實際經歷的差別。當你翻閱葛楚德．史坦（Gertrude Stein）的小說《美國人的創生》（*The Making of Americans*，暫譯），讀到開場白「從前，有個憤怒的男子拖著他父親走過自家果園」，大腦中的語言處理區就會變得很活躍，那些能「感受」到想像中的撞擊聲、顫簸和痛苦哀號的腦區活動，也會增強。

閱讀有助於建立及發展同理心。研究人員發現，用於理解故事的網絡，與用於引導人際互動的網絡，有很大一部分重疊。這個主張可追溯到心智理論；有強力的實徵（經驗性）證據表明，常看小說的人似乎更有能力理解及同理他人，能透過他人的眼睛觀看世界。

這不是單純「有同理心的人比較喜歡看小說」而已。二〇一〇年一項絕妙的研究發現，聽比較多故事的學齡前兒童，會發展出較敏銳的心智理論能力，常看電影的孩子也一樣；奇怪的是，看電視的孩子卻不會。一種可能的解釋是，孩子和爸媽一起看電影時，可能會討論電影情節，引出較多對話，讓孩子得以分享經驗和見解。

一旦感覺自己屬於某些群體，或至少他人並非完全陌生，我們就會發展出同理心。二〇〇五年的一項英國研究指出，若旁觀者發現遇難的陌生人和自己同屬於一個群體，就比較有可能出手幫助對方。然而，所謂的「群體」可能有所異動，並非固定不變。

舉例來說，蘭卡斯特大學（Lancaster University）研究團隊招募英國足球俱樂部「曼徹斯特聯盟」（以下簡稱曼聯）球迷參與研究，而曼聯與另一支球隊「利物浦」是死對頭。

研究人員先讓受試的曼聯球迷填寫問卷，再請他們走過校園，去看一部關於英國足球的電影。受試者會在路上遇見一起安排好的意外，看到有個跑步的人不小心滑倒，躺在地上痛苦呻吟，研究人員則躲起來觀察並記錄受試者的反應。結果顯示，若跑者身穿曼聯的球衣，受試球迷詢問他是否需要幫助的可能性較大；若換成利物浦球衣或無品牌球衣，受試者的關心程度則明顯下降。

第二個實驗中，研究團隊再次招募曼聯球迷，但這次研究人員會事先告訴受試者，他們參與的是一項球迷整體研究，研究重點在於英國球迷的積極面，而非媒體經常報導的負面事件和足球流氓文化。研究問卷詢問球迷對球賽的興趣，以及他們與其他球迷的共通性。

然後，和第一個實驗一樣，受試者要穿越校園去看電影，路上又會遇見一個安排好的跑者摔倒意外。這一次，無論跑者身穿利物浦球衣還是曼聯球衣，受試者伸出援手的可能性都一樣，但若跑者穿的是無品牌球衣，受試者的關心程度就沒那麼高。

研究結果顯示，一旦人們受到鼓勵，看見更具包容性的社會類別界限（所有球迷相對於曼聯球迷），就更有可能擴大幫助範圍，協助更多人。只要一點點火花，就能激發同理心。

要在日常生活中應用這些結果很簡單。積極參與公益或社區活動，可以擴展歸屬感與對他人的關心，加強個人與他人之間的聯繫。捐款給慈善機構是件好事，但這跟擔任收容所志工或輔導學生不一樣。捐款是一種關係疏遠、轉瞬即逝的行爲，除了當下感覺良好以外，沒有任何精神上的回報。相反的，當一個人積極付出自我，投入精力、時間和才能做某件事，就能獲得種種好處，這些好處還會向四面八方蔓延，擴及各個層面，包含內在和外在世界。做得愈多，就愈能養成身心習慣。

德國馬克斯普朗克研究院的塔妮亞．辛格（Tania Singer）發現，慈悲訓練能改變研究對象的舉止，讓他們以更仁慈的態度待人，爲他人著想，而且這些新的行爲模式會一直延續下去。

至於爲什麼會這樣，目前答案尚未明朗。有證據指出，慈悲訓練能增強與同理心有關之大腦區域的情緒處理。至於正念訓練則能減少杏仁核對情緒圖像的反應，讓人變得更鎮定，仔細思量過去那些可能導致自己「失控」的刺激，冷靜做出回應；但若換成人類受苦的畫面，大腦的活動不會減少，而是變得更協調。

感覺也很重要

慈悲行爲能讓人感覺良好。人類是情緒、感覺與心境的產物，但這三者的意義不完全相同，每一個都會以明顯和隱晦的方式驅動個人行爲，既是動力，也是約束，影響力同樣強大。

想要活出一個充實、有意義又智慧滿盈的人生，就必須審愼明智地管理自身的情緒、感覺與心境，在適當的時間和地點，以適當的方式運用這些感覺，使之有益於自己（和他人）。俗話說，不要抱著怒氣開車，也不要抱著怒氣生活。同樣的，整天盲目樂觀、對殘酷的現實視而不見，也不是智慧的表現。

憤怒、恐懼、喜悅、厭惡、悲傷，這些情緒和其他情緒一同指引我們，影響我們的思路和行爲。找出平衡情緒的方法，必要時自由抒發情緒；恰如其分的情緒管理是一輩子的課題，必須終其一生不斷努力，才能獲致最好的結果。

下一章，我們會探討情緒調節和幸福感。適當管理情緒，就從現在開始。

Chapter 6 情緒調節與幸福感

我不想任由情緒擺布。我想運用它們，享受它們，支配它們。

——王爾德，《格雷的畫像》（*The Picture of Dorian Gray*）

幸福不是無止境地追求愉快的經驗（那聽起來好累），而是一種存在狀態，是仁慈、智慧、情緒平衡、內在自由與內心平靜的產物。這些特質都可以經由心智訓練來增強，成為個人技能。

——馬修．李卡德（Matthieu Ricard）攝影師、作家

不同的文化對情緒表達有不同的規範和期望。

比方說，許多亞洲文化（包含亞裔印度人在內）過去都認爲在別人面前「過度」表現情緒是很不好又有損尊嚴的事。以我個人爲例，翻看我家的老相簿，每個人的表情都很陰沉，即便是在婚禮這種慶宴場合也一樣。當然還是有例外，畢竟孩子就是孩子，藏不住童心；不過，只要在場有較年長的成人，大人也會要求孩子「舉止得體」，就是「保持嚴肅」的意思，起碼表面上要試著裝一下。

成長過程中，我開始覺得每個人的言行舉止都很像，以爲全世界都是這樣。英國著名作家詹姆斯．希爾頓（James Hilton）的《萬世師表》（*Goodbye, Mr. Chips*）似乎強調了我的假設。這本書於一九三四年出版，是我接觸的頭幾本英文小說之一，內容以一所虛構的英國男子寄宿公學（高級私立中學）爲背景，勾勒出一位深受喜愛的老師多年來的人生故事。主角奇平先生（暱稱奇普先生）年輕時是個傳統、嚴厲又自以爲是的保守派人士，遇到一位名叫凱瑟琳的年輕女子後，他的觀念和言行舉止逐漸軟化，開始有所轉變，後來更與凱瑟琳結爲連理。

後來，我看了改編自這部小說的同名電影（一九六九年的版本），由英國演員彼得．奧圖（Peter O'toole）領銜主演。電影接近尾聲時有一幕動人的場景，至今還是很催淚。奇普先生被推選爲新的校長，這是他的夢想，然而就在同一天，凱瑟琳於德軍空襲中喪生，校方對此並不知情，喜歡奇普先生的學生也不知道，還興高采烈地準備派對，想給老師一個大驚喜。茫然無措又心煩意亂的奇普先生來到學校，走進教室，迎接他的竟是滿滿的慶賀與歡欣；他強忍悲痛，臉上掛著親切的微笑。我目不轉睛地看著這一幕，覺得很不可思議。奇普先生怎麼有辦法克制並掩飾失去凱瑟琳的悲慟和失落，不讓敬慕他的學生失望呢？這似乎是一種超越常人意志力的表現，讓我想起自己年少時代聽聞的教誨、一臉嚴肅的長輩形象，以及「永遠表現堅強與自制」的重要性。就像英國人常說的那樣，在逆境中要咬緊牙關，冷靜自持。

事實上，奇普先生的淡漠與自制是非常極端的案例，他壓抑了內在的悲傷和孤獨等強烈情感，我個人不太建議這麼做。

情緒調節的重點在於平衡，這是不可或缺的關鍵，我們應該好好感受並處理各種情緒。有時應該在山頂上高興大喊、憤怒嘶吼；有時應該抱著希望，保持樂觀，運用理性來審慎調適及緩和情緒。唯有在各式各樣的情緒中保持平衡，才能創造出更美好的人生；若長時間處於極端狀態，後果恐怕不堪設想。

當然，後來我透過其他書籍、電影和生活經驗發現，世界各地表達情緒的方式截然不同，有些甚至很戲劇化，但神經科學也告訴我，不同文化或許有不同的情緒表達方式，但情緒調節蘊藏的生物學基礎超越了國界的藩籬，人人皆同。情緒調節是人類物種生存的必要條件。倘若我們一生氣就發飆，或是訴諸暴力挑釁，智人很可能會經歷與恐龍相同的命運，慘遭滅絕。

情緒、感覺與心境

極具影響力的美國哲學家和心理學家威廉・詹姆斯（William James）深刻表明情緒和感覺之間不可分割的關聯。他寫道：「若沒有心跳加快和呼吸急促的感覺，沒有嘴唇顫抖和四肢無力的感覺，沒有雞皮疙瘩和五臟翻攪的感覺，那麼恐懼的情緒又會是什麼模樣呢？」

詹姆斯說，他無法想像情緒和感覺分離，不過在那句話中，他還點出一項區別，即情緒（emotion）、感覺（feeling）和心境（mood）各有不同的含義，其中的差別不僅會影響我們感受當下和體驗生活的過程，也會影響我們對這三者的看法，以及改變它們的方式。

情緒是身體對外界刺激的反應所引發的基礎生理狀態，感覺則是對情緒的心理反應。想像一下，你晚上獨自走在漆黑的巷弄裡，突然身後傳來一陣聲響，聽起來像是低沉的吼叫；你的心開始怦怦狂跳，肌肉緊繃，呼吸又快又淺，開始感覺口乾舌燥。

這些都是原始的恐懼情緒。

至於腦中閃過有人在跟蹤你、可能會攻擊你的可怕想法，則是感覺。心境不像情緒和感覺那麼具體、強烈，持續時間也比較長，可能遠超過最初的刺激。心境跟性格（temperament）或特質（trait）不一樣，性格和特質的持續性更久，也可能延續一生。樂觀等人格特質，會讓個體傾向於出現特定的心境，例如愉快等。

從對抗史前穴居熊到穿越繁忙的街道，原始情緒經由時間不斷演化，以應對環境挑戰。這些情緒是生存的根本（因此在動物界中非常普遍），緊嵌於大腦中較古老的邊緣系統裡，屬於天生、普世且自發性的快速反應，在生命和軀體面臨危險時是很有用的特質。

杏仁核在這裡的角色非常重要，其主要職責是形成及儲存情緒事件相關記憶，而非購物清單或課本內容之類的日常瑣事。眞正的記憶，或更準確地說，代表記憶的神經元突觸連結順序儲存於整個腦部，遍及各處，由海馬迴主掌，但讓這些記憶浸染情緒的是杏仁核。

用一個過於簡化的例子來說，你看到一隻小狗；一隻可愛、毛茸茸又圓滾滾的小傢伙。若你過去對小狗沒有任何負面經驗或記憶，這些視覺資訊就會經由杏仁核處理，激發出快樂又充滿愛意的情緒。你只想抱抱那隻可愛的狗。

杏仁核會在這個記憶烙下印記，刻上象徵性的笑臉。

相反的，當你看到一隻低聲咆哮、口水直流、露出尖牙的狼，會引發危險與恐懼的知識和記憶。看到狼會激起害怕的情緒，這個記憶會被杏仁核標上象徵性的紅旗以示警。

動物與人類研究都證明了這一點。動物實驗中，科學家發現用電流刺激動物的杏仁核會引發攻擊行爲，若用手術切除杏仁核則會導致冷漠的情緒反應。

以人類來看，目前已有許多個案研究指出，若患者的杏仁核受損或出現病變，結果通常可分爲三大類損傷：第一，難以形成情緒事件記憶；第二，心理上很難或無法處理、理解臉部表情和語氣。微笑對他們來說沒有意義；第三，患者會發展出異常的社會行爲，例如攻擊性增強、過於咄咄逼人等。

邊緣系統中還有其他重要結構與杏仁核相連，像是負責鞏固記憶、將短期記憶轉變爲長期記憶的海馬迴，就與杏仁核攜手合作，共同形成帶有情緒聯繫的記憶。

海馬迴跟杏仁核一樣有兩個，左右腦各一，若海馬迴受到某種程度的損傷，個體就很難活在當下，不但無法創造出新的記憶，還會受限於過去，只剩下受傷前形成的記憶。

這類案例的文獻很多，其中最著名的個案是亨利．古斯塔夫．莫萊森（Henry

Gustav Molaison），科學界多以H. M.稱之，他於二〇〇八年逝世，享壽八十二歲。莫萊森自十歲起便飽受嚴重癲癇所苦；到了二十歲那年，他再也受不了自己的病況，於是同意接受手術，切除了包括海馬迴在內的部分顳葉。手術雖然成功遏止癲癇發作，卻也讓莫萊森失去有效記憶的能力。他當下的表現都很不錯，但他幾乎是在看到臉孔，聽到名字、地點和事件之後，就立刻忘得一乾二淨。午餐後半小時，他想不起來自己吃了什麼，甚至不記得自己到底有沒有吃。他每次照鏡子時都會大吃一驚，因爲他只記得自己年輕時的樣貌。對他而言，每個問題都是新的，就算是幾分鐘前剛提出的問題也一樣。

莫萊森死後，其大腦被送往加州大學聖地牙哥分校醫學院。神經解剖學家雅各布・安內瑟（Jacopo Annese）和同事將莫萊森的大腦冷凍，細心剖成兩千四百零一片組織薄片，分別數位化和存檔，創造出一個虛擬的3D立體微觀模型，以供未來研究，讓一個沒有記憶力的人永遠不會被遺忘。

不過，我們不需要莫萊森這種戲劇性案例，就能理解海馬迴對記憶的重要性。失憶是阿茲海默症的病徵，患者通常會先喪失短期記憶，而海馬迴就是最早受到影響的大腦結構之一。

邊緣系統中有個區域名爲下視丘（hypothalamus），這是一個體積很小、有點難清楚辨認的結構，主要功能是提供資訊給杏仁核，協助調節情緒，控制快感、攻擊性與憤怒的強弱。

邊緣系統最上方的組織層爲扣帶迴皮質（cingulate cortex），會接收來自各個腦區的輸入訊號，整理資訊，幫助大腦以整體的方式專注於特定事件及其情緒意義。部分研究人員發現，情緒與感知能力嚴重受損的思覺失調症患者，其扣帶迴皮質體積小於沒有思覺失調症的一般精神狀態者。

這些邊緣系統結構會一同運作，形塑情緒記憶，並在收到提示時回憶起來，觸發其他身體部位，產生適當或特有的生理反應，例如，害怕時會出現瞳孔擴張或雙手顫抖的現象，快樂時會揚起微笑、哈哈大笑等。

正如威廉·詹姆斯所言，情緒與隨之而來的感覺結合在一起，並受到大腦其他部位的影響，特別是前額葉皮質，這個腦區會利用知識、判斷和評估等認知過程來衡量情況，找出怎麼做最好。

人類及其他靈長類動物擁有驚人的能力，可以學習、記憶各種事件與刺激的情緒意義。認知能力讓我們得以確定並改變情緒效價（emotional valence）。情緒效價爲心理學專有名詞，指的是個體對特定刺激或事件的描述和分類過程。

比方說，有個孩子一開始出於某種原因怕狗，但若隨著時間推移，孩子累積了與狗有關且積極正向的經驗，他對狗的感覺或情緒效價可能就會改變及改善，說不定最後還會成為愛狗人士。相反的，踏入新戀情的情侶通常會體驗到充滿正面情緒的愉悅感，洋溢著滿滿的幸福和欲望，相看兩不厭；但是，如果關係惡化、分手，甚至撕破臉，這些情緒可能會被憤怒、焦慮、悲傷或緊張氣氛所取代。雙方還是一樣的人，誘發的情緒卻大不相同。

這就是人類的境況。我們在光譜上不斷游移，一端是情緒，另一端是理性，兩者之間的平衡稱為恆定狀態，亦即智慧的內涵之一。

恆定的本質

科學家口中的「恆定」（homeostasis），是一種比較華麗的說法，意指事物在相互依存的元素之間，尋求相對穩定平衡的傾向。大自然中，這類例子隨處可見，譬如調節繁殖率或分布模式以避免個體數過多的有機體，以及能加強生態系統復原力和適應性的生物多樣性等都是。

人類的身體同樣在追求恆定。我們會發抖、出汗，製造或釋放熱量，讓體內溫度維持在健康的攝氏三十七度。此外，血液的化學性質也是一種複雜的平衡機制，包含鈉、鉀、鈣等電解質在內的各種血液成分，必須分別保持在一定的濃度範圍內，否則會損害健康。血糖就是一個明顯的例子。血糖濃度太低會導致低血糖症（hypoglycemia）伴隨癲癇，甚或死亡等嚴重症狀；血糖濃度太高則會引發糖尿病患者常見的高血糖症（hyperglycemia），進而產生多種疾患，致使身體健康惡化。介於兩者之間才是正常的血糖濃度。

人類的心智呈現出另一種平衡，即演化上較早出現的邊緣系統和較晚發展的前額葉皮質之間的平衡。邊緣系統受損會影響恐懼、憤怒、悲傷、驚訝、厭惡、快樂等原始情緒的處理功能，前額葉皮質受損則會危及執行功能。兩者皆需正常運作，才能維繫身心健康。

智慧就是以適當的方式結合情緒與邏輯理性，使之不僅有利於己，也有利於熟識者甚至陌生人。情緒恆定狀態是主要的智慧構成要素之一，表示個體能以各種符合社會規範和期望的情緒，來回應當前和持續的經驗需求（即日常生活中那些平凡或有深度的挑戰和變化），而且這些情緒夠靈活、夠有彈性，可以自發（邊緣系統）或延遲（前額葉皮質）。

情緒調節涉及到個體本身及他人，是一種影響個人與他人感覺的心理和行爲過程，像是做一些喜歡的事情來提振心情、說一些安慰的話以撫平孩子的焦慮等。

沒有人想像史巴克一樣。史巴克（Mr. Spock）是《星際爭霸戰》（*Star Trek*）中知名的虛構角色，爲人類與瓦肯人的混血兒，凡事都以嚴謹冷淡的邏輯計算爲原則並依此採取行動，也難怪史巴克從來沒笑過。

不過，我們也不想光憑當下的感受即興發揮。大家應該都有類似的經驗，一旦被情緒控制，我們就很容易做出令自己後悔的行爲，造成大大小小的傷害。若一個人的行爲主要受情緒驅使，就不太可能享有健康快樂的生活。長時間情緒高漲、極度愉悅，這聽起來比較像狂躁；持續又無法解決的憤怒、恐懼或壓力感，則會啃噬心理和生理健康。

例如，長期憤怒會削弱免疫系統，增加心臟病和中風的風險。哈佛大學一項縱貫性研究（**longitudinal study**，一種對研究對象進行長時間觀察，探討其演變情況的研究）發現，敵意分數較高的男性，肺功能明顯較差。該研究的作者群假設，壓力荷爾蒙升高與憤怒的感覺有關，會導致呼吸道發炎受損。

此外，長期憤怒和壓力也與憂鬱症息息相關，甚至會折損個人壽命。根據密西根大學一項長達十七年的研究，與願意承認自己生氣的夫妻相比，懷著憤懣的夫妻壽命更短。

我們需要感受內在的情緒，而且最好是用自己能控制的方式，以發揮最大效益。

幸福感在晚年會改變嗎？

部分研究報告指出，人生的幸福指數呈U型曲線。

相關調查顯示，年輕時代的幸福指數位於相對高點，自此之後，幸福感急遽下降，或至少呈下滑趨勢，說明了幸福感或生活滿意度會穩定下降，大約在五十歲出頭來到最低點。這就是所謂的中年危機。這段時間，我們容易受責任、義務和問題所苦，經常感到困擾，質疑自我成就，不確定自己是否有時間、資源和能力做得更好。強納森·勞赫針對這個主題寫了一本非常精采、內容包羅萬象的書，書名就叫《幸福曲線：爲什麼人生五十之後更美好》（*The Happiness Curve: Why Life Gets better After 50*，暫譯）。

這個曲線在其他特定靈長類動物身上同樣看得見。一項以黑猩猩和紅毛猩猩保育員、研究員及動物園管理員爲對象的調查發現，牠們的心理狀態弧線會隨著時間下滑，並於中年時觸底。

該研究作者群於二〇一二年的論文中總結道：「雖然人類的幸福曲線形狀可能受到人類生活與社會因素影響，但根據我們的研究結果，這種曲線並非人類獨有，其源頭可能潛藏部分生物學基礎，我們與人類的近親巨猿都有這些特性。」

至於我自己的研究結果，心理幸福感的確會在後半生增加，但成年初期的軌跡則與前述有所不同，如今二十多歲到八十、甚至九十歲之間的幸福感，反倒穩定增長，過去相關報告所描述的經典U型幸福曲線已不復見。即使U型幸福曲線可能具有某種生物學基礎，快樂指數的軌跡仍可能因成年初期的現代生活壓力而有所改變。我們在「成功老化評估多年期調查研究計畫」中研究了一千五百名成年人，發現二十多歲的人很不快樂，壓力、焦慮和憂鬱所在多有。青春本應是身體健康的泉源，卻變成充滿同儕壓力和自卑的無底深淵。

好消息是，一般人通常會隨著時間成長、改善自我，覺得生活變得比從前更美好。隨著年紀增加，我們會更有能力管理自身情緒，調適及減輕負面感受，克制衝動的言行舉止，好好利用過去學到的經驗和教訓。《變態心理學期刊》（*Journal of Abnormal Psychology*）最近發布的一項以數千名美國人爲對象的大型研究，也證實了這項發現，後面的篇章會進一步探討這個主題。

我的學術界同仁與好友蘿拉・卡斯騰森等學者已證明了相對於年輕成人，高齡族群擁有更多的正面記憶，負面記憶則較少。這不是記憶力好壞的問題，而是關注的重點不同。隨著年齡與智慧增長，積極正向的畫面、情節和事件只會引起更多共鳴。這個現象可能牽涉到一些生物學因素。無論是正輸入還是負輸入，年長者的杏仁核活化程度都相同，但年輕人的大腦在接收到負輸入時，似乎會變得較爲活躍，這種情況或許可以解釋青春期焦慮的現象。這些研究結果點出了年長者對負面圖像的資訊編碼較少，也就是說，他們回想起負面記憶或感受的機率較低，這讓過分樂觀，只看到事物美好一面的舉止，有了神經學上的依據。

另外還有其他研究發現，愉快的情緒在記憶中消失的速度比不愉快的情緒慢；之所以如此，可能是因爲我們比較努力在消除生活中關於負面影響的記憶。

壓力、樂觀與復原力

我們的研究結果全都指出，智慧與較低的（主觀）感知壓力、較樂觀的心態和復原力息息相關。

許多調查也表明，樂觀與復原力關係到更幸福、更健康的人生。壓力會削弱身心，而這些特質（樂觀與復原力）有助於減少壓力及其所帶來的負面影響。

現實生活中免不了壓力，而一天的壓力就從準時上班、上學這種乏味又嚴格的行爲開始。從根本上來說，壓力應該是一件好事，可以做爲一種警報訊號或呼喚，讓人知道該有所行動。低程度的壓力源能刺激神經滋養素（neurotrophins）分泌；神經滋養素是一個蛋白質家族，可促進神經元及其連結生長和功能運作。

偶爾來一點壓力可以提高專注力與生產力，而短期的壓力也會促進介白素（interleukins）分泌，介白素是一種有助於調節免疫系統的化學物質，能讓免疫力短暫上升。相反的，長期壓力則會抑制免疫系統功能，造成肌肉骨骼疾病、呼吸系統疾病、失眠、心血管疾病和腸胃問題。

學習應對壓力能讓你……嗯，更有能力應對壓力，變得更堅強，同時提升你的復原力。

目前仍在進行的「成功老化評估多年期調查研究計畫」發現，那些聲稱自己「成功老化」，對個人生活感到滿意的高齡者，在心態上通常比較樂觀，復原力也較強。

每個人或多或少都認識極度樂觀的親朋好友。有些人可能是走過人生滄桑、幾經沉浮而養成這般心態，但其中也有生物學基礎。神經造影顯示，健康樂觀的成年人其位於眼睛正後方的眼窩額葉皮質體積較大，而眼窩額葉皮質的功能之一就是調節個體對焦慮的易感性。

年紀較長、態度樂觀者的大腦，看到的煩惱可能比較少。二〇一四年的一項研究中，我和同事準備了分別表達快樂、憤怒、恐懼三種原始情緒的臉部照片，以相對快速的速度連續播放多次，同時讓認知功能健康、年紀較長的成人受試者，從電腦螢幕上另外兩張圖中選出與該情緒相符的圖，並利用功能性磁振造影技術觀察他們的腦部活動。

我們發現，當受試者看到恐懼的表情時，其心智歷程會活化額葉區和梭狀回（fusiform gyrus，主要功能似乎是臉部辨識）等腦部網絡，而且範圍很廣。有趣的是，與先前受測的、樂觀程度較低的受試者相比，樂觀程度高的受試者之梭狀回及其他腦區的活動較少。換言之，樂觀者的大腦對恐懼表情的反應沒那麼強烈，表示這類人在處理負面情緒資訊（害怕的臉及其潛在的含義）時所耗費的心理能量較少，或是他們的情緒調節能力較好。

復原力指的是從創傷、災難或逆境中恢復的能力，是衡量個人的重要指標之一，無分男女老少。復原力是一種非常複雜且揉合遺傳、環境、心理、生物、社會和精神因素的產物，涉及到交感神經系統（腎上腺素和皮質醇等激素濃度波動）與高度活躍的前額葉皮質（抑制杏仁核及相關的焦慮感和恐懼感）之間錯綜複雜的交互作用。

我和同事在《臨床精神醫學期刊》（*Journal of Clinical Psychiatry*）發表了一項研究，探討童年逆境和復原力的保護作用。

該研究以一百一十四名思覺失調症患者和一百一十名正常對照組為對象，所有受試者都會接受一系列測試與量表測驗，以評估個人的健康狀況、童年創傷所帶來的影響與復原力程度。

兩組受試者中，童年創傷與較差的身心健康和高胰島素阻抗有關，而胰島素阻抗是糖尿病與心臟病的危險因子。復原力得分較高的人（包含思覺失調症患者在內）身心健康狀況較佳，胰島素阻抗程度也正常，即便兒時遭遇不幸也一樣。雖然我們無法回到過去，翻轉數十年前的童年創傷，但無論我們處於哪個年齡層，都可以運用介入措施來提升自己的復原力，就連高齡者也不例外。晚年增強的復原力，可以讓人戰勝兒時創痛所烙下的長期不良影響。

誰不愛棉花糖呢？

自制力是智慧的顯著特徵，也是大多數宗教的基本信條。《聖經》中多次勸誡世人要抵抗試探和誘惑；伊斯蘭教主張自我控制為通往幸福之路；拒絕安逸度日則是印度教的「法」（dharma），即精神與道德的眞理。

除此之外，自制也是哲學與流行文化的普遍原則。

「智者思慮再三，愚者急不可待。」（For fools rush in where angels fear to tread.）這句話最早出自十八世紀英國詩人亞歷山大．波普（Alexander Pope）之筆，他在一七一一年發表的《論批評》（*An Essay on Criticism*）中寫下這行詩句，後來法蘭克・辛納屈（Frank Sinatra）、桃樂絲・黛（Doris Day）、伊特・珍（Etta James）、「貓王」艾維斯・普里斯萊（Elvis Presley）、四個新鮮人樂團（The Four Freshmen）、克里夫・李察（Cliff Richard）和諾拉・瓊斯（Nora Jones）等人，都有唱過以此諺語爲詞的歌。

自我控制（或衝動控制）是智慧的必要條件，卻也非常難達成與維持。了解自制力展現在大腦中的樣態，是很重要的步驟，能幫助我們在日常生活中養成這項能力。關於這個問題，哲學界反覆思考了數個世紀，科學界則著墨較少，而他們的研究要從一種用糖、水和明膠製成的鬆軟糖果開始說起。

這項名爲「棉花糖試驗」的研究，大概是現代心理學史上最知名的實驗，不僅媒體爭相報導，華爾街到芝麻街各界紛紛引用，更催生了後續眾多研究。

一九六〇年代初，心理學家華特・米榭（Walter Mischel）和同事很好奇孩子做出選擇的過程，想看看他們決策時會怎麼控制互相衝突的想法和情緒，特別是那些尚未習得特定行爲、不受約束的學齡前幼童。

時任史丹佛大學心理學教授的米榭，在大學附設的賓恩幼稚園（Bing Nursery School）展開實驗。研究團隊在隔離的房間內擺好桌椅，桌上放著一顆棉花糖，接著把一個四、五歲的小朋友帶進房間，請他坐在桌邊。不意外的，孩子馬上就注意到棉花糖。

接下來，一名孩子認識且信任的成年人會提出一項協議：大人必須離開房間一下，如果孩子沒有趁大人不在時吃掉棉花糖，大人回來後就會給他第二顆棉花糖做爲獎勵；要是他在大人回來前吃掉棉花糖，就沒有第二顆棉花糖了。

該名成年人會離開十五分鐘，研究團隊則用隱藏攝影機記錄孩子的情況。不難猜到，大人一走開，有些孩子就立刻狼吞虎嚥地吃下棉花糖，還有些人會一臉煩惱，不停扭動身體，努力克制內心愈來愈強烈的欲望。許多孩子很快就屈服於誘惑，把棉花糖吃掉，只有少數幾個孩子成功忍耐到大人回來，沒有動棉花糖。

米榭及其同事對數百名兒童進行這項實驗，有時是用棉花糖，有時是用其他能引起小朋友興趣或渴望的東西，例如椒鹽脆餅、薄荷糖、彩色紙牌籌碼等，並拉長等待的時間。一九七二年，米榭團隊發表研究成果，登載於《人格與社會心理學期刊》（*Journal of Personality and Social Psychology*）。

棉花糖實驗以充滿創意的方式探索兒童決策行爲，引出長達數十年的後續研究，造成深遠的影響。接下來四十年左右，米榭與合作夥伴持續追蹤受試兒童，並擴大測試，進一步涵蓋史丹佛大學學齡前兒童人口統計資料以外的數據（因原資料範圍過於狹小），觀察其他兒童的行爲（例如居住在布朗克斯南區、生活貧困又處於高壓環境的孩子等）。

研究結果的普遍性高得驚人。所有人口統計數據都顯示，沒吃第一顆棉花糖的幼童，長大後大多能在美國大學入學考試拿到較佳的成績、藥物濫用或肥胖機率較低、應對壓力的能力更強、社交技巧更好（根據其父母的說法），各項生活指標分數也較高。延宕滿足的能力似乎是很重要的預測因子，也是未來成功與否的決勝關鍵。

各界專家紛紛對這項結果發表看法。常春藤聯盟商學院以延宕滿足的重要性爲基礎，建構出新的模式；兒童電視節目《芝麻街》播出了餅乾怪獸明白抑制衝動有什麼好處的片段，其中要傳達的訊息都一樣：一時的痛苦（當下沒有吃掉棉花糖）或許能帶來更甜美的果實，佛洛伊德的享樂與現實原則幻化成眞。

測量情緒與情緒調節

欲辨識與量測情緒似乎不難，畢竟一張眉頭緊蹙、目光如炬、鼻翼擴張、嘴角下垂的臉，很明顯是憤怒的表現，明顯到就連寵物狗都能快速辨認出這些情緒性舉止，無須半聲厲喝。

不過，要測量一個人的情緒狀態，其實是一件很傷腦筋的事，至少就經驗層面來說是這樣。很多人善於隱藏或掩飾情緒，只要想做就做得到。情緒線索的意義和重要性，會因觀察者不同而有所差異。舉例來說，微笑是許多文化中常見的臉部表情，美國人會隨意對陌生人微笑，俄羅斯人卻認爲這樣很沒禮貌，有些亞洲文化更將微笑視爲尷尬而非友善的表現。另外，用力點頭在部分地方表示「對、是」等肯定的涵義，有些地區卻是否定的意思。

以科學方法測量情緒，不僅需要一致的情緒模型（每個人的憤怒表現都一樣嗎？），還要確定刺激過程對大腦各區的影響及其生成的行爲，沒有個體間的差異，或至少大多數人都一樣。主要內容包含探索個人體驗事物的過程、身體會有什麼反應，又會觸發哪些情緒。

目前沒有所謂的最佳情緒測量法，但有很多方式都能達到目標。

自陳報告就是一種很有效的方法，而且通常能揭露出整體面向，但可能會受到偏誤或記憶等問題干擾。

另外還有自主系統測量法，即以出汗或心率加速等生理反應來檢測情緒反應。這些生理反應都屬於無法用意識控制的身體機能，但很難將其精確連結到某種特定的情緒，例如喜悅和恐懼都會讓人心跳加速。

不僅如此，行爲同樣能提供線索。人類對於相同的刺激往往會做出大抵相似的行動，例如情緒激動時說話的音量會提高等。達爾文就提到，他的研究對象中普遍存在幾種用以傳達基本情緒的臉部表情，像是微笑代表快樂，皺眉代表生氣，這項發現爲科學界帶來極大的影響。加州大學舊金山分校的保羅．艾克曼（Paul Ekman）就曾經深入新幾內亞展開研究；當地原住民仍活在石器時代，幾乎沒見過外來者，也沒接觸過經由媒體塑造而再現的情緒形象，他讓這些原住民觀看一系列描繪不同情緒的人臉圖片，而他們辨識出來的情緒就跟住在曼哈頓市中心的千禧世代一模一樣。

當然，其中還是有一些微妙之處。笑容能傳達出特定的情緒，但可能無法顯明背後的動機或潛在的意圖。世上有帶著喜悅的笑，也有藏著諷刺或殘酷的笑，我們必須學會分辨這些差異，才能以更準確的方式衡量特定微笑的意義。

快樂在腦中的棲所

二〇一五年的皮克斯動畫電影《腦筋急轉彎》（*Inside Out*）以一個名叫萊莉的小女孩爲主角，描述她的生活片段。萊莉在十一歲那年和爸媽一起從明尼蘇達州搬到舊金山，並在面對新家、新學校、新朋友、新挑戰、新的恐懼、失望和勝利時，經歷了許多考驗和磨難。

大部分場景都發生在萊莉的大腦裡，其中有五種高度擬人化的情緒，分別是恐懼「驚驚」、憤怒「怒怒」、厭惡「厭厭」、悲傷「憂憂」和喜悅「樂樂」。每種情緒的外貌和舉止都不盡相同，例如樂樂是個熱情洋溢、活力充沛的精靈；憂憂是個悲觀、慢吞吞，穿著破舊毛衣的藍色小女孩；怒怒則有一張紅色的臉和火焰般的頭髮，時常大聲咆哮，始終處於煩躁狀態。這些情緒在大腦總部中透過按鈕控制台一起（或各別）影響萊莉的行爲和記憶。影評人史考特（A.O. Scott）表示，這些情緒之間的互動就像「職場情境喜劇常有的那種同事鬥嘴歡樂橋段」。

與大腦總部相連的是其他想像出來的結構，例如由核心記憶供電的核心價值島嶼。有些核心記憶儲存在高聳的記憶庫裡，有些在空中飛來飛去；每段記憶都是一顆彩色圓球，顏色則取決於其中的情緒內容和脈絡。快樂的記憶閃爍著鮮黃光，討厭的記憶會發出綠光。

這部電影雖然是以天馬行空的幻想來解釋情緒機制，但整體來說非常正確。雖然現實生活中的大腦沒有單一控制室，但正如第二章提到的，大腦各個區域都有特定的功能。

所有動物的原始情緒都位於大腦邊緣系統，更高階的物種則多了一個對立的複雜結構，即前額葉皮質。前額葉皮質中，不同的部位有不同的作用，譬如外側前額葉皮質能幫助我們從多個選項中選出適當的行爲；眼窩額葉皮質能讓我們延宕當下的滿足感，抑制特定情緒，從而獲得更大、更長遠的利益，而腹內側前額葉皮質是我們體驗情緒和事物意義的區塊之一。

此外，前額葉皮質還有調控內分泌的功能，負責控制多巴胺（dopamine）、去甲腎上腺素（norepinephrine）和血清素（serotonin）的濃度，這三種神經傳導介質對情緒調節非常重要。神經傳導介質是化學信差，負責透過神經細胞間的突觸或接點傳遞訊號。目前已確定的神經傳導介質有一百多種，實際的種類多寡仍是未解之謎。多巴胺、去甲腎上腺素和血清素扮演的角色極爲重要，因而廣爲人知。

大家應該都有聽過多巴胺。一般都將這種化學物質描述成罪惡行爲與祕密渴望背後的分子。多巴胺的實際作用會受到細胞和細胞受體類型影響。例如，大腦分泌多巴胺的能力下降，會導致帕金森氏症；此病症的特徵爲運動控制功能逐漸喪失，隨著多巴胺濃度愈來愈低，患者調節運動、身體和情緒的能力也會愈來愈弱，到了晚期則會發展出認知障礙和失智症。

不過，多巴胺也是腹側被蓋區、背側紋狀體（dorsal striatum）等大腦獎勵機制相關腦區的重要信差。事實上，許多大腦部位都與辨識獎勵和愉悅感有關。

感覺愉快或收到獎勵時，多巴胺濃度會上升，進而促使個體採取行動來擴展或重溫那種收到獎賞和快樂的感受。有時這是件好事。如果行善並收到熱情又暖心的感謝，大腦中的多巴胺濃度就會出現輕微波動，讓你感覺良好，甚至有動力多做一件善事。然而，體內多巴胺含量高也有缺點，可能會導致成癮症狀，像古柯鹼和安非他命等藥物會提高多巴胺濃度，讓個體渴望更多。這種成癮症通常不會有好結果。

去甲腎上腺素屬於活動神經傳導介質，在腦中的主要功能爲促使其他區域快速活動。去甲腎上腺素除了能增強醒覺與警覺性，讓個體提高警戒，促進記憶形成，提升記憶力外，也會引發不安和焦慮的感受。去甲腎上腺素濃度在睡眠期間降至低點，清醒及面對壓力或危險時會升高，是「戰或逃」反應的觸發因子，會導致心跳加快、血壓升高和骨骼肌血流加速。

人體分泌的血清素大多位於腸道，用以調節腸道運動，而大腦中的血清素是一種心情穩定劑，能調控焦慮、快樂等情緒，像憂鬱症就與低濃度的血清素有關。另外，血清素還可以調節睡眠/清醒週期，端看受刺激的腦區與血清素受體（這類受體有十餘種）而定。

市面上有許多專門用來治療上述神經傳導介質缺乏或過量，以致有害身心的情況。例如，藥物「左旋多巴」（levodopa）能在大腦中轉化成多巴胺，爲帕金森氏症首選治療方法，雖然不能完全治癒這種疾患，卻可以大大緩解症狀，避免病情惡化。至於去甲腎上腺素可用於治療低血壓，而改變血清素濃度的藥物可用來治療憂鬱症、噁心和偏頭痛。

此外，百憂解（Prozac）、樂復得（Zoloft）、理思必妥（Risperdal）、安利復（Abilify）等過去數十年一度熱賣、可影響大腦功能的藥品，也大多以提升神經傳導介質濃度（如血清素）或阻斷神經傳導介質受體（如多巴胺受體）爲主。若藥物成功發揮作用，就能帶來正面療效，像是減輕憂鬱症狀等。

情緒遺傳學

某種程度上來說，我們的身體特徵定義了我們。高或矮，胖或瘦，鬈曲的黑髮或筆直的金髮，這些個人生理特徵組合主要是經由遺傳而來，讓我們得以與其他人有所區別。

情緒性（emotionality）同樣具有深厚的遺傳學基礎。目前科學家已經找出特定基因與特定情緒處理範疇之間的關聯。例如，有一種名爲ADRA2B的基因會影響去甲腎上腺素，研究人員發現，ADRA2B基因變異會改變個體看待世界的方式。根據相關神經造影研究，那些帶有該缺失基因變異的個體，會比較關注富有情感的圖片和文字，被誘發的情緒也更生動、更強烈，進而刺激個體做出相應的回應。這種現象或許可以解釋爲什麼明明是同樣的經歷，一個人只會聳聳肩，另一個人會想唱歌、跳舞或寫十四行情詩。

其他如血清素變異等遺傳因子，則會影響聲音處理的動態機制，即個體從他人言語中獲取意義的過程。研究人員發現，這種基因變異會影響個體處理與了解聽聞內容的方式，及其是否會喚起正面或負面的情緒。

當然，正如基因無法決定個人智力和體力水準一樣，它也無法完全支配個人情緒，環境因素同樣扮演非常重要的角色。我們可以學習控制自己的情緒，管理情緒，運用情緒，享受情緒，就像王爾德希冀的那樣。

腦部造影技術

談到測量大腦形態和功能，神經造影大概是目前最先進、穿透力最強的技術，從大腦3D解剖到大腦化學、大腦生理學、腦電活動和腦部代謝活動無所不包。

電腦斷層掃描（computed tomography, CT）是間接顯示大腦結構密度的X光片，磁振造影則是利用磁場中帶電分子的變化來構成並顯現腦部影像。研究人員通常會利用這些技術來研究有特定腦部創傷的患者，繪製出對應不同行為的大腦區域地圖。

功能性磁振造影可用來追蹤血流和氧濃度變化，藉此顯示神經活動狀態。這個概念很簡單，特定腦區活動增強時會消耗更多氧氣，血液流量也會增加。早期的功能性磁振造影研究側重於繪製腦部活動，以識別不同腦區的認知功能，例如標記視覺語言或記憶相關區域等。然而，隨著科技進步，這項技術變得更加精確，現在已經可以從神經過程的角度來描繪大腦功能了。

功能性磁振造影可說是當前最重要的神經造影技術，但還有其他工具可用於腦部成像。

擴散張量磁振造影（diffusion tensor imaging, DTI）是使用常規的磁振造影掃描儀，來追蹤水分子於連結不同腦區的神經纖維周遭和內部移動的情況，不僅可描繪出像彩色義大利麵構成的 3D 立體大腦，還能測量神經連結的密度和厚度。

腦電圖（electroencephalography, EEG）可用來記錄腦波，以檢測癲癇、睡眠障礙等異常活動；正子斷層造影掃描（positron-emission tomography, PET）則是使用放射性標誌，來顯示哪些腦區會在個體執行任務時變得活躍。

過去意圖探測人腦的醫師和科學家，受限於工具和技術方法，只能透過提問、行爲觀察和既有的資料進行推論，甚至憑經驗臆測；況且實際研究需要使用大腦活組織切片檢查或屍體病理檢查，這兩種方式即便在現今也很少見。

神經造影技術不需要用到手術鋸或遺體就能打開大腦的黑盒子，讓我們了解「精讀教學法」改善兒童大腦功能的機制，明白爲什麼沒有多巴胺的愛不是眞愛，也知道思覺失調症患者的關鍵腦區彼此溝通不良，才會導致患者的思維與感知陷入混亂。

我和麗莎．艾勒、阿布杜拉．薛札（Abdullah Sherzai）一起展開研究，探索爲何維持認知表現是成功老化的關鍵特徵。不出所料，神經造影測量結果顯示，大腦反應性與認知表現呈正相關，特別是額葉皮質區。若額葉皮質到了中老年仍正常運作，大小和功能相對健康，個體的心智歷程也會運轉順暢。

大腦和身體的其他部位一樣，會受到年齡的影響。細胞會衰老死亡，而過程非常緩慢。不過近來發現，即便到了晚年，大腦依舊保有一定的可塑性，會想出辦法利用當下既有的一切。年長者的心智會想出變通的方法，來應付那些過去輕而易舉、如今卻充滿挑戰的腦力作業。有時某種程度上來說，他們的表現甚至更好。這也是智慧的一部分。

科學家可以利用神經造影技術，一秒一秒地觀察並記錄個體在解開數學難題時經歷的心智階段，捕捉情緒、痛苦、自我感知、對他人的感知與自我調控的心理和神經過程。

許多研究結果都讓人大吃一驚。一般認爲，執著於個人外表是自戀的象徵，但二〇一七年，奧地利研究人員請那些被診斷爲高度自戀的受試者，躺在磁振造影掃描儀中看自己的照片，發現受試者活躍的腦區與情緒困擾有關，而非滿足感。具體來說，受試者的背側前扣帶迴皮質和腹側前扣帶迴皮質（ventral anterior cingulate cortex）活動增強，其中腹側前扣帶迴皮質涉及到負面自我參照素材處理。

神經造影既非完美，亦非絕對。在我看來，有些研究只基於試驗性資料或少量數據，若要在科學期刊或大衆媒體上斷言特定腦區主司某種獨特的才能、記憶或情緒，這些結論爲時過早，可能需要進一步驗證並確認其眞確性。

大腦的複雜性與相互關聯性，創造出很大的爭論空間。比方說，厭惡感與處理味覺資訊或程序記憶，都會讓腦島活動增強。儘管如此，這仍即時反映出思維的生物學機制。

我們的工作是分析並解釋神經造影及其他測量工具所得出的結果。沒有一種單一測量方法能涵蓋各面、窺見全貌，測量情緒或情緒狀態也沒有絕對的標準，但只要適當結合各項技術，就能從中獲取許多資訊。

慣性衝動的危險

正如長期壓力或憤怒有害健康，慣性衝動也是如此。無論是自行購買最新型的手機（研究發現，我們會「意外」損壞或弄丟現有功能正常的手機，以合理化購買新手機這件事。這類行爲稱作「必備效應」〔must-have effect〕），還是明顯有風險的危險舉動（例如一時興起，決定在沒有準備的情況下跳傘），都屬於衝動行爲。

目前已有許多研究指出衝動與抽菸、飲酒和藥物濫用高風險之間的關聯。此外，衝動行爲也與心理疾病有關，注意力不足過動症（attention deficit hyperactivity disorder, ADHD）、暴飲暴食、入店行竊、濫交和藥物成癮皆屬於此類疾患。

我在加州大學聖地牙哥分校醫學院的同仁發現，有心因性暴食症（bulimia nervosa，又稱神經性暴食症）病史的人，其大腦對食物獎勵訊號的反應不同。心因性暴食症是一種飲食障礙，特徵爲頻繁暴飲暴食後試圖進行催吐、吃瀉藥等淨空行爲，以避免體重增加。具體來說，他們發現，這類患者的左側腦島、殼核與杏仁核，對味覺的反應能力增強。實驗中，無暴食症病史的受試者在飢餓時對味覺的反應比飽食時更強烈；相反的，暴食症患者無論飢餓與否，大腦接收到的食物獎勵訊號都一樣。

除此之外，衝動控制問題也與腦部損傷有關。回想一下先前提到的費尼斯・蓋吉，那根炸飛的鐵棍貫穿他的頭部，不僅讓他留下嚴重的創傷，更讓原本性情溫和的他變得反覆無常、很沒耐性，經常出現不雅的言行舉止。

部分自我調控衝動的能力由遺傳基因決定。例如，有種名為MAOA的基因會讓人體產生一種名叫「單胺氧化酶A」（monoamine oxidase A, MAO-A）的酵素，這種酵素會降低情緒調節神經傳導介質「血清素」的活性。研究發現，MAOA基因變異會影響衝動型攻擊行為、復原力和樂觀態度。

然而，衝動控制似乎是一種既能學習，又能隨著時間遺忘的行為。年輕人的衝動反映出邊緣系統與前額葉皮質之間失去平衡。邊緣系統掌管誘因處理系統，會在處理社會和情緒訊息及期待、處理獎懲時活化；前額葉皮質負責管理邊緣系統，並用理性做為調合劑。

青春期前後，大腦中牽涉到獎懲機制的區域會變得極為活躍，導致個體追求冒險與感官刺激的渴望增強，容易做出看似不負責任、莫名其妙的行為。換句話說，就是典型的青少年。

與此同時，前額葉皮質還需要幾年的時間才能發展成熟，進而調控並緩和這些現象。青少年的大腦有點像一輛剎車短路的賽車。誘因處理系統會在十四歲左右開始加速，而放緩步調所需的認知控制系統則要到二十多歲才會完全啓動。

情感豐沛的人生

即便過了半個多世紀，馬丁·路德·金恩的演說「我有一個夢」依舊卓越超凡。一九六三年八月，他在林肯紀念堂發表這場強而有力又撼動人心的演講，號召大家採取行動。當天大約有二十五萬人在場，他不只是對他們說，也是對許多後來聽到或讀到演講內容的人說，無論彼時或此時皆然。

金恩是個情緒智能（emotional intelligence）大師。他用充滿力量的話語來表達強烈的情感，例如枯萎、惡毒、難以言喻等。演講進行到一半時，他在知名福音歌手瑪哈莉雅·傑克森（Mahalia Jackson）的催促下脫稿演出。「馬丁，把這個夢想告訴大家！」她大喊。

於是他的語調不斷提高，如傑克森的嗓音般高亢，卻又能引導並駁使聽眾的情緒。他談起社會上的不公不義、暴行、憤慨和痛苦，也提到「抗爭時必須舉止得體，紀律嚴明」，還說要以精神力量對抗物質力量，以希望、尊嚴、喜悅和歡欣來對抗憤怒與絕望。

人生不斷牽動著我們的情緒，其間有令人興奮的高潮，也有令人陰鬱的低谷。然而，極端情緒幾乎只會釀成負面影響，至少對長期健康和福祉來說是這樣。金恩的演講算是歷史上的特例，他掌控情緒，是為了更遠大的願景。相較之下，為了尊重、性別平等和LGBTQ社群權利而奮鬥的網球巨星比莉珍．金（Billie Jean King）就是一個情緒穩定、相對平靜的例子。LGBTQ指的是女同性戀者（lesbian）、男同性戀者（gay）、雙性戀者（bisexual）、跨性別者（transgender）和酷兒／疑性戀者（queer/questioning），比莉珍早在這個英文首字母縮寫詞發明前，就努力為這些族群發聲了。

比莉珍十一歲開始打網球，而且非常努力，很快就成為女子職業網球選手中的明星。儘管比莉珍的表現很好，但她並沒有得到與男性選手同等的報酬。事實上，當時所有女性都受到這種不平等待遇。據傳比莉珍曾說：「男性促銷人員賺得比女人多，男性網球選手也賺得比較多。除了女人，大家都賺得更多。」事實上，國際草地網球總會（International Lawn Tennis Foundation，現為國際網球總會〔International Tennis Foundation〕）甚至還放棄自己主導的女子網球比賽，將重點擺在利潤更高的男子網球比賽。

一群女選手在比莉珍的領導下，組成女子職業網球協會（Women's Tennis Association），爭取平等的待遇、獎金和認可。然而，這條抗爭之路並不好走。前世界網球球王鮑比・里格斯（Bobby Riggs）是個不折不扣的沙文主義者，甚至曾公開頌揚這種價值觀。後來，比莉珍與里格斯展開一場「世紀性別大戰」，那場轟動體壇的經典網球賽舉世聞名，許多人至今仍記憶猶新。多年來，比莉一直堅持不懈，透過各種管道爭取平等，在法庭和輿論中為女權而戰，包含教育法修正案第九條，禁止高中和大學體育課程有任何性別歧視行為。

「我這一生都在追求平等的權益和機會。」比莉珍說：「對我而言，最終還是會回歸到身心靈健康。」

比莉的兩性平等奮鬥史充滿艱辛，她三不五時就會感到失望、挫敗和憤怒，這些都是她需要控制和處理的情緒。這場抗爭眾所皆知，但她的性向掙扎就比較隱晦了。

一九六五年，二十歲的比莉珍與網球運動員賴瑞・金（Larry King）結婚。他們的婚姻看起來非常幸福，至少在公開場合是這樣。比莉珍發現自己深受女性吸引；起先她努力接受這個事實，而後又對大眾隱瞞真相，當時的社會仍將同性戀視為禁忌之一。

一九八一年，比莉珍的祕密被公開。她的律師和顧問都勸她不要承認，但三十八歲的比莉珍決定該說實話了。雖然她對於自己的同志身分還不是很自在

（她可能接下來十年都沒辦法真正做自己），但她已經厭倦那些藉口和託辭了。

「網球讓我學到了很多人生教訓。」比莉珍說：「其中一個是，每一顆球來到我面前，我都必須做出決定。每一次揮拍，我都得擔起責任，接受可能的結果。」

比莉珍坦白自己的性向，開始為同志族群發聲，成為LGBTQ運動的導師和領導者。二〇一三年，美國總統歐巴馬任命比莉珍與公開承認同志身分的冰上曲棍球選手凱特琳・卡豪（Caitlin Cahow）為二〇一四年俄羅斯索契冬季奧運美國代表，此舉被視為向以侵犯LGBTQ權利而聞名的俄國發出「維護同性戀權益」的訊號。

「真正的冠軍會奮戰到底，直至獲勝。」比莉珍說道。

情緒穩定類似復原力。情緒穩定的人之所以能保持平衡，是因為他們能以正確的眼光看待事物，適時適地運用情緒。體育界就是觀察這種關鍵拉鋸戰的絕佳場域。前達拉斯牛仔隊明星四分衛、體育節目主持人東尼・羅莫（Tony Romo）於二〇一六年退役，發表了感人的告別演說。

「我覺得每個人都面臨了兩場戰鬥，或是兩個敵人。一個是和你對立的人，另一個是你內在的人。我想，一旦掌控住內在那個人，對立那一方就不重要了。」

生活也是一樣。遇到車子拋錨，你可能會覺得自己很倒楣，除非你能想到其他人的情況更慘，或是世界上大多數人連車都沒有。

人生是一場顛簸的旅途，遇上每一個坑洞，都會讓人感覺像是墜落懸崖一樣。然而，大部分問題、煩惱和危機都是暫時的。車子拋錨後還是可以修理，你也可以盡己所能，修復自己的人生。

克制情緒會過頭嗎？

情緒不僅能賦予意義，還能指揮行動。恐懼會激起驚嚇、戰鬥或逃跑反應。可是一旦情緒失控，少了理性的約束，後果可能不堪設想。一時暴怒便往別人的鼻子上揍一拳，或是什麼也沒想就大聲飆罵髒話，都不是什麼好主意。外科醫師必須養成必要的情緒控制能力，好讓自己在看到大量的鮮血和內臟時保持鎮定，堅強起來；戰場上的軍人也一樣。

世界各地區的文化在不同時代都有屬於自己的諺語、格言、訓誡和故事，教導世人關於控制情緒與三思而後行的重要性。一般來說，前額葉皮質大多時候都能緩和我們未經思考的衝動，讓激躁的心降溫，把我們從原始的邊緣自我中拯救出來。

不過，有時我們可能會擺盪到另一個極端。過度控制情緒會抑制自然、正常和必要的情緒表達，甚至會演變成憂鬱症，向他人傳遞無意或錯誤的訊號。一九八八年，喬治．布希（George H. W.）和麥克．杜卡基斯（Michael Dukakis）的美國總統大選辯論就是一例。

辯論主持人伯納德．蕭（Bernard Shaw）問杜卡基斯的第一個問題是：「假如凱蒂．杜卡基斯（Kitty Dukakis）被姦殺，你贊成對兇手處以無可撤銷的死刑嗎？」主持人特意假設杜卡基斯的妻子爲姦殺受害者，精心設計了一段具有強烈針對性和戲劇性的辯論開場。不過，杜卡基斯看起來並沒有因爲這個問題而慌了手腳。他堅定地站著，不帶感情地迅速回答：「不，伯納德，我不贊成。我想你應該知道，我一直都很反對死刑。沒有任何證據能證明死刑具有威懾效果。我認爲有其他更好、更有效的方法來對付暴力犯罪。」

以枯燥乏味的政策與事實陳述來看，杜卡基斯回答得很好，但他冷靜淡漠、無動於衷的回應（顯然是前額葉皮質的傑作）引發了一場輿論風暴，招致許多負面批評。辯論結束後，杜卡基斯在接受伯納德採訪時，再次提起這個問題。杜卡基斯表示，他認爲那樣回答很合理，但他很希望自己當時能給出不一樣的答覆。

「凱蒂和我的家人大概是我在這個世界上最珍愛、最寶貴的事物。」杜卡斯基說：「當然，如果你說的那些事眞的發生在她身上，我的感受會跟天底下所有愛妻子的丈夫一樣。」

然而，以大多數人的情況來看，過度調節情緒不是問題。事實上恰恰相反。難以控制情緒才會導致社會問題。因此，研究人員致力於發展介入措施，以提升個體的情緒調控能力。

衝動控制與改善情緒調節的藝術

二〇一〇年，距離第一次棉花糖試驗已經過了數十年，華特．米榭及其同事在《社會認知與情感神經科學》（*Social Cognitive and Affective Neuroscience*）期刊上發表了一篇論文，試著解析並闡明他們的觀察結果，即延宕滿足的能力預示著未來更大的成就。

他們認為，那些能抵制誘惑，將眼光放在長期目標的孩子，使用了不同的策略。他們轉移注意力，專注在別的事物上，就算只是把目光從誘人的糖果或玩具上移開也很有效。他們重新定義眼前渴望的東西，將之從「興趣濃厚」轉化為「平淡普通」，不再把棉花糖當成一種甜蜜又美味的享受，而是把它想像成一顆不能吃的棉球或一朵虛無的浮雲。米榭的結論是，注重非完整特徵（如棉花糖的形狀），而不是完整特徵（如好吃、甜蜜的滋味、軟黏的口感），能大幅增強孩子的意志力。

我們在人生中面對的挑戰，比忍住不吃棉花糖難多了。我們每天都需要調節自己的情緒與相關衝動，但也有許多常見的策略方法可使用，例如跟朋友聊天、健身、寫日記、冥想、充足的睡眠、注意到自己需要休息，以及留意負面消極的想法等。

除了探討自我控制的神經驅動因子外，目前也有許多研究在發掘並尋找改善自制力的方法，特別是那些診斷出疾病的患者之自制力，例如有成癮症的人。

這項研究不僅範圍很廣泛，更充滿創意與巧思。例如，西班牙科學家利用電玩遊戲來改變重度賭癮患者的行為。這些電玩遊戲需要玩家運用解決問題、計畫和自我控制的技巧來取勝；研究人員發現，玩遊戲時，大腦中負責自我控制和情緒恆定狀態的區域會變得很活躍，遊戲結束後，玩家也比較不會表現出憤怒的情緒與衝動行為。電玩遊戲本身不足以做為長期治療方法，也不保證病情一定會有所改善，但可以當成一種有效的輔助工具使用。

情緒調節訓練廣泛應用於各種疾病的治療中，如邊緣型人格障礙（borderline personality disorder）就是一例。邊緣型人格障礙是一種複雜又嚴重的疾患，特徵包含衝動行爲和不穩定的人際關係；患者通常在青春期就會出現病徵，中晚年則會出現其他心理社會功能障礙和相關社交障礙，而且健康狀況較差，生活滿意度也較低。

改善情緒調節有三大策略：

1. **認知再評估**：審慎思考、重新詮釋事物的意義。假設你的考試成績不及格，第一個情緒反應可能是生氣、難過、沮喪及其他負面情感，但如果你暫停一下，退後一步，重新評估情況，可能會以不同的角度來看待成績，將之視爲一種積極正面的行動呼籲，一個需要調整方法或重新開始、努力克服的挑戰。你可以檢視自己哪裡出錯，然後修復這些錯誤。更重要的是，這麼做能讓你避免未來的失敗。

2. **分散注意力**：在華特．米榭的棉花糖試驗中，有些孩子用分散注意力的方式來抵抗誘惑。研究發現，改變關注焦點可以減輕痛苦或情緒體驗的強度，緩解憂慮不安。例如，不要把注意力集中在困難或不愉快的事情上，想想所愛之人即將到來的生日派對吧。

3. 標記情緒：只要察覺並辨識出內在的情緒，就更容易控制及好好管理這股情緒。心理治療師經常使用這種技巧。就像在家裡修理東西一樣，一旦找出問題（例如水管漏水、電源接頭故障），就能想辦法修理或改善。

無常世界中的恆常

六世紀的中國哲人老子曾說：「知者不言，言者不知。」毫無疑問，這句話承載著深厚的智慧，堪稱永恆經典。人生難以預測，而且就像諾貝爾獎得主、丹麥物理學家尼爾斯．波耳（Niels Bohr）在老子之後大約一千五百年，開玩笑地說，預測非常困難，預測未來更是難上加難。

想活出美好又有智慧的人生，需要具備一定的知識。除了成功應對生活中各種變化莫測的事件和插曲所需的實用知識、程序知識、事實知識（如有效溝通的方法、去監理所辦事的步驟等）之外，更要明白「世事無常」的道理，知道過去真確或有用的東西，將來未必如此。

下一章會探討這些相互關聯的智慧構成要素，包含決策所需的通識和實務知識、接受生活中的不確定性，以及面對不確定性時的決斷力。我們要看看這些能力在大腦中的位置、該怎麼測量，以及有哪些方法可用來提升這些能力，讓你變得更有智慧。

該行動了，翻頁吧。

Chapter 7 決斷力與接受不確定性之間的平衡

做事不需要太多力量，但決定怎麼做需要很大的力量。

——艾伯特・哈柏德（Elbert Hubbard）美國哲學家

世界上唯一確定的是不確定性，生活中唯一的安全感來自明白如何與不安全感共處。

——約翰・艾倫・保羅斯（John Allen Paulos）美國數學教授

身爲一名醫師，我的工作就是做出判斷，有時還得面對艱難的抉擇。我的決定會影響病患的健康和生活。一言以蔽之，我必須評估自己在特定時間點對特定患者所做的診斷，找出最佳的治療方法。一般來說，醫師必須辨識症狀類型和檢查結果，做出排除性診斷，從多項選擇中選出最好的治療方式。通常很難找出一個完美或顯而易見的答案，因此我們必須做出決定，同時保持開放的態度和彈性，以便日後進行調整或改變。這就是智慧在醫療照護體系中的表現，對病人而言亦然。

其他職業也會面臨類似的情況，但專業領域或職場上的決策智慧，未必會轉譯成其他人生決策智慧。我們都曾經眼見或聽聞成就卓越、備受讚譽的商業鉅子、政治人物、藝術家、法官、社會領導者等人，因其在生活中做出糟糕的選擇而跌落神壇，這些眞相和內幕讓人不禁懷疑他們是否眞的稱得上有智慧。

亞里斯多德（Aristotle）認爲，智慧有兩種。一種是理論智慧（希臘文爲sophia），包含理解現實的深層本質與人類在其中的位置，蘇格拉底、佛陀和過去數千年來的哲學家都在追求這個境界。另一種是實踐智慧（希臘文爲phronesis），屬於相對日常和務實的範疇，比較像是在日常生活中以對的理由在對的時間做對的事，幾乎歷史上所有文化和環境背景都很重視這項能力。

《雅歌》（*Song of Solomon*）以所羅門王客觀公正的決策判斷聞名，是《聖經》

相關典籍中最著名也最重要的卷冊之一。耶穌基督後期聖徒教會（摩門教）教約中，有一篇名爲〈智慧語〉（Word of Wisdom）的經文，內容說明何謂有智慧且符合教會期待的行爲，並提供相關指導、規範和建議。

世界上許多地方都有類似村落耆老的角色，這些人會在群體成員發生衝突時提供解答，指引方向。美國最高法院就是一個規模較大也較正式的例證：九名因智識與智慧而受人敬重的大法官，負責解決最棘手的國家困境及相關問題。

我們尊敬智慧，崇慕智者，不管對方是家長、公民領袖，還是虛構出來的巫師。這些人有特殊的能力，能做出正確、適當和最好的決定。他們是出類拔萃、不同凡響的一群，甚至活在比一般人更高的層次。

但是，我們每天都必須面對衆多抉擇，做出明智的決定。無人例外。

感冒的你會不顧傳染給同事的風險，堅持進辦公室完成一項重要計畫嗎？你會在配偶詢問穿搭意見時，直接告訴對方那套衣服很醜嗎？聽到很沒禮貌的笑話時可以大笑嗎？

每一秒，大腦都會透過化學反應做出一堆肯定/否定、正確/錯誤的決定。神經元電脈衝會以每秒一百二十公尺的速度衝過腦部，大約相當於兩次眨眼之間就能跑過一座美式足球場。神經元及其他腦細胞會在極短的時間內個別作用與交互作用，形成連結和迴路，有意識、無意識地轉化成思維。

我們進行複雜決策的次數相對較少，但總體而言還是很多。據說，成人每天會做出大約三萬五千個有意識的決定（兒童則是三千個）。一天三萬五千個抉擇聽起來很誇張，感覺像是猜出來的數據，但即便只有這個數字的一半，也點出了人類必須不斷在各種情況下做出決定的事實。

兩難困境

就像鍛鍊肌肉和培養韌性一樣，要學會做出更好、更有智慧的決定，需要不斷練習，考驗自我極限。翻閱《紐約時報雜誌》（*New York Times Magazine*）的〈道德家〉專欄（The Ethicist）是我最喜歡的週日消遣之一，讀者會投稿至該專欄，在文中描述現實生活中遇到的道德困境，提出疑問。最初是由哲學系教授、心理治療師、法學教授等各領域專家組成「解答小組」，來回應讀者的問題，最近則換成備受推崇的紐約大學哲學系教授克瓦米．安東尼．阿皮亞（Kwame Anthony Appiah）來為大家解惑。

兩難困境有大有小，許多看似平凡的事物在經過一番沉思，反倒令人深感困惑：

我可以把丈夫騙去看醫師嗎？

我妹妹指控父親虐待，我該怎麼反駁？

我能請人代寫履歷和求職信嗎？

該專欄聘請的倫理學家會給出簡潔扼要、經過深思熟慮的答案。有時，不同的倫理學家會達成共識，同意某個觀點，有時則不會。例如，在騙丈夫去看醫師的案例中，所有倫理學家都給出相同的建議：該名較為年長的丈夫似乎表現出失智症的早期病徵，卻拒絕就醫。他們認為，假設該名妻子已經用盡各種方法勸說，那她就得做該做的事，這一點非常重要。阿茲海默症患者「負責做出判斷的器官可能受損。因此，事實上，從某種程度來說，騙他就醫不僅是道德上允許的行為，更是道德上該做的決定」。

至於其他問題就比較棘手了。倫理學家不確定該怎麼理解關於妹妹指控父親虐待一事，也不曉得該從什麼角度來看待該名投書讀者認為這些控訴子虛無有的質疑，因為沒有人目擊、親身經歷或了解真實的情況。不過很明顯，這個家庭已經出現問題，成員之間的溝通四分五裂，必須先坐下來好好傾聽彼此的想法，再找出下一步該怎麼做。

履歷代寫案例的戲劇化程度，沒有其他兩難困境那麼高，卻成爲倫理學家之間激烈爭辯的話題，引出多樣化觀點：履歷內容展現出來的其實是他人的寫作技巧與組織能力，是否有誤導之嫌？這個行爲是否表示該名讀者夠聰明，懂得請求他人協助？一份好履歷表現出來的是寫出好履歷的能力，可能與工作本身無關／有關？沒有確定的答案。

當然，有些人同意職業倫理學家的答案和推論，有些人不同意。事實上，面對特定的兩難困境，每個人的看法可能截然不同。該雜誌聘請的倫理學家團隊不僅是就手邊有限的資訊做出上述答覆，更重要的是，他們也是依照自己在生活中學到的教訓和個人經驗，推演出那些結論。

有些兩難困境情節輕微，後果影響不大，有些則恰恰相反，徹底改變了當事人的生活，甚至翻轉世界。想想以下三種情境。這些難題不時出現在各類心理測驗裡，回答起來一點也不簡單。

- 你坐在汽車後座，準備去參加派對。駕駛是你的朋友，他的太太則坐在副駕駛座。你們出了車禍，意外撞死一個路人。事發當時，路上一片空蕩，沒有其他車輛或目擊者。你下車，聽見友人的妻子對友人說，她會告訴警察是她開的車，否則友人很可能面臨牢獄之災，這樣他們家就會失去經濟支柱，無法撫養孩子。你會同意做僞證，告訴警察，肇事駕駛是友人的妻子嗎？這麼做或許能保護許多人（友人及孩子）的幸福，但代價是把自願頂罪的友人妻子送進監獄，爲她沒有犯下的過錯服刑。

- 威廉．史岱隆（William Styron）在一九七六年出版的小說《蘇菲的抉擇》（*Sophie's Choice*，後來改編成電影，由奧斯卡影后梅莉．史翠普主演）中，描述一位波蘭婦女遭納粹逮捕，跟兩個年幼的孩子（一男一女）一起被送往奧斯威辛集中營。抵達後，蘇菲面臨了一個非常可怕的困境：德軍要她選一個孩子送到毒氣室，另一個孩子可以和她一同在集中營生活，要是她不選，這兩個孩子都會被處死。最後蘇菲做出了抉擇。換作是你，你會怎麼做？
- 這類兩難困境是很常見的討論話題，也有不少變體，例如要求當事者在下列兩個選項間做選擇：殺一個人（或准許對方死亡）以拯救其他幾人的生命，還是拒絕奪走一人的命，間接導致多人死亡。

最後一個理論困境在第二次世界大戰期間成了血淋淋的現實，放大了許多因素。一九四五年，美國與日本之間的武裝衝突邁入第五個年頭。美國厭倦了戰爭，侵略日本似乎能帶來最後的勝利，但這一戰讓雙方在生命和資源上皆付出極為慘痛的代價。不過，杜魯門總統有個祕密武器，就是原子彈，他相信這個核子武器能迫使日本快速無條件投降，於是便命令美軍在廣島市和長崎市投下原子彈。長崎遭核彈轟炸後六天，日本宣布投降。據統計，超過十萬名日本人死於原子彈爆炸，但傳統觀點認為，這兩場爆炸讓戰爭得以劃下句點，或許挽救了更多可能在戰火中逝去的生命。

運用自身所有與所知

杜魯門總統的情況是一個異乎尋常又令人不快的抉擇。一般來說，人生就是一連串（比較溫和的）選擇，我們是根據當下已知的資訊做出這些決定。智慧指的就是經常做出適當的決策。

我們並不是打從出生就有自主決定權。小時候大多是由父母做決定；等拿到駕照、有投票權，或是上了大學，身為成年人的我們就應該開始自行做主，規畫未來，為自己的選擇負責。起初多半還是關係到個人自身的決定，例如要讀哪一所大學、要跟誰約會等；但隨著時光流逝，決策範圍愈來愈廣，意義也愈來愈深，你開始做出影響他人的決定，像是你的孩子、年邁的父母及其他家人、朋友、同事，甚至是不認識或素未謀面的人。

前面提到智慧研究先驅保羅．巴特斯發展出「柏林智慧典範」來評估智慧。在這項計畫中，研究人員提出具有挑戰性的假設困境，請受試者口述自己會如何解決這個兩難問題，另一組訓練有素的評估人員則聆聽並記錄受試者的回答，再根據答案符合智慧典範定義的程度高低，給予其一到七分不等的分數。

該研究問題範例如下：

一個十四歲的女孩想立刻搬出家裡。這種情況應該要考量到哪些事？

兩種可能的答案分別是：

1. 她才十四歲！太年輕了，不能做這種決定。她的家人不應該允許她搬出去。
2. 雖然她才十四歲，但說不定她的生活環境充滿負能量，甚至是虐待。也許她是為了自己的安全和福祉才要搬出去？也許她的父母太窮困，無法撫養她或其他兄弟姊妹？也許在她的文化中這是常態？

第一個答案的分數很低。這個回答完全沒有反映出智慧的內涵，只關注女孩的年齡，沒有考慮到其他可能的生活細節與背景環境。

第二個答案的分數很高，表示受試者不僅認知到女孩的年齡很小，也注意到題目中並沒有提供任何細節和背景脈絡，社會、文化或經濟條件都是潛在的原因，或許可以說明女孩爲什麼想搬離家裡。

我們在做決定時，無論大或小，都會受到許多因素的影響，包含過往經驗、認知偏誤、年齡、個別差異、個人關聯（personal relevance）和承諾升級（escalation of commitment，編註：在過去的決策基礎上增加承諾，即使該決策是錯誤的，類似於「將錯就錯」）。

過往的經驗很鮮明，因此當人遇到類似的情況時，很可能會做出類似的決定。但我們通常也會（或至少希望）避免重蹈覆轍。如果之前那一招管用，現在應該還是有用，反之亦然。

我的朋友伊果．葛羅斯曼是加拿大安大略省滑鐵盧大學心理學副教授暨「智慧與文化實驗室」（Wisdom and Culture Lab）主任，他寫了很多文章來探討人們如何在日常生活中做出更有智慧的行動。他覺得將智慧視爲一種純粹的理想，沒什麼助益，因爲這表示任何人都無法實現這個目標。因此，他著眼於人們在現實生活中的行爲，觀察他們會在哪些特定情況下表現出智慧。

伊果．葛羅斯曼認爲，要了解智慧，就要了解個體的決策過程及其應付各種生活狀況的方式。重點在於背景脈絡和指導原則，例如智識上的謙遜、認可他人的看法、在不同的觀點間尋求妥協與折衷之道等。

比方說，「利益衝突」不僅是法律體系中常見的概念，也觸及到個人對人際關係管理的期望。法官（例如我父親）在闡述觀點時，不應該受到個人動機影響。這在法律和醫學環境中都是件好事。

然而，在日常生活中，我們難免會受到個人因素、流動因素和背景因素影響。我們可能會和家人大聲爭論抽菸這個行爲有多蠢，卻願意應一個年老體弱的陌生人要求，毫不猶豫地替他點菸。

葛羅斯曼提出另一個二〇一四年的研究案例。研究人員將交往多年的情侶受試者隨機分配到不同的情境設定（自己的伴侶劈腿或摯友的伴侶劈腿），請他們推理一下自己和伴侶的關係，或是摯友及其伴侶的關係未來會如何發展。該研究設計出來的問題，目的在於測量智慧推理能力，例如：「尋求妥協對你來說有多重要？」

測驗結果與研究人員的假設相符。與臆想自身狀況的受試者相比，那些推理朋友處境的受試者的智慧表現更佳。當別人遭遇戲劇性或創傷性事件時，我們會因爲「距離」而獲得程度不等的優勢，可以退一步用邏輯理性思考，比較少受到強烈情緒波動的影響。

人類喜歡將自己視爲理性的動物，但事實上，我們經常因爲一些常見的心理偏誤而做出非理性的選擇。每個人都會產生認知偏誤，也就是基於觀察和歸納，可能導致記憶誤差、判斷失準和邏輯謬誤的思維模式。

認知偏誤有很多種，以下列舉三個最常見的情況：

- 我們傾向於關注贏家，就算輸家採用相同的策略也一樣。比爾·蓋茲（Bill Gates）和馬克·祖克柏（Mark Zuckerberg）雙雙輟學，分別創立了微軟和臉書，成爲億萬富翁，但絕大多數輟學者並不是，呃，億萬富翁。**損失規避**（loss aversion）指的是一種比起獲取收益，更偏好避免損失的傾向。如果得到十美元，你會高興一下；要是損失十美元，你會出現不成比例的心痛感。我們天生就會保護自己擁有的東西，即便我們不需要那些東西亦然。想想你的衣櫃裡那些從來沒穿過的衣服或鞋子，你明知道自己可能永遠都不會穿，卻還是無法「斷捨離」，嚴重的話可能會出現囤物傾向。
- **可得性捷思**（availability heuristic；heuristic這個看起來很厲害的詞源自古希

臘文，意指有助於學習或發現的工具）指的是我們傾向於相信那些最容易想到的例子，就是最重要的例子。我們會高估自己記得的事所帶來的影響，低估那些忘記或不知道的事。可得性捷思是一條能把我們引至錯誤方向的心理捷徑。

- **確認偏誤**（confirmation bias，或稱確認偏差）是三者之中歷史最悠久、最古老的心理偏誤。我們傾向於尋找或偏愛那些能證實自己所知的資訊，同時忽略或貶抑與這些信念相牴觸的資訊。破碎的媒體生態經常出現這種現象，消費者比較喜歡那些與自身看法相同的新聞業者，同時避開、忽視或詆毀那些提出矛盾、對立或其他觀點的媒體。

年齡對決策方式影響甚鉅。隨著年紀增長，認知功能會自然衰退，決策能力也隨之下降。相關研究發現，有些年長者可能會認爲自己「見多識廣」，因而對自身的決策能力過於自信，反倒抑制了運用新策略或跳出框架思考的技能。另一方面，從經驗中學習並記取教訓的人，其決策能力可能會隨著年紀而有所提升。

其他個別差異屬於外部因素影響。比方說，社經地位會限制決策能力。社經地位較低的人，獲得教育或資源的機會可能較少，因而更容易經歷負面事件，而這些經驗可能會影響後續的決定。

一旦認爲這個決定會對自己產生切身的影響，個體通常都會做出選擇。例如，若一個人認爲自己投的票能反映出一般民衆的想法，就更有可能投票，而他之所以投票，是因爲他相信自己那一票有助於贏得選舉。這個現象其實很諷刺，因爲投票的人愈多，每張票的權重就愈小，至少從選舉數學的角度來看是這樣。

人在一件事情上投入的比重愈多、承擔的風險愈大，那件事的重要性也會跟著上升。承諾升級指的是特定決策或選擇的重要性，會依據個人已投資的金額多寡而增加，專家稱之爲「沉沒結果」（sunk outcome）。你會堅持那個決定，是因爲你已經投入太多，不願改變方向。

情緒也在決策中扮演重要角色。前面提到的「不要抱著怒氣開車」同樣適用於此——不要抱著怒氣做決定。許多研究都說明了情緒會影響決策的過程。例如，一項研究中，研究人員請受試者想一下要不要買車，並要求其中一組受試者考量安全因素，這個設定自然會引發負面情緒（**誰想出車禍呢？**），以致這組受試者更傾向於不選擇，或是維持現狀。

另一項研究指出，曾經歷過「挫折憤怒」（furstrated anger）的受試者，比較有可能在購買彩券時選擇高風險、高報酬的品項。此外還有一項研究發現，受實驗誘導而出現難過情緒的受試者，在研究人員請他們爲待售商品訂定價格時，定出低價的機率較高，顯示出憂懼的人會對未來做出比較悲觀的判斷。

重點是，智慧決策需要平衡的思維，而非端靠內在的情緒。

大腦的決策機制

多項神經造影學研究顯示，參與決策的迴路會視決策過程的不同階段，包含形成偏好、執行動作、評估結果，而強調不同的腦區。

形成偏好和評估結果，似乎都涉及到大腦邊緣系統和前額葉皮質區，執行動作則與紋狀體關聯緊密。紋狀體是位於腦部深處的區塊，與多種認知功能有關，包含運動與行動規畫、動機和強化作用。

決策的重點在於平衡「立即酬賞」與「長期滿足/結果」之間的選擇，而這也是智慧的重要內涵，先前提到的邊緣系統和前額葉皮質間的陰陽平衡，就是這麼一回事。選擇立即酬賞，表示邊緣系統占了上風；選擇延宕滿足，則很可能是前額葉皮質的影響。

決策的難度和複雜程度不一，這些都會影響大腦處理決策的方式。以一個廣爲人知、常用於測驗的道德困境爲例：

你在女性好友的婚禮現場。那天早上，你發現新郎同時和另一個女人交往，而且證據確鑿。其他人完全不知情；婚禮後，這段出軌關係可能還會一直持續下去。你會告訴朋友，那個即將成爲她丈夫的人對她不忠，毀了她的婚禮，但這麼做或許能避免日後更痛苦、更令人心碎的悲傷，還是會把這個祕密藏在心底，掛上微笑，讓朋友度過「她一生中最快樂的一天」？

這個情境之所以兩難，是因爲沒有一個清楚又絕對正確的答案，其中隱含的道德意義讓事情變得更加複雜。道德上究竟該怎麼做才對？大腦匯集了大量資源，腹內側前額葉皮質、後扣帶迴皮質、背外側前額葉皮質和後顳上溝開始活動，試圖找出解答；與此同時，杏仁核也被喚醒，因爲這個決策牽涉到滿載情緒的態度。過程中，各個腦區聯合起來一起努力，不過這些活動未必能讓個體做出「正確」的決定，或是滿意自己的選擇。

目前對大腦活動在識別和有效處理不確定性的機制上所知甚少，只知道參與社會決策和實用人生知識的腦區，與應對未知後果的腦區有高度重疊。

有趣的是，造影研究顯示，不同腦區的活躍度會依個體對風險或不確定性的傾向而增強或減少。譬如，有人說你的錢包掉在餐廳裡，而你相信這是眞的，這個想法就會成爲你進一步思考和行動的基礎，腦部活動也相應增加；如果有人說你的眞皮皮夾冒犯了所有動物，但你不這麼認爲，那麼這句批判就只是一串文字，神經系統不會對此有什麼反應。

這些已繪製在大腦地圖上的發現，傳達出一個概念，即大腦擁有多種執行功能系統，一種用於做出「激動」的決策，如充滿情緒或高風險的選擇，另一種則用來處理那些「冷靜」、帶有分析性質的決策。

善惡相依，福禍相倚

智慧的重點在於做出好的決定。什麼是好的決定?馬克・吐溫認爲，「好的決定來自經驗，而經驗來自做出錯誤的決定。」這句話很正確，但也有一個道家寓言指出，世上無所謂好壞，善源於惡，反之亦然，很難辨明兩者。

我個人非常喜歡這個寓言。故事內容描述一個農民和他的馬，有一天，那匹馬走失了，農民傷心欲絕，這匹馬是他最寶貴的資產。幾天後，走失的馬不但自己跑回來，還帶了一群新的馬。意外的收穫讓農民非常高興，大肆慶祝。然而，不幸的事發生了。農民的兒子在馴服新馬時摔斷了腿，但幸運的是，當時政府因應戰爭強制徵召男子入伍，他兒子因爲斷了腿而不必當兵，保住了一條命。

就這樣，禍兮福所倚，福兮禍所伏，無窮無盡。

再舉一個比較現代的例子。美國有線電視新聞網專題節目《CNN Features》編輯總監大衛・艾倫（David Allan）是「智慧計畫」（The Wisdom Project）專欄作家，我跟他聊起這個話題，他則分享了在紐奧良看卡崔娜颶風十週年演講和相關新聞報導的經驗。

二〇〇五年，卡崔娜颶風重創紐奧良。在這場惡名昭彰的風暴發生之前，當地高中畢業率爲五十四％，大學入學率爲三十七％，現在前者高達七十三％，後者將近六〇％。無論卡崔娜颶風摧毀了什麼，紐奧良市民都努力重建，讓生活環境變得比從前更好。雖然這場自然災害揭露了可怕的不平等現象和充滿絕望的生活，卻也提供了一個機會讓人發現這些問題，進而修補和改善，抑或變得更糟。禍兮福所倚，福兮底下蟄伏的又是什麼呢？

前述寓言要傳達的觀念是，遇上好事，不要得意忘形地慶賀，遇上壞事，也無須鎮日憂悒悲嘆。我們無法清楚定義或辨明何謂好壞，因爲一方總是引致另外一方。唯一的辦法就是做出當下最好的決定，順其自然，看看接下來會發生什麼事。

五枚導彈，一個決定，零場戰爭

一九八三年九月一日，一架蘇聯軍用攔截機擊落了按照預定時程飛航的大韓航空〇〇七號班機，機上兩百六十九名乘客和機組員全數罹難。一開始，克里姆林宮高層否認知曉此事，後來又改口聲稱這架波音七四七客機是間諜飛機，為美國蓄意挑釁。

此事引發強烈的外交反彈，激化了國際關係，成為冷戰期間最緊張的時刻之一。

三週後，某天晚上，蘇聯防空部隊中校斯坦尼斯拉夫·葉夫格拉福維奇·彼卓夫（Stanislav Yevgrafovich Petrov）在核子預警指揮中心執勤，衛星系統突然發出警報，顯示美國發射了一枚導彈，隨後可能還有四、五枚。

現行命令很明確：第一次警報響起時，彼卓夫就應該通報上級，啓動軍事協定，展開反擊。

但是，彼卓夫猶豫了一下。他心想，根據長官的指令，應該假設這是一場全面攻擊，若真是如此，美國怎麼會發射這麼少的導彈？此外，他還懷疑預警系統本身是不是出錯。警報通過多層驗證的速度太快，地面雷達也沒有顯示任何相應的證據。他不確定警報是不是誤傳，但感覺就是不太對勁。

在那緊張不安的瞬間，彼卓夫斷定警報是系統故障問題，便直接忽視，沒有做出回應。雖然他的作法具有爭議，但這個決定阻止了核戰爆發（事後調查證明，該警報是誤報，為北達科塔州上方的高空雲層出現罕見的日光準直照射現象，加上蘇聯監控衛星誤判所致）。

彼卓夫的決定並不容易；無視命令會帶來非常嚴重的後果。然而，儘管沒有多少時間思考，彼卓夫仍展現出多項智慧決策構成要素。他沒有衝動行事，單純不假思索地遵照既定規章處理。事實上，後來他說，比起那些受過正統軍事訓練、可能只會聽從命令的職業軍人同袍，他是以平民的身分加入軍隊，而正是這些早期平民培訓經驗，幫助他做出正確的決定。

彼卓夫評估情勢，運用訓練得來的技能和批判性思考能力，將情緒放在一邊，明白當下不是驚懼或恐慌的時候。他採取了「不行動」的行動。他不知道接下來會發生什麼事，也不知道結果會怎麼樣，只知道當時的時空背景不是發動第三次世界大戰的時機。

事後，蘇聯當局並沒有獎勵彼卓夫果斷的不作為，反而以他未詳實以文書記錄此事為由進行懲處，將他調到一個比較不敏感的職位。諷刺的是，彼卓夫於一九八四年離開軍隊，進入開發預警系統的研究機構工作。他的故事埋藏了十餘年，大多數人都不曉得有這段過往。事發十年後，彼卓夫才把此事告訴妻子。他只是在那一刻做了這個舉動，然後默默放下，繼續過生活。

不過，有時智慧決策的力量和影響會綿延流轉，存續下去。二〇〇九年一月十五日，全美航空機長切斯利・薩倫伯格三世（Chesley Sullenberger III，暱稱「薩利」）剛從紐約市拉瓜迪亞機場起飛。這架空中巴士A三二〇為一五四九號航班，機上共一百五十五人；起飛不到幾分鐘，飛機就撞擊一群加拿大雁鳥，導致兩具引擎同時熄火，完全失去動力。

薩利很快就知道他無法安全返回拉瓜迪亞機場，也無法飛往附近的泰特波羅機場，便決定緊急迫降於哈德遜河；現場有許多船隻協助救援，機上一百五十五人全數生還，而薩利是最後一個離開飛機的人。

薩利機長的行動體現出許多關鍵的智慧要素。他在面對不確定性時顯然非常果斷。據他所言，迫降那一刻是他這輩子經歷過「最糟糕、最不舒服的瞬間，心窩直往下墜」。此外，他在事故發生時仍保持鎮靜，臨危不亂，情緒非常穩定，當時的紐約市長麥克·彭博（Michael Bloomberg）還幫他取了個綽號叫「冷靜機長」（Captain Cool）。薩利知道，所有乘客和機組員的生命都掌握在他手裡，他決心要拯救大家。

事故發生後，自然少不了調查、檢討和再議。薩利與機組員的行為是否正確適當？當時有沒有更好的行動方案？由克林·伊斯威特（Clint Eastwood）執導並於二〇一六年上映的電影《薩利機長：哈德遜奇蹟》（*Sully: Miracle on the Hudson*）便以一五四九號航班迫降事件為主軸，呈現出薩利機長和美國國家運輸安全委員會（National Transportation Safety Board, NTSB）調查人員之間的對質談話。實際情況可能沒有那麼劍拔弩張，不過薩利本人也說，這部電影確實捕捉到他當時的感受；媒體和官僚機構緊盯著他不放，他和副機長傑夫·史凱斯（Jeff Skiles）的職業聲譽岌岌可危。

審查期間，薩利和史凱斯依舊以沉著冷靜的態度面對，互相支持。他們詳細說明事發經過與決策歷程，即便後來電腦模擬顯示，班機當下應該可以安全返回拉瓜迪亞機場，他們仍堅持自己的決定。

最後，國家運輸安全委員會調查人員判定薩利和史凱斯的舉措沒有不當之處，更讚揚全體機組員救了機上所有人。

一年後，薩利從全美航空公司退休，開創事業第二春，成為暢銷書作家和演講者，主要討論航空安全、領導力和活出正直人生等主題。

通常我們無法預知一個決定是否正確明智，只能根據當下所掌握到的資訊，以自身對是非、正義、慈悲心等感受，來嚴格評估和過濾，進而做出判斷。若事後證明，這個決定一點也不明智，我們就得做出另外一個決定：該如何修補和改善？

不可預測性的必然性

哲學家丹尼爾．丹尼特（Daniel Dennett）將人腦描繪成一台「預想機器」，最重要的功能是「創造未來」。我們總是忍不住思考未來，想知道以後的日子會是什麼模樣。這種能力讓人類與其他物種有所區隔，幫助我們建立文明，創造出從前難以想像的事物，同時支撐著我們，捎來希望和力量。「向前看」通常是一件好事，能讓我們做好準備。心理學權威馬汀．塞利格曼（Martin E. P. Seligman）和作家約翰．堤爾尼

（John Tierney）在《紐約時報》一篇題爲〈我們不是爲了活在當下而生〉的文章中寫道：「展望的力量讓我們變得更有智慧。」

然而，試圖辨別尚未發生的事有個問題，就是那些事，呃，還沒發生。人類不喜歡不確定性，這種情況會讓我們覺得自己很脆弱，因此會盡量避免。事實上，有時我們選擇忍受當下的負面影響或事件，是因爲我們知道接下來會發生什麼事。

實驗表明，受試者在面臨「現在立刻電擊」和「之後可能會電擊」兩種選項時，傾向選擇前者。

心理學界將這種情況稱爲「無法忍受不確定性」（intolerance of uncertainty），有專屬的尺度量表。無法忍受不確定性與多種疾病有關，包含持續憂慮、廣泛性焦慮症（generalized anxiety disorder）和部分情緒障礙等。

關於塞利格曼和提爾尼的那句話，我個人想要修改一下。智慧並非源自向前看的能力；智慧是明白人生變幻莫測，知道自己不可能無所不知，然後決定竭盡所能，繼續往前走。

決策能力

這種「即使面對不確定性也能做出好決策」的能力，或許反映出一些潛在的特質，例如三思而後行、克制自己不陷入恐慌等；但對於想測量這項能力的醫師和科學家來說，這似乎不像是一種固定不變的特質，比較像是一種受到多樣因素影響的心態和知識。

每個人都會根據無數因子做出好或壞的決定，舉凡話題的性質和複雜度、那天早上有沒有吃早餐，都會影響個人決策。雖然一般邏輯決策能力因人而異，但沒有人生來就擁有不變的好或差的判斷力。

評估決策能力對臨床治療和研究領域至關重要。許多類型的臨床研究（如試驗藥物或治療）都會要求研究參與者簽署知情同意書，確認他們同意研究的範圍和目的，了解可能的後果。通常病人在進行醫療程序之前也會做類似的事；他們必須簽署同意書，上頭詳細描述了患者的治療方式（含手術）及所有可能的益處和風險。

知情同意是倫理臨床實踐和臨床研究的基石，也是一種期望和目標，有許多相關法律和規章來確保研究方提出要求且受試者給予答覆，很少有正當理由能夠免除這項要件。

不過有個永遠的難題：何謂有意義的同意？唯有研究參與者／患者有能力有效運用公開資訊，來決定是否參與研究／接受建議療程，才有辦法滿足這項條件。決策能力的四大構成要素如下：

- 知悉相關資訊
- 理解：能將資訊應用於自身情況
- 推理：利用資訊做出理性決策
- 清楚表達自己的選擇

有許多情況都會削弱決策能力，例如認知障礙、嚴重的精神病症狀（如妄想）和情境因素（如資訊的複雜程度或披露方式）等。此外，背景脈絡也很重要。相較於低風險決策，高風險決策就需要比較強的決策能力。

雖然知情同意的重要性無可比擬，但關於如何構成知情同意，學術界爭論了數十年，依舊沒有達成共識。正如一位科學家所言，簡直就像「實踐大雜燴」。

幾年前，我和同事開始調查臨床研究或治療上用來評估決策能力的工具。為了達到一定的效果，這些工具必須測量個體對需要同意之相關資訊的知悉、理解和推理程度。目前學術界已經發展出許多決策能力測量方法，其中有些已證實有效，得出的數據也很可靠。大多數測量過程都需要花費大量時間，而且需由經過培訓的專業人員來執行。

審查過程中，我們發現大部分決策能力測量工具都著重於「知悉」，而非理解和推理。不僅如此，我們檢視的每一種實驗室和診所測量方法都有其局限，特別是測量時間極長這一點。在資源有限的情況下，時間是一個很大且實際的問題。至於評估決策能力的黃金標準，我們並沒有歸納出結論。事實上，大多數所謂的書面臨床程序或治療知情同意書，完全稱不上「知情」，患者只是在一張紙上簽字，根本不會細讀內容，甚至不知道自己同意了什麼。

二〇〇七年，我和另一個團隊共同發表一篇新的論文，探討我們開發出來且經過測試的決策能力評估工具。我們再次審視學術界既有的量表和測量方法，看看它們評估臨床研究（或治療）知情同意決策能力的情況，找出各種工具的優缺點，然後設計出一種新的量表。

該量表名爲「加州大學聖地牙哥分校同意能力簡要評量」（University of California San Diego Brief Assessment, UBACC），內容包含十項關於知悉、理解和推理的問題，每題得分爲零到兩分。零分表示明顯沒有能力回答；兩分爲完全有能力回答；一分則介於兩者之間。這些問題和陳述都很簡單，例如：

- 剛才所描述的研究目的為何？
- 如果你參與本研究，研究人員會要求你做什麼？
- 請描述一下本研究參與者可能有的風險或不適。
- 參與本研究有沒有可能對你無益？

這份量表只需要五分鐘就能完成。我們是透過當時團隊的另一項思覺失調症患者研究，發展出這份量表。對思覺失調症患者來說，知情決策能力顯然非常重要，卻經常受症狀影響而出現受損的現象。我們以思覺失調症患者和得到模擬臨床藥物試驗資訊的健康對照組爲研究主體，來測試量表的效度和可靠度。

研究結果顯示，這份量表能有效篩選大量受試者，識別出那些需要進行更全面的評估或改善決策能力的受試者。此量表聚焦於幾項關鍵事物，例如最嚴重的風險，而非《醫師處方用藥參考書》（*Physician's Desk Reference*）或同意書中提到的假設性風險。此量表已被翻譯成多國語言，用於不少研究。

批判性思考

批判性思考或智慧思考攸關健康與長壽。批判性思考指的是一種目標導向、用於理性思考的認知技能集合。加州州立大學多明格斯山分校心理學助理教授海瑟·巴特勒（Heather Butler）認爲，批判性思想家是「友善的懷疑論者」，她與其他學者研究了批判性思考的內涵，發現「決策」是關鍵要素之一。

我的智慧研究與思覺失調症患者研究，處處可見批判性思考的影響。與認知障礙患者互動，讓我產生許多新的洞見，進一步了解智慧的本質，以及評估、改善智慧表現的方法。如果我們能評量並提升這些病患的智慧思考能力，對於健康的人自然更有幫助。

二〇〇七年，我的團隊在《神經精神醫學與臨床神經科學期刊》（*Journal of Neuropsychiatry and Clinical Neurosciences*）上發表了一項造影研究，探討思覺失調症患者的大腦反應與決策能力。

患有嚴重精神疾病的人一般比較難做出決定，或應該說經常反反覆覆、前後矛盾，但他們的決策能力就跟心理健康的人一樣，存在極大的個體差異。我們想看看患者做決定時大腦內部的情況。哪些區域活動增強，哪些減少？

這項研究納入二十四名思覺失調症患者，以經過充分驗證、測驗時間很長的「麥氏臨床試驗知情同意決策能力評量表」（MacArthur Competence Assessment Tool for Clinical Research, MacCAT-CR）來測量受試者的理解和推理能力。接著，我們請受試者躺在功能性磁振造影掃描儀中，進行一連串心智任務（關聯詞配對測驗）。

正如我們所預測的，麥氏量表得分較高的受試者，其海馬迴中的學習相關活動最爲活躍，而海馬迴正是編碼和識別資訊的重要腦區。其他活動增強的區域，還包含雙側海馬旁皮質（bilateral parahippocampal cortex）、小腦（cerebellum）和視丘（thalamus），這些區塊都跟語言學習任務有關。

由此可知，充分了解同意書內容（或其他複雜資訊），需要語言資訊編碼相關的大腦系統參與。此觀察結果適用於所有人，不僅限於思覺失調症患者。若以語言分享資訊，大腦又做出適當的反應，就能用不同的方式產生共鳴。這種方法或許比其他途徑更能有效傳達資訊。

從科學的角度來看，對話間到底藏著什麼奧祕？人類是語言動物，除了其他能力外，我們的語言技能也會逐漸演變，慢慢發展。語言處理涉及到多個廣泛分散在腦部的區域，包含韋尼克區（Wernicke’s area）、布洛卡區（Brocaa’s area），以及其他如弓狀束（arcuate fasciculus）等更隱僻的區域。造影研究顯示，人與人彼此交談、互相傾聽時，大腦會緊緊交纏在一起（比喻上的意思），他們原本各不相同的神經活動於此刻在心理交流中同步，和諧共融。

爲了做出好的決定，我們應該要利用所有可能的交流方式與自我和他人溝通，於內在討論各種選擇的利弊。

接受價值分歧

在強調個人權利的現代社會中，看法不同的人難免會起衝突。言論自由的代價就是有義務讓持對立觀點和價值觀的人說出自己的想法，傾聽他們的意見。

當然，有些價值幾乎不可動搖。無正當理由（如自衛、保護所愛之人）就傷害或殺害他人，是不可接受的行爲。然而，這個世界承載了許多隨著時間、文化和環境而改變的價值觀。一個人可能認爲吃肉不道德，把這種信念強加在別人身上也很不道德；父母可能支持政府禁止未成年人飲酒，卻允許自己二十歲的孩子在家庭聚會上啜飲一口香檳。

「實際考量」有很大的影響。美國社會欣然接受飲酒文化，直到政府頒布禁酒令才有所改變；等到禁酒明顯變得不切實際也不可能的時候，美國便再次修法，以因應現實情況。幹細胞和基因編輯技術的治療性應用，激起許多疑慮和反對聲浪，但隨著這些療法對患者和社會的益處慢慢成形，質疑和異議也逐漸減少。

接受這種價值分歧是智慧的特徵之一，目的在於要從一開始看似不同、奇怪、陌生或令人討厭的事物中學習與理解。智慧是一種平衡的行爲，即依循個人根深柢固的價值觀行事、擁抱信念的同時，接受其他人擁有同樣深刻的不同價值觀，甚至爲此感到歡欣。

決策技巧

可用來決策的方法，幾乎與要做的決定一樣多。廣義上來說，決策技巧可以分爲兩大類，即團體決策技巧與個人決策技巧。

團體決策顯然牽涉到不只一個人。標準方法包含：投票制（絕對多數或相對多數）；達成共識，即多數人在少數人同意和投入的情況下，決定行動方案（避免分爲贏家和輸家）；德菲法，即前述提到我們用來彙整專家對智慧的定義、取得整體共識的方法；還有參與式決策，公司組織或政府機關經常用這種方式讓成員參與決策的過程。

個人則有屬於自己的決策工具，像柏拉圖和班傑明．富蘭克林都是決策平衡表（decisional balance sheets）的忠實粉絲。決策平衡表的用法是寫下各種選擇的利弊、益處和成本，個人決策者可以在效用（哪些選擇能提供最大利益或滿足最迫切的需求）和機會成本（不選擇某個選項的成本）之間抉擇。另外還有一些沒那麼精緻的方法，例如丟銅板、切牌、做和他人建議相反的事、算塔羅牌……這些似乎都跟智慧沾不上邊。

下一章會探究另外三個智慧構成要素，分別是自我反思，即人類審視內在自我的能力；好奇心或經驗開放性；以及幽默，包含笑聲爲什麼是最好的良藥，就算有些笑話的笑點讓人難以理解也一樣。

這些元素都與日常生活中的智慧決策息息相關。

Chapter 8
自我反思、好奇心與幽默感

與內在的事物相比，身後和眼前的一切皆微不足道。

——亨利．哈斯金（Henry S. Haskins）
《華爾街沉思錄》（*Meditations in Wall Street*，暫譯）

我沒什麼特殊天賦，只是有好奇心而已。

——亞伯特．愛因斯坦

智者喜歡不時在生活中來點胡鬧的事。

——羅德．達爾（Roald Dahl）
《巧克力冒險工廠》（*Charlie and the Chocolate Factory*）

我第一次見到艾琳．薩克斯（Elyn Saks）是在一九九〇年代初期。當時我正在研究精神病患者相關倫理與決策主題，一位同事建議我可以聯繫薩克斯。自耶魯大學畢業的她，當時是南加州大學法律系教授，寫了許多關於法律和心理健康的文章，探討精神醫學研究與強迫治療的倫理問題，在學術圈名聲顯赫，備受尊崇，是各大榮譽獎項常客，後來更獲頒俗稱「天才獎」（Genius Grant）的麥克阿瑟獎（MacArthur Fellowship）。

我立刻著手寫信給艾琳．薩克斯，描述我的研究主題，她也回了電話給我。我們倆志趣相投，很快就成爲合作夥伴，在接下來十年左右共同發表了不少論文和研究報告。

我們開始合作的幾年後，有一天，艾琳．薩克斯打電話給我，說想跟我當面談談。話筒那一端的她聽起來很緊張。見面後，她直截了當地說，她被診斷出思覺失調症。這不是她第一次收到這種診斷結果。八歲時，她首度出現病徵；十六歲那年，某一天，她在沒有告知任何人的情況下無故離校，徒步走向大約八公里外的家。這趟路程對她來說非常可怕，因爲她覺得自己經過的所有住家和鄰居都在對她的大腦傳遞出充滿敵意與羞辱的訊息。「快滾！」路旁的房屋無聲地說：「好好懺悔。妳跟別人不一樣。妳很壞、很糟糕。」

這是她第一次罹患精神病，但不是最後一次。五年後，時任英國牛津大學研究員的她第一次正式發病，飽受思覺失調症所苦，日後更不時受到相關症狀侵擾。

艾琳．薩克斯認爲，罹患思覺失調症就像活在噩夢裡。發病期間，她會看到詭異怪誕的畫面，聽見莫名其妙的嗓音和奇怪的聲響。這種經歷會讓人驚懼不已，完全迷失方向。她根本無法辨別眞假，分不清現實與幻象。與普通噩夢不同的是，清醒並不能帶來解脫。薩克斯說，即便在病況還好、沒那麼糟的日子裡，思覺失調症患者的生活依舊一團混沌，不僅思路雜亂無章，講話也語無倫次，顚顚倒倒。

這種疾病有正性症狀，也有負性症狀。「正性症狀是你不想有卻有的徵候，負性症狀是你想有卻沒有的特質。」薩克斯表示。

妄想屬於正性症狀，且深深扎根於薩克斯的腦海裡。她會帶著強烈的信念，想像自己用思緒殺了數十萬人，或是覺得有人在她的大腦裡投下核彈。

負性症狀指的是思覺失調症患者經常缺乏的特質或能力，例如情緒調節、維持人際關係、持續正常工作等。

薩克斯說，她沒有出現什麼惡性的負性症狀。罹病頭幾年的情況最嚴重，療程也很嚴格，有時甚至被迫接受治療。她經常進出精神病專科醫院，醫護人員不時會採用身體約束措施，但她從未威脅過任何人的安危。另外她還吃了很多藥，變成藥罐子。

見面那天，她告訴我說：「不過那是很久以前的事了。」她現在已經好多了，丈夫、家人和朋友也給她滿滿的支持與協助。她不僅成功控制病情，更創造出非凡的人生。她說，她不想再對這個世界隱瞞自身疾患，也不想掩藏一路走來在症狀本身及療程上所經歷的恐懼與煎熬。她想用誠實坦率的筆觸書寫思覺失調症和自己的「瘋狂旅程」；後來她也在自傳《分崩離析》（*The Center Cannot Hold*，暫譯）中詳細描繪出自我心路歷程。

只是，她擔心這樣的坦承必須付出代價。

「我怕你再也不想跟我合作了。」她說道。

我的反應正好相反。我覺得她很棒，很高興她願意站出來為自己發聲，讓全世界知曉自己的病情，也很感激她付出的勇氣。

精神疾患被汙名化的情況持續存在，社會上充斥著大大小小或明顯或隱微的歧視，要這樣公開病況，想必她心裡惴惴不安，不曉得大眾會有什麼反應。我告訴她，我一定會盡我所能，全力挺她到底。

我和艾琳．薩克斯不只是同事，也是好友與合作夥伴。以智慧的脈絡來看，薩克斯的案例一次又一次地提醒我，智慧並非身心健康者的專利。許多智慧表現極佳的人（包含薩克斯在內）都是經過辛苦掙扎、努力搏鬥，才培養出這項優秀、超凡的特質。

審視自我

艾琳．薩克斯擁有許多特點，而這些特點都是智慧的要素，其中最重要的就是自我反思能力。她會審視內在，從中學習，並因自己得到的體悟和啓示而有所改變。她的書和論文，甚至她的人生，就是最好且最實在的佐證。

自我反思並不容易。你必須對自己誠實，就算眞相可能令人不快亦然，否則就是在欺騙自己，這又有什麼意義呢？如果我做了什麼事卻沒成功，那是沒關係的，就像邱吉爾說的：「失敗不會要你的命。」我們從失敗中學到的比成功更多。如果再次嘗試還是失敗，我就會開始尋找模式或線索，看看自己到底在哪個環節出錯。要是第三次嘗試又失敗，我就知道自己必須換個方式，改變想法。

自我反思似乎是人類獨有的特徵，和自我覺察不一樣。一九七〇年代，心理學家高登．蓋洛普（Gordon Gallup Jr.）設計出一種鏡像測驗，以查明其他動物是否能將自己視爲獨立於其他同類和環境的個體。

爲了進行這項測驗，蓋洛普（及後來其他研究人員）會在動物身上用無味的顏料或貼紙做視覺記號，觀察受試動物在鏡子前的反應。

通過測驗的動物大多會立刻注意到這個記號，然後調整身體，以便看得更清楚，並試著碰觸或弄掉記號，顯然很擔心這個東西，或是覺得很有趣。

這種行爲顯示出心智複雜性，不只是看到外貌相似的動物那麼簡單，畢竟很多物種都會這麼做，只要把牠們放在鏡子前方，牠們的反應就像看到另一個同類，這種反應可能帶有情感或攻擊性，但很明顯是錯認。有記號的動物看到鏡中的自己，發現牠們看到的影像在視覺上與自己所知的不同，表示牠們對自我有種更深刻、與生俱來的感受。牠們知道自己長什麼樣子，那一點顏料或貼紙不是牠們的一部分。

人類在十八個月大左右就能通過鏡像測驗，有些動物則是在相對較晚的年齡通過，例如亞洲象、巨猿、瓶鼻海豚、虎鯨、喜鵲、螞蟻（很不可思議吧）等。

由此可以得知，在世界上的無數物種中，自我覺察是一種很罕見的特質，自我反思則僅限於單一物種，也就是人類。這是人類在心智鏡中看見自我、思考所見之物的能力。

自我反思就是反省練習，意指個人檢視自身心智與情緒過程，以進一步了解其基本特性、目的與本質，是一種非常重要又明顯的智慧要素。柏拉圖在《蘇格拉底自辯篇》（*The Apology of Socrates*）中描述導師死前接受審判時發表的辯詞，寫道：「未經審視的生命不值得活。」

反省讓大腦有時間暫停一下，好好釐清及整理清醒時（或許還有某一段睡眠期間）每分每秒湧流過腦內的大量經驗和觀察結果，讓個體得以放慢腳步，仔細思忖各種解釋，創造意義，從而學習及形塑我們未來的思想和行動。

自我反思是學習的關鍵。人類可以停下來回顧自己的所作所爲，審視行動的過程和結果，從中萃取新的價值或關聯性，改善未來的表現，而非單純從一個任務跳到另外一個任務。艾琳·薩克斯這輩子無論在個人生活還是職業生涯，都不斷審思自己的內心，培養出非凡的智識與洞察力，不僅成功控制住自己的思覺失調症病情，更幫助了許多人。

自我反思能讓人更了解自己的情緒、認知和行爲，哲學家丹尼爾·丹尼特將其描述成體驗自我與成爲「自己人生的作者」的能力。

除此之外，自我反思也會影響個體理解他人的生活與觀點的方式。當你捫心自問「換作是我，我會怎麼做」？其實就是打開一條途徑，讓你洞察別人的想法，深入了解對方的本質。你不只是在問自己，也是在問對方。

反思的大腦區域

自我反思的行爲發生在額頭正後方的內側前額葉皮質。即便大腦進入預設模式

（即未積極參與任務的時期），內側前額葉皮質中的代謝活動依舊非常活躍，這是大腦審視自我、思考人生或未來的結果。

除了自傳式記憶外，攸關自我批評的任務也會活化內側前額葉皮質。在這種情況下，內側前額葉皮質與扣帶迴皮質等其他大腦結構會攜手合作，共同運轉。這些腦區的作用有大有小，端看個人的年齡和經驗。成人較仰賴後楔前葉（posterior precuneus，位於大腦深處，與自我意識和記憶有關），兒童則較仰賴後扣帶迴（扣帶迴皮質最後方）和前楔前葉（anterior precuneus）。

這種差異能讓我們了解不同年齡層思考及看待自我的方式。比起成人和年幼的孩子，較年長的兒童其內側前額葉皮質的活躍度較低，因爲那個年紀的孩子比較不常自我反省。

幼兒尚未具備只有成人才有的豐富技能，因此他們的大腦在遇上空間任務時會變得更活躍。這種現象說明了一種概念：一旦應對任務的專業知識增加，大腦中處理廣泛空間參數的區域活動就會減少（關於我該怎麼做？），變得更關注具體表現（關於我做得怎麼樣？）

內側前額葉皮質的重要性在其受損，或是因爲外部傷害、疾病以致功能失調時，尤爲明顯。舉例來說，額顳葉失智症患者可能會喪失自我覺察和自我認同；擁有自戀型人格障礙特質的人會過度自我膨脹，無法看到別人眼中的自己。

沒時間思考

雖然人類擁有自我反思的力量，不代表每個人都會運用，或是願意發揮這種能力。我們可能覺得自己時常思考、想了很多，但目前已有大量證據顯示，完全不是這麼一回事。

二〇一四年，維吉尼亞大學科學研究團隊進行了一系列實驗，受試者會獨自待在一個什麼都沒有的空間裡，只有自己的思緒相伴。大多數受試者過了短短六到十五分鐘就出現難受的情緒，覺得這種體驗令人不快。

令人驚訝的是，有些受試者甚至會付出極大的努力和代價以避免思考。一項實驗結果顯示，六十四%的男性和十五%的女性與思緒獨處時，會用很弱的電流電擊自己；同一批受試者在事前也告訴研究人員，他們願意付錢以避免這些令人不舒服的小震顫。

無論進行實驗的地點在何處（實驗室或受試者家中），受試者都會出現這種「不想思考」的衝動，就算研究人員建議受試者可以想想別的事（如即將到來的假期）也沒用。

人類天生就能解決問題，創造意義。這些特質可以幫助我們生存下去，茁壯成長，卻也可能帶來負面的後果。獨自一人思考的時候，我們可能會想到還沒解決的事情、麻煩的人際關係、經濟問題、健康問題、個人或工作上的失敗……無論是眼前造成壓力的因子，還是長期困擾的根源，都會在腦海中浮現。

年輕人尤其會如此。隨著年齡與經驗增長，人往往會變得更有智慧，比較少關注甚至忘卻負面的事物和情緒。正如先前所討論的，負面消極或充滿壓力的經驗會像魔鬼氈一樣牢牢黏住年輕族群的心智；反之，年長者的心智有如鐵氟龍，這類經驗只會脫落，不會黏在上頭。

年輕人比較注重行動，而非思考。「我們就像活在一個成癮的家庭，在這裡，忙碌看似正常，實際上卻有害健康。很多人都認為，思考和感受只會讓你慢下來，妨礙你前進。其實恰恰相反。」矽谷心理學家蒂芬妮．布朗（Stefanie Brown）說道；她著有《飆速成癮：面對快還要更快的執念，克服放慢步調的恐懼》（*Speed: facing Our Addiction to Fast and Faster–and Overcoming Our Fear of Slowing Down*）一書。

自我肯定的好處

負面思想很討厭，會帶來憂鬱、沮喪和焦慮感，沒有人喜歡這麼做，但試圖壓抑負面情緒和想法卻可能更糟。壓抑會注入更多負能量，讓消極思維逐漸壯大，進而造成更嚴重的侵擾，甚至需要付出更多努力才能進一步抑制這些思緒。

心理學家稱之爲「矛盾反彈理論」（ironic process theory），即所謂的「白熊效應」，典故出自杜斯妥也夫斯基（Fyodor Dostoevsky）在《冬記夏日印象》（*Winter Notes on Summer Impressions*）中的一段話：**「試試看，不要想北極熊；然後你會發現自己每分鐘都在想北極熊。」**

一直想著「不要去想某事」會持續帶來認知壓力，導致許多可能的心理疾病，例如強迫症、焦慮症、憂鬱症、恐慌症、各種成癮症，以及濕疹、腸躁症、氣喘、頭痛等與壓力加重有關的生理疾患。

與沉湎於負面思考或老是避免負面思考相反的是「自我肯定」，這個特質能爲人生和智慧帶來積極正面的影響。當你尋找並專注於生命的意義與目標來源，自然而然就能提升自我。

我有一項研究就是探討：生命的意義或目標對於身心健康者和思覺失調症患者的

影響。兩組受試者的研究結果都顯示，人生有目的或意義與較佳的生理和心理健康有關。其他科學家也證明，這種意義甚至可以預測生物老化的速率。

「自我肯定」會活化大腦的獎勵中樞，包含腹側紋狀體（ventral striatum）與腹內側前額葉皮質，這些都是關乎愉悅/享樂體驗（如吃喜歡的食物、得獎等）的神經結構。「自我肯定」會觸發這些獎勵迴路，從而減少、抑制負面情緒，或是加強正面信念。

此外，它肯定也會活化內側前額葉皮質與後扣帶迴，這兩者都與思考自我的行為有關，顯示出這類自我相關歷程的作用有如情緒緩衝器，能緩解痛苦、威脅或負面資訊帶來的影響。

有趣的是，比起涉及到過去的事件，牽涉到未來事件時，自我肯定的正向效果會變得更強。多項神經造影學研究表明，受試者被要求思考過去的職涯成就和預期未來的成就時，後者會誘發更多關於自我肯定的大腦活動。

用自己的方式走出自己的路

根據谷歌（Google）統計，全球每天大約新增一億張自拍照。只是這個數字可能還低估了。一項民意調查發現，十八歲至二十四歲的人每拍三張照片就有一張是自拍照，而千禧世代（指出生於一九八〇年代初至一九九〇年代中期左右的人）平均一生會拍超過兩萬五千張自拍照，也就是說，他們活在這世上的每一天都會拍將近一張自拍照。

心理學家暨作家泰芮．阿普特（Terri Apter）認為，自拍是「一種自我定義」，「我們都喜歡掌控自己的形象，吸引他人注意，被關注，成為文化的一部分。」

然而，自拍照只反映出自拍者膚淺的一面，即便如此，這類行為往往是一種經過仔細安排與精心策畫，同時只針對外部觀眾的表現。自拍照能揭露出自拍者的真實樣貌，讓外界了解這個人嗎？

自我反思需要的不只是手機和自拍棒而已。這是一個探尋自己，自問一些關於自身信念、行為、過往作為和未來目標的過程，其中有些問題並不容易回答，例如：我的內在是什麼模樣？為什麼？我該保留什麼，又該改變什麼？

一九七四年，時任精神科住院醫師的艾倫・格林（Allen Green）意外感染系統性巨細胞病毒（cytomegalovirus, CMV）。大多數巨細胞病毒感染皆處於休眠狀態，不會引發症狀。事實上，根據美國疾病管制暨預防中心（Centers for Disease Control and Prevention）估計，有五〇%到八〇%的成人到了四十歲都會感染巨細胞病毒，但大多數人永遠不會出現病徵或症候。

不過，在艾倫・格林的案例中，病毒感染帶來了毀滅性的影響，嚴重破壞他的身體機能，引致高燒、脾臟腫大和貧血等症狀。五年來，他飽受病痛折磨，除了閱讀（內容通常是關於「違反自身意願臥床或受監禁的人」）和思考，他什麼也做不了。那段期間，長臥病榻的格林仔細思忖自我和自身命運，最後發誓要是他能夠康復，一定會積極投入學術，致力於醫學研究。

艾倫・格林做到了。他現在是達特茅斯大學蓋索醫學院（Geisel School of Medicine）院長與精神醫學系教授，不僅職業生涯成就斐然，更是鼓舞人心的學術界同儕與朋友。

當然，生活中處處有啓迪思維的事物，但真正的行動來自向內探求。

班傑明・富蘭克林有很多為人稱頌的身分，包含美國開國元勛、印刷商、外交家、科學家、發明家、音樂家、旅行家、作家和運動員（沒錯，他是國際游泳名人堂的一員），更激起所謂「白手起家」的觀念。

一七二六年，二十歲的富蘭克林設下自身最崇高的目標，也就是達到他在自傳中談及的「道德完美」：

我構思出一個大膽又艱鉅的計畫，期許自己能臻至道德完美。我希望自己活出不致犯錯的人生；無論是天性、習慣，還是朋友，任何可能導致我犯錯的人事物，我都會努力克服。

我不懂自己爲什麼明知道或自認知道什麼是對的、什麼是錯的，有時仍會走上歧路，無法做出對的選擇。我很快就發現這個任務比想像中更困難。我經常在小心翼翼地避免犯這個錯的同時，又意外犯下另外一個錯。

日子一天天過去，富蘭克林反覆思考，最終總結出包含節制、誠信、謙遜、決心在內等十三項美德。他會隨身帶著一本小冊子，隨時記錄、評估自己實踐美德的情況，每天用紙筆進行自我反思。「我開始執行自我審視計畫，偶爾會暫停一段時間，然後再繼續。令我訝異的是，我發現自己的缺點比我想的更多，但我很高興看到它們逐漸減少。」

富蘭克林雄心勃勃地追求這個目標，可是根據他的說法，他「從未到達完美境界」，不過，「若我連試都沒試，我就無法成為現在的我，一個更好、更快樂的人。」很少有人能企及富蘭克林的高度，但我們都可以成為更好的自己。

某種程度上來說，自我反思是非常根本的智慧內涵，其重要性與同理心、慈悲心不相上下。事實上，若要追尋更高層次的智慧，自我反思或許更為關鍵。詩人卡爾・桑伯格（Carl Sandburg）曾針對這個主題寫道：

> 每個人都必須爲自己騰出時間。我們終其一生與時間共處，倘若不小心，就會發現自己的時間被別人耗盡……一個人必須不時遁世離群，體驗孤獨，坐在森林中的岩石上捫心自問：「我是誰？我經歷了什麼？我要去哪裡？」……若不謹愼，時間這個生命本質就會被其他令人分心的事物占據，蠶食殆盡。

然而，自我反思（即蘇格拉底所謂「經審視的生命」）必須目光澄澈、誠實坦率，有時還得對自己殘酷一點。大家應該都有做過流行雜誌上那些聲稱能評估一切的小測驗，舉凡個人時尚感、內在美等無所不包。人人都想寬以待己，拿到一個「比較好」的分數。如果是這些消遣用的小測驗，當然沒關係，但是，若想切實改善、提升自我，就必須了解自己的情況，知道自己是誰，這樣才能採取適當的步驟，帶著更豐盛的智慧與滿足感來回顧、審視過去。

根本不思考

許多人都會在某個時刻逃避，不想和自己的思緒獨處。其實，有時不思考是一件好事。《當代聖經・箴言》第十六章二十七節就提醒世人，無所事事的雙手是魔鬼的工作坊，無所事事的頭腦卻可以成爲靈感的泉源。目前已有大量證據顯示，許多創新的點子皆孕育於思緒遊蕩之時。

傳統認爲，看似注意力渙散的心智漫遊，是在認知層次浪費時間，甚至是欠缺心智控制能力；如今專家開始重新思考這個概念。一旦心智偏離意識目標，就更有可能發掘出新的想法或見解。相關研究顯示，若是像做白日夢那樣讓心智休息，有助於加強對事件的記憶與資訊保留。妥善、適當的心智歇息不僅可促進未來學習，更能有效提升智慧。

心智歇息的另一個變體爲心智放鬆或冷卻。做完一項極具挑戰性的大腦任務後，可以花點時間回顧一下剛才完成的事，邊散步邊想，順便做點運動、鍛鍊身體。腦部掃描結果發現，那些在學習新知後利用時間反思、檢視剛才學到什麼的人，後續關於該項新知的測驗表現更好。

「我們認爲，在休息期間重播記憶，會讓那些早先記憶變得更強，不僅會影響原始記憶，還會影響未來記憶。」德州大學奧斯丁分校心理學與神經科學副教授愛莉森・普雷斯頓（Alison Preston）說道。

常見的好奇心

我是印度移民。研究發現，自願移民者體內的紋狀體多巴胺含量極高，這種現象與旺盛的好奇心和經驗開放性有關。

正如序言中提到的，我移居美國的主因是爲了進行研究。我在印度學會了精神醫學臨床研究方法，主要師事瓦西亞博士和杜加吉博士，這兩位都是知名的印度精神醫學先驅。

學科研究讓我大爲著迷。雖然科學家多半對自己可能發現的東西有點概念，但有時還是會得出意料之外的研究結果。一個人必須對意想不到的結果抱持開放態度，我覺得這是令人很興奮的事。等待研究數據的這段期間，你會滿懷焦慮，急著想知道結果，還有你能從結果得出什麼，就像準媽媽不曉得自己肚子裡的寶寶是男是女，也不清楚孩子的健康狀況一樣。

住在印度的時候，我能做的臨床研究大多是流行病學研究，具體來說，是研究數百名思覺失調症、憂鬱症或癲癇患者。流行病學是探究健康相關狀態或事件的分布情形與決定因素的學科，例如空氣中特定毒素的傳播、影響社區的特定疾病、在地醫療實踐，以及如何利用這些知識控管疾病和其他健康問題。做了幾年後，我想探索其他前瞻研究，看看人的內在樣態，特別是大腦相關生物學研究。我聽說位於華盛頓特區、隸屬美國國家衛生研究院的美國國家心理衛生院（National Institute of Mental Health）是最好的精神醫學研究機構，除此之外，我所知不多，因此決定永久移居美國是非常冒險的事。我離鄉背井，放棄熟悉穩定的環境和幾乎是一片光明的職業生涯，前往一個文化截然不同、充滿未知的國度。然而，在我的靈魂深處，我覺得自己別無選擇。唯有來到美國，才能滿足我個人和對學術的好奇心。

我先在紐澤西醫學院完成爲期一年的精神科住院醫師實習，接著到康乃爾大學工作兩年，然後進入美國國家衛生研究院工作。我的夢想成眞了。幾乎各科學領域的頂尖專家都在國家衛生研究院服務；全球最大的醫學圖書館——美國國立醫學圖書館（National Library of Medicine）就在那裡，還能接觸到所有當前的最新技術。我不僅學到很多新知，參與無數研究，也發表了許多論文。幾年後，我覺得該離開國家衛生研究院這個獨一無二的學術天堂，展開新的冒險，走進世界，建立屬於自己的實驗室，發展自己的研究和培訓計畫了。這一次，改變同樣令人興奮，卻也充滿風險。

年輕時，樂於擁抱新的經驗和滿懷冒險精神是很正常的事。隨著年齡增長，這種渴望必須與穩定的需求相平衡。看過幾所大學後，我選擇進入加州大學聖地牙哥分校。這是個明智的決定。如今我來到加州大學聖地牙哥分校已經三十多年，對我的身體和家庭環境而言，這個地方是穩定的縮影；與此同時，我仍繼續探索新的研究領域，以滿足自己難以遏制的好奇心。

好奇心是認知的基本元素，也是學習的動力，不僅會影響決策，更推動著從個人到整體文化和社會等各層次的人類發展。

好奇心隨處可見，以致我們幾乎忽略它的存在。孩子外顯的好奇心讓我們大爲驚歎，他們的小腦袋就像吸墨紙，渴望汲取所有素材。不過，成年人也有這種好奇心；我們無時無刻都在渴求資訊和新奇的事物，永不滿足。例如，我們會在書報攤前停下腳步，閱讀新聞標題和雜誌封面；在家電大賣場裡觀看電視螢幕牆上播映的節目，或是探頭看看爲什麼高速公路上的車流逐漸慢下來（然後一邊大聲抱怨別人在高速公路上減速）。想一想，你上次滑智慧型手機看朋友寄來的照片、影片、簡訊、電子郵件，或查看提醒、讀讀最新消息是什麼時候？

根據勤業衆信（Deloitte）旗下顧問公司二〇一五年的研究估計，美國全體國民每天檢查智慧型手機的次數超過八十億次，即每人每天約四十六次，比二〇一四年多十三次。當然，這只是估算平均值。愈年輕的族群，查看手機的次數愈多。

若說自我反思是向內探求、漫遊心靈，那好奇心就是向外尋找、探索世界。好奇心是個複雜的特質，其中又有細微的分野。已故加拿大心理學家丹尼爾．貝林（Daniel Berlyne）等人將好奇心分爲四種：

- **感知好奇心**：由嶄新、模稜兩可或令人費解的景象所引起的好奇心。
- **特定好奇心**：尋找特定資訊時的好奇心。

● **多元好奇心（或稱不定性好奇心）**：深受所有新奇事物吸引，鼓勵我們探索新鮮人事地物的好奇心。

● **求知好奇心**：渴求知識的好奇心。

每個人都有以上四種好奇心，只是程度有別。

卡內基美隆大學心理學家與經濟學家喬治．羅威斯坦（George Loewenstein）被譽爲行爲經濟學領域權威，並以「資訊鴻溝理論」（information gap theory）來解釋好奇心。他認爲，當世界的運作模式與個人對其理解的情況不一致，使個人試圖調和現實與期望的時候，就會催生好奇心。若球彈跳的方式不對勁，或是有人做了出乎意料的事，我們就會將目光轉到那裡，想知道爲什麼會這樣。

另外還有其他方法來定義好奇心，例如經驗開放性，此爲人格特質五大因素模型之一，其餘四項是親和性、責任感、外向／內向和神經質。神經質指的是個人情緒變化不定、難以捉摸，經常出現焦慮、恐懼、擔憂、憤怒、沮喪、羨慕、嫉妒、內疚或孤獨的感受。

研究人員通常會利用自陳報告工具，請受試者針對陳述句或描述性詞語，選擇同意／不同意，以測量其經驗開放性。例如：

我喜歡詩歌。

我有豐富的想像力。

我不會迴避哲學討論。

若你認爲這些陳述切實符合自身情況，那你可能很樂於體驗、嘗試新事物。同意程度愈強，開放性就愈高。相反的，若你不同意，覺得這些描述一點都不像你，那你對於經驗的態度就沒那麼開放了。大多數人的開放性得分落在中等位置，另有少數人分屬兩個極端。一般認爲，得分低的人不喜歡體驗新的事物，屬於封閉的傳統和保守派，不僅偏好熟悉的習慣，興趣範圍也較爲狹隘；得分高的人則有藝術性格，充滿創意和冒險精神。

好奇心的神經路徑

二〇〇九年，加州理工學院研究團隊進行一項新的造影研究，以找出好奇心的神經路徑。該研究納入十九名受試者，研究人員會請受試者進入功能性磁振造影掃描儀，提出四十個涵蓋各種主題的瑣碎問題。有些問題非常籠統，應該很好回覆，其他則需要更具體的知識或興趣才有辦法作答。

問題範例如下：

地球所在的星系叫什麼名字？

什麼樂器聽起來像是人的歌聲？

研究人員請受試者閱讀問題後回答，要是不知道就用猜的，藉此評估他們想知道正確答案的好奇心，看看他們對自己的猜測有多大的信心。

神經造影結果顯示，那些在自陳報告中認爲自己具有高度好奇心的受試者，其左側尾狀核（left caudate，背側紋狀體的一部分）和前額葉皮質都很活躍。這兩個區域都和獎勵刺激有關。這個結果證實了求知欲會觸發部分大腦獎勵迴路。正確答案會激發如額下回（inferior frontal gyrus）等攸關學習、記憶和語言的腦區。有趣的是，受試者知道自己猜錯時，大腦結構會變得更活躍。揭曉答案似乎能增強受試者的記憶，稍後被問及這些答錯的問題和正確解答時，他們比較容易想起來。

這也難怪好奇心有益於學習。一旦人們非常好奇、很想知道問題的答案，學習力和記憶相關資訊的能力也會變得更強。此外，許多研究也顯示，擁有高度好奇心的人更容易學會無關的資訊。這種現象可從神經造影學研究中窺知一二。多項研究表明，好奇心推動的學習行爲會刺激海馬迴活動，促進新記憶的形成以及與大腦獎勵迴路的連結。

好奇心本身就是獎勵。新發現會讓人感覺很好。好奇時，體內的多巴胺濃度會上升，這種內在動機會促進外在動機。一點新的資訊或發現就能激發人類的渴望，轉而尋求更多資訊和新事物。

我想你應該很好奇，地球所在的星系叫什麼名字？什麼樂器聽起來像是人的歌聲？答案分別是銀河系和小提琴。

大笑與幽默的重要性

馬克．吐溫曾說，眞正的幽默充滿智慧。這句話一點也沒錯，但是我（及其他人）認爲，幽默不僅如此。幽默是智慧一部分，既能傳達智慧，又能反映智慧。一個人若沒辦法笑，就無法生存或茁壯成長。羅傑．夏特克（Roger Shattuck）在他的歷史著作《宴饗年代：法國前衛派起源》（*The Banquet Years: The Origins of the Avant-*

Grande in France–1885 to World War I）中寫道：「幽默，需要我們正視世界與人性的現實，而不陷入灰暗和絕望。」

二〇〇二年，英國赫特福德大學心理學家理查・韋斯曼（Richard Wiseman）突發奇想，打算找到世界上最有趣的笑話，或至少能引起最多笑聲的笑話。因此，他架設了一個名爲「大笑實驗室」（LaughLab）的網站，任何人都可以提交一個笑話或評價別人的笑話。參賽作品共有四萬一千多筆。

最後，韋斯曼和同事選出了一個贏家（你可以上網搜尋），但事實上，沒有所謂普遍有趣又會把每個人逗笑的笑話存在。幽默受到地理位置、文化、成熟度、教育程度、智力和語境的影響。西方人認爲，幽默是一種很普遍的正向特質，每個人都有潛在的幽默感。反之，有些文化認爲幽默是一種少數人才有的特殊性格。

幽默取決於個人的經驗和品味，它有點像色情作品，在我們眼見或聽聞時就知道，但可能很難定義何謂色情。

少了幽默，人類行爲與生活往往會變得非常古怪、莫名其妙，毫無理性邏輯可言。找到幽默點、與他人一起笑和取笑人事物的能力，顯然是人類獨有，只是目前我們還不太了解幽默的起源與本質，對此所知甚少。

幽默既有認知因素，也有情感或情緒因素。認知過程涉及到發現和理解有趣的地方，情感過程則讓我們得以享受笑話。關於幽默的構成要素理論衆多，其中最著名的大概是「失諧理論」。該理論最早可溯源至亞里斯多德提出的失諧模型，認爲我們的大腦總是試圖預測接下來會發生什麼事，以安排適當的資源和反應。若我們期待的事沒發生，就會產生幽默。

其他理論主張，我們笑別人是因爲這樣能讓我們自我感覺良好，抑或舒緩緊張、減輕恐懼、克服拘謹、顯露壓抑的欲望、應對困惑和混亂的情況。這些理論都只解釋了某些類型的幽默，並未揭示全貌。人類也會取笑奇怪的聲音，甚至笑別人看不到或聽不到的東西。

幽默源自內在

才華洋溢的作家艾爾文．布魯克斯．懷特（Elwyn Brooks White）創作出許多膾炙人口的經典兒童讀物，像是《一家之鼠》（*Stuart Little*）、《夏綠蒂的網》（*Charlotte's Web*），還有歷久不衰的英文學習寶典《英文寫作聖經》（*The Elements of Style*）。他曾說：「幽默可以像青蛙一樣被剖析，但會在這個過程中消亡，除了純粹的科學心靈外，任何人都會對其內在的一切感到失望。」

懷特說得沒錯。如果一個笑話需要拆解成許多元素來解釋，就會變得不好笑了。另一方面，聽到笑話時，大腦裡的情況非常有趣。

以下是部分科學家的觀點：

有個人上班遲到了……

一聽到這句話，大腦就明白等一下會聽見一個笑話。各種神經迴路開始啓動：額葉處理傳入的資訊；運動輔助區指導運動活動（例如與笑有關的運動）；聽到笑點時，依核（nucleus accumbens）會觸發獎勵迴路。

有個人上班遲到了。

老闆對他大吼：「你應該八點半到！」

「爲什麼？」那傢伙問：「八點半發生了什麼事？」

笑話好笑的地方在於讓人意想不到，不符事前的預期。大腦，特別是額葉，一直都在尋找模式，無止境地試著預測接下來會發生什麼事。聽朋友說話時，你不只是聽見對方嘴裡冒出來的字詞，還會預測下一句話是什麼，以及自己會如何回應。

「八點半發生了什麼事」這個意料之外的笑點瞬間打亂一切。大腦從資訊處理轉向與「依核」相關的情緒反應。大腦會問：「你說什麼？」前額葉皮質則會再次檢視這個笑點，重新評估資訊，拉進更多意識資源。如果前額葉皮質「聽懂」這個笑話，大腦就會把重點轉回「依核」及其愉悅感和獎勵迴路。你會揚起嘴角，哈哈大笑。

幾年前，南加州大學研究團隊開始尋找笑話在大腦中的來源。他們請一組業餘和專業即興喜劇演員躺在功能性磁振造影掃描儀裡，替《紐約客》（*The New Yorker*）雜誌上的空白漫畫填寫有趣的設計對白。

業餘喜劇演員寫對白時，內側前額葉皮質和顳葉聯合皮質（temporal association cortex, TSC）會變得很活躍。內側前額葉皮質負責檢索和整合遠端長期記憶，幫助我們對社會情況做出反應；顳葉聯合皮質則與記憶、識別複雜刺激因子（如人臉和語音）有關。

經驗豐富的喜劇演員則會出現顳葉活動增強、前額葉皮質活動減少的現象。這很合理，因爲顳葉負責處理語義和抽象資訊，而前額葉皮質主要負責由上而下的決策。

自發的玩笑是最棒的玩笑，也是驚喜和新奇的產物，不是由邏輯至上的前額葉皮質發展出來的。

欣賞名畫或凝望美景時，大腦也會出現同樣的活動。這個過程涉及到負責視覺處理的皮質區，這些區域同樣有高密度的類鴉片受體（opioid receptors，大腦獎勵系統的一部分）。一件傑出的藝術品、一首好歌、一片風景、一個笑話，都能讓神經感到愉悅，但不斷重複的話只會讓興奮感變得愈來愈弱，就像服用類鴉片藥物止痛成癮那樣。我們渴望新鮮感；就算是令人爆笑的笑話，聽太多次也會變得不好笑。

笑，是最好的良藥

幽默與健康有關。研究發現，有幽默特質的人免疫系統比較強壯（以關鍵生物指標表現爲依據）、疼痛耐受度較高、血壓較低，罹患心理疾病（如持續性焦慮）的機率也較小。

在一個巧妙的實驗中，研究人員告知受試者，一段時間後會受到輕微電擊。一半受試者在等候電擊的這段期間會接觸到幽默好笑的事物；另一半則純粹等待。研究人員持續測量受試者的心率，請他們評估自己的焦慮程度。此外，所有受試者都會進行另一項測驗，來測量他們的幽默感。

幽默感評量中得分較高的人，無論是在有接觸娛樂那一組還是單純等待組，焦慮程度都比較低；有接觸幽默素材，但幽默感得分較低的人，焦慮程度同樣偏低。各組間的心跳速率無顯著差異。簡言之，擁有良好的幽默感或接觸到幽默的事物，有助於舒緩及消除生活中的緊繃情緒。

幽默是改善老化過程中的重要關鍵，不僅能讓人感覺更健康，還能促進社交溝通，形成生活滿足感。幽默與較高的自尊，以及較低程度的憂鬱、焦慮和感知壓力有關。即便是患有特殊疾病的年長者，只要添加一點幽默元素，他們的行爲和健康也會有所改善。

雖然好奇心和幽默在智慧中扮演的角色，沒有慈悲心和決策能力那麼重要，但它們在人生的戲劇中同樣是主角，兩者都能反映出個體的眞實樣貌和潛在的智慧表現。少了好奇心，我們就無法徹底發揮學習能力，分享自己學到的東西；少了幽默，我們就無法有智慧地交流共享。幽默能讓殘酷的現實變得妙趣橫生，幫助我們找到自己與他人的共通性，度過生活中的難關。

澳洲作家葛雷哥里．大衛．羅伯茲（Gregory David Roberts）說：「如果命運沒有讓你發笑，表示你不懂這個笑話。」我們每個人都想聽懂這個笑話。

更高層次的召喚

「把你的計畫告訴上帝，讓祂大笑一場。」

這是一句古老的意第緒（Yiddish，德國猶太人）歇後語，其中蘊含的普遍眞理經由伍迪．艾倫（Woody Allen）、德蕾莎修女等人的詮釋，出現了幾種變化。這句話影射出對某個比生命甚至比宇宙更偉大的人事物的信念。我在以科學方法尋求智慧定義的過程中，發現了強烈的靈性與宗教性特徵，只是先前諮詢的專家小組並未達成共識，讓它們成爲智慧的主要構成要素。

然而，許多智者都具有宗教性或靈性特質，有人更是兩者兼備，至少看起來是這樣。那麼，這對快速提升智慧而言，又有什麼含義呢？目前已有證據顯示，靈性的神經生物學樣態與其他智慧要素相似，許多科學家更撰文探討大腦中的「上帝區」（God spot）。下一章，我們就要尋找這些解答，深入探究宗教性和靈性（兩者不同）及其測量方法。要探索更高的層次，就必須先向內探求，一窺心靈之境。

Chapter 9 靈性的奧祕

科學和宗教是兩個截然不同的人類心智場域，分子層次上的作用完全不一樣，但兩者的目的都是將心靈從無知的黑暗中解放出來。

——阿比吉．納斯卡（Abhijit Naskar）《愛、上帝與神經元》（*Love, God and Neurons*，暫譯）

智識並不會扼殺好奇心與神祕感。世上總是還有更多謎團。

——阿涅絲．寧恩（Anaïs Nin）《阿涅絲日記》（*Diary of Anaïs Nin*，暫譯）

我在一個有宗教信仰的家庭中長大，所有我認識的家族成員都相信印度教傳統教義，還有馬哈拉施特拉邦（我的家鄉，時稱孟買邦）爲人熟知的衆男神、女神等。

印度有將近八〇%的人口信仰印度教，其他人數較少的信仰又以穆斯林爲大宗（十四・二%）。根據二〇一一年全國人口普查，基督徒占印度總人口的二・三%，其次是錫克教徒和佛教徒。大多數印度教徒都信仰相同的神祇，但有些特定的地區也會崇拜其他神明。

我的家人對於信仰並不嚴苛，也願意接納其他宗教；與此同時，我們仍遵行一般的印度教傳統，家裡供奉神像，有時間就去寺廟參拜，但不會強迫。

小時候的我，經常把宗教和積極正面的情感連結在一起。我們會邀請朋友和鄰居來家中參與祭祀活動（pooja），目的是召喚神靈，祈求祂們賜福，帶來好運。在這些節慶場合，我們必須從早上開始禁食，活動結束後，大家再一起享用特別烹調的美味午餐和讓人垂涎欲滴的甜品。我們會興奮好幾天，期待祭祀活動到來。這類習俗既是一種社會功能，也是一種宗教功能。

堅定不移的信仰讓兒時的我有種神奇的感覺，彷彿這個世界井然有序，只要做了對的事，例如努力工作、敬畏神明，學業和人生就能一帆風順，大獲成功。當然，我知道要是不用功讀書，光靠拜神沒用，但一味埋頭苦讀而不崇敬神也不好。

我的求學生涯幾乎都在浦納這座城鎮度過，後來也在那裡讀大學和醫學院。浦納不像孟買是一個國際化城市，我認識的非印度教徒屈指可數，不過，在許多年度大型宗教活動中都有非印度教徒的身影，他們也是整體社會的一部分。

舉例來說，印度各地每年都會舉辦為期十天的象神節慶典，所有鎮民都會參加。象神是印度教的神，但穆斯林和基督徒也會參與這個節日。對我而言，我的信仰及其古代經文依據就是普世眞理。後來，我搬到孟買接受精神科醫師訓練，發現其他人有不同的宗教信仰，而且我接受他們有自己的信仰，他們也不會質疑我的生活哲學。

我和太太移民到美國，展開精神科住院醫師訓練後，情況開始有所改變。剛到美國的頭幾個月，我們主要和其他印度同胞交流。搬到一個距離祖國一萬三千多公里遠、國情截然迥異的地方，帶給我們不少文化衝擊，當時我們還在適應新生活，跟有類似信仰的群體相處，讓人有種安心、自在的感受。

漸漸的，我開始意識到大多數美國人的宗教信仰跟我有很大的不同，甚至連他們彼此之間都有顯著的差異。他們的歷史和對世界的理解，跟我小時候學到的觀念有如天壤之別。許多美國朋友和同事都跟我在浦納和孟買認識的人一樣善良、樂於助人，但他們都認為我的信仰充滿異國風情，有些人甚至覺得很奇怪，無法理解印度教為什麼有這麼多神祇，不懂怎麼會有數億人崇拜一個象頭人身的神。

我花了好一段時間才學會不要把這類評論和態度放在心上，因爲他們不是在針對我。我開始明白，有些不同宗教的人確實會對其他信仰體系抱持懷疑的看法。

另外，我還學到一件事：每個宗教都有極端分子，但世上大多數宗教的大多數信徒，即便非常虔誠、嚴格恪守教義經典和傳統，都對他人懷有慈悲心和同理心。人可以在相信自身宗教體系（或沒有宗教信仰）的同時，接受別人有宗教信仰的自由和權利。

自此之後，我便暫時將宗教性擱置一旁，深入探索靈性的本質。雖然特定宗教和文化信仰之間有所歧異，但我慢慢發現，這些信仰以不成文且未言明的方式共享同一種價值體系。大部分的人都相信有某種比自己更偉大的事物或能量存在，一種普世或宇宙實體。多數人都相信這個實體是神（或女神），並帶有強烈的個人或情感連結；少數人認爲他們的信仰體系屬於比較理智、知識成分較高的一派，即意識到人類只是宇宙的一小部分。

無論智人是不是宇宙間獨一無二的物種，無可否認的是，地球只是一顆在無數向四面八方無限延伸的星系中，位於中等大小星系的小行星。正是這種對情緒和智識的理解，讓我們學會謙遜，強化我們拋下自私以及幫助他人的渴望。對我而言，這就是靈性。

多年來，我不斷思考靈性的意義和價值（包含但不限於宗教性），想知道這種特質近乎普世的原因。為什麼大多數人都有靈性？它在演化上是否扮演重要角色？能不能幫助人類物種生存？如果可以，它有沒有生物學上的根源？由於我對智慧也懷有相同的疑問，因此自然會把兩者結合起來：靈性是智慧的構成要素嗎？

許多人（但不是每個人）和我都相信，答案是肯定的。

宗教性與靈性

很多人交替使用這些詞，好像這兩者可以互換。的確，要是有太多定義，可能會模糊焦點，混淆事物的本質。我很喜歡朋友丹・布萊澤的定義。布萊澤是杜克大學老化與心理健康專家，也是一位非常傑出的學者，根據他的觀點，宗教是一個有組織的信仰、實踐、儀式和符號系統，目的在於幫助人們接近神聖或超然的事物。另一方面，靈性除了宗教外，其定義更擴展到包含對於人與神聖或超然事物之間的關係、意義和生命的終極問題之解答的理解。

我相信，靈性可以在缺乏宗教性的情況下存在。

當今世上的主要宗教有十幾種，其中又有幾十個、幾百個，甚至幾千個次團體、教派或分支。至於確切的總數仍存在許多爭議，更別說人類史上來往起滅的宗教類別估算數字。總之，很多就對了。

關於「宗教是一種組織社會和世界的方法」這個概念，迄今已有不少分析和討論。根據涂爾幹（Emile Durkheim）和伊利亞德（Mircea Eliade）的觀點，宗教將人類經驗劃分爲神聖和褻瀆兩類；佛洛伊德認爲宗教只是一種典型的大衆神經症狀；卡爾・馬克思（Karl Marx）則主張宗教是「人民的鴉片」。

關於這些看法，我在此不多做討論。我認爲，人人都有權享有宗教信仰的自由，前提是該宗教信仰本身與實踐不會傷害到他人。本質上來說，大多數宗教形式的目的在於賦予生命意義，而其方式是主張一個具有保護性的造物主或神性的存在，協助世人了解危機，將問題普世化並轉爲衆生之苦。

宗教對大多數人來說並不陌生，而且往往是成長歷程的一部分。根據相關文件記載，前往教堂、猶太會堂、清眞寺、寺廟或其他類似的宗教場域，有很多好處。與會者可以定期與同類的人交流，這是人類的基本需求。過程中，他們會聽聞各種解釋、故事和建議，以解決生活中的許多困境和難題；這些互動都能提供情感上的支持和力量，幫助人們面對逆境，提升樂觀程度和復原力。

定期去教會，需要嚴格的紀律和適當的社會行爲，能爲未來的生活打造出有益的習慣，提供一個自我反思和冥想的機會。重要的是，教堂、清眞寺和寺廟多半是很健康的聚會場所，沒有人會在這種神聖的地方抽菸或喝酒。

在神聖的場域中，人們得以「繁盛」（flourish）。

何謂「繁盛」？廣義來說，就是以健康或充滿活力的方式成長或發展，很適合用來描述茁壯繁茂的植物。以人的角度來看，則蘊藏著更多深刻而微妙的含義，意指一個人體驗正面情緒和正面心理社會功能的狀態。

二〇一七年，哈佛陳曾熙公共衛生學院流行病學教授泰勒．范德維爾（Tyler VanderWeele）發表了一篇論文（標題爲「促進人類繁盛」，非常貼切），進一步拓展這個理念，使之更加完善。他在《美國國家科學院院刊》（*Proceedings of National Academy of Science*）上寫道，「繁盛」指的是在五大人生領域中感覺或表現良好，包含幸福和生活滿意度、身心健康、意義和目的、品格與美德，以及密切的社會關係。

泰勒．范德維爾認爲，這五大領域都屬於普世的渴望。每個人都想達到這五項目標，同時也需要其他東西，例如穩定的經濟來源與物質資源，以隨著時間不斷成長，維持繁盛的樣態。畢竟飢腸轆轆時很難開心得起來，找不到工作時也很難尋得所謂的意義。

范德維爾回顧了相關科學文獻（縱貫性、實驗性和準實驗性研究），以找出人類繁盛的主要決定因素。最後他歸納出四條共同路徑，分別是家庭、工作、教育與宗教社群。我們來看看最後一項吧。

根據皮尤研究中心二〇一二年估計，全球約有八十四％的人口表示自己有宗教信仰。三年後，蓋洛普民意調查顯示，在美國，有八十九％的人相信上帝或普世靈性的存在，七十八％的人認爲宗教是生活中非常重要或相當重要的一部分，七十九％的人認同特定的宗教團體，三十六％的人表示自己上週參加過宗教活動。

目前已有確切的證據顯示，宗教社群成員與「繁盛」五大領域之間有縱向連結。多項研究發現，參與宗教活動與良好的健康有關。雖然這些文獻從方法論來說略顯薄弱，但部分精心設計的縱貫性研究結果表明，經常參與宗教活動能帶來許多正面影響，不僅壽命相對較長，憂鬱症發病率降低三〇％，自殺率降低五倍，罹癌後也活得比較久。

重要的是，相關證據強調，我們可以從個人參與宗教活動的行爲，來有效推論及預測其健康情況，其中公共群體宗教實踐似乎能帶來較佳的健康結果。

宗教經常和美德劃上等號。正義等同於美德。再次重申，這裡的科學觀點有點模糊，因爲這主要仰賴橫斷性研究，而橫斷性研究本身就有局限。儘管如此，還是有一些隨機促發實驗（實驗中，一種對內隱記憶或無意識記憶的刺激，會影響個體對另一種刺激的反應）指出，宗教至少能帶來一些短期效應，激發利社會行爲。換言之，個人在教堂、寺廟或清眞寺中無意間學到的一些教訓，似乎能以正向、有益的方式，來影響或指引日後的言行舉止。

另外還有證據顯示，參與宗教活動的人會變得更大方慷慨，更有公民意識，而鼓勵祈禱也能讓人變得更有能力寬恕、信任與感恩。最後，參與宗教活動還能改善及加強人際關係，提高認識新朋友的可能性，建立社會支持網絡，以及結婚和維持婚姻。

許多制度性宗教經常遭到誹謗和中傷。大家應該都聽過這種武斷的言論，認爲宗教殺的人比戰爭更多。這種說法不完全正確。雖然古今中外許多紛爭的導火線來自不同的神學理論流派，但單純爭奪權力和攫取資源所引發的衝突遠多於此。不過，這種看法點出了一個事實，人類的確會以宗教信仰的名義來傷害及殺害其他同胞。

許多人認爲自己具有靈性的特質，卻沒有宗教性特質。他們所謂的「屬靈」強調的是身心靈的健康和幸福感，而非支持一個看起來可能有問題的宗教組織或志同道合的團體。

測量宗教性與靈性

有許多量表都能用來測量宗教性和靈性。二〇一〇年，瑞士與美國聯合研究團隊針對一項臨床研究所得出的靈性測量方法，進行一次系統性回顧，找出三十五種用來評估一般靈性、靈性安適（spiritual well-being）、靈性應對和靈性需求的工具。然而，很多工具都把宗教性和靈性當成同義詞。

科學界在測量靈性時，通常仰賴自陳報告。研究人員會請受試者以同意或不同意特定陳述的方式來描繪自己。我和同事在二〇一一年一項研究中便使用自陳報告來測量「年長女性的靈性關聯值」。該項研究中，我們參考了許多量表，建構出內含五個項目的評量。首先是兩個問題，詢問受試者多久去一次教會、猶太會堂或其他禮拜場所？多久進行一次個人靈性活動？隨後有三項陳述：

我在生活中感受到神的存在。
我的靈性信仰影響了我的生活方式。
無論是待人接物，還是處理其他生活事務，我都會遵循自己的靈性信仰。

自陳報告有些明顯的局限。人在描述自己時會有一種與生俱來的固有偏見，可能會對自己很寬容，導致評估不符現實，或是給出自認爲他人想聽、能獲得他人認可的答案。此外，受試者也可能不太懂這些陳述，抑或理解的方式與他人不同。

雖然某種程度上，我們可以根據具體的外部指標（如去教會等禮拜場所）來推測一個人的宗教性程度，但目前還沒有眞正客觀且經過驗證的宗教性或靈性測量工具。不過，若方法正確切實，且經過縝密的嚴格審查，自陳報告的確能讓人一窺個體的心理樣態，大略了解其宗教或靈性程度。

靈性的本質

只要談到靈性，就一定會提及大自然與自然界所扮演的角色。人類的第一層經驗牽涉到我們與外在環境的連結關係，無論好壞。

自古以來，人類就會從自然界中各種形態汲取靈感，尊崇、敬畏和稱頌其他動物、河川、山脈、樹木、太陽、月亮、周圍的一切，以及我們所能感知的一切。大自然的神妙美到不可思議，讓人喘不過氣。從病毒到宇宙，大自然的深度、廣度和繁複度，一再提醒我們人類有多渺小，大自然的宏偉超乎我們想像。

我們是大自然的一部分，只是剛好擁有無與倫比的大腦，因而能後退一步，好好欣賞並了解箇中奧祕。

智慧中的靈性

佛教、基督教、印度教和猶太教傳統都強調宗教性（或至少靈性）是智者的特徵。

正如第二章〈智慧神經科學〉提到的，我和加州大學聖地牙哥分校的同事湯瑪斯・米克斯，以及莫妮卡・阿德爾特、丹・布萊澤、海倫娜・克雷默（Helena Kraemer）、喬治・威朗特等校外合作夥伴，一起尋找智慧的科學定義。二〇一〇年，我們對國際智慧研究人員進行了一項調查，請他們定義智慧的特徵，並與智力和靈性做比較。我們從五十三項概念陳述開始，根據共通性和差異分門別類，進行刪減。

在這五十三個概念特徵中，智慧和智力有四十九個不同的地方，唯一的重疊包含懷疑、渴望學習或擁有知識，以及（比較不重要的）參與宗教活動、儀式和成為信仰群體的一員。

專家發現，比起智力，智慧和靈性之間具有更多的共通點，其中有十六項對兩者都很重要，包含利他主義、以他人爲中心、願意寬恕他人、自我整合、以平和安寧的態度看待人生終點、謙遜、感恩、自我慈悲、正念、敬畏大自然、非暴力、道德行爲、冷靜、人生目標感、生活滿意度，以及整體幸福感。

專家表示，智慧和靈性的另一個共同點是兩者都屬於基本特徵，每個被認爲睿智或屬靈的人，身上都有某種程度的智慧或靈性，不是有或沒有這種非黑即白的分別。

此外，智慧和靈性也不是同義詞。根據專家的看法，豐富的人生知識、現實主義、價值相對論、從經驗中學習、接受生活中的不確定性，都是智慧的特徵，與靈性的關聯不大；復原力和成功的應對策略，同樣是智慧的構成要素，而非靈性或智力元素。相反的，認爲有更高的能量存在、與更廣闊的宇宙連結、不依附於物質世界，則屬於靈性特徵，不是智慧的特性。

靈性之下的生與死

猶太拉比莎朗·布勞斯（Sharon Brous）被譽為美國最有影響力的宗教領袖之一，也是IKAR的共同創辦人。IKAR是一個以洛杉磯為根據地的後教派教會，囊括了從古到今發展出來的各種猶太團體，布勞斯目前仍為該組織的拉比。

IKAR成立於二〇〇四年。那個時代，世界似乎格外紛擾，從伊拉克戰爭、阿富汗戰爭到全球恐怖攻擊，暴力衝突不斷。當時的布勞斯是個新手媽媽，內心滿懷憂懼。她在二〇一六年的TED演講中回憶道：「我記得我在想，『天哪，我們把這孩子帶到什麼樣的世界？』。」

宗教（再次）成為眾人、文化和意識形態的主戰場。宗教極端主義有很多種形式，殘忍嗜殺與惡意報復為其共通點。制度性宗教的承諾和益處，一種互相聯繫、帶來滿足的生活正逐漸消亡，至少在布勞斯眼中是這樣。

因此，布勞斯和其他人開始著手創辦IKAR（意為「問題的核心」），以重拾並改造她的宗教。她說，若每個神聖傳統都含有合理化暴力和極端主義的元素，那一定也有鼓勵慈悲心、良善與共存的元素。

IKAR（及其他具有類似目標的宗教和教派）的基礎在於四項具體信條：

- **覺醒**：我們必須意識到周遭發生的事，如有必要且情況適當，就立刻採取行動。這一點很難做到。我們很容易變得精神麻木，對外在世界的困苦和痛楚視而不見、聽而不聞，同時說服自己，我們無能為力。如果什麼都不做，當然什麼也做不了。

● **希望**：希望不是什麼天真爛漫的理想，更不是精神鴉片。布勞斯認為，希望是對「悲觀政治與絕望文化」的反抗。她回想起自己在二〇一六年夏天去芝加哥南部參加非裔美國人教會活動的場景。短短半年，那座城市就有三千多人遭到槍殺。布勞斯記得她聽了佈道，接著唱詩班獻唱聖歌，歌詞講述的是愛和需要。「那一刻，我意識到這就是宗教的意義所在。宗教應該要帶給人目標和希望，讓大家在這個不斷貶低他們的世界中，感受到自己和自身的夢想其實非常重要。」

● **威力**：群眾雖有力量，但個人也有力量。每個人都可以去愛、去原諒、去抗議，加入談話，挑戰極限，就算只推進一點點也沒關係。

● **連結**：布勞斯分享了一個故事。二〇一二年，一名男子在阿拉斯加州一處僻靜遙遠的海灘上散步，發現有顆足球被海浪沖上岸，上面還寫著幾句日文。這名男子把足球的照片上傳到社群媒體，一名日本少年看到後便與他聯繫。一年前，這名日本少年在可怕的海嘯中失去了一切，那場海嘯造成近兩萬人死亡，摧毀了他的國家。這名阿拉斯加男子後來親自把足球還給那名少年，還帶了一顆同樣被沖到岸上、寫著類似文字，屬於另一名日本少年所有的排球。世界並沒有那麼大，人與人之間也沒有想像中那麼遙遠。

我在研究生涯中曾訪談過許多瀕臨死亡的人，詢問他們對生命和智慧本質的看法，並以此為題寫了一些文章。雖然死亡是每個人的必經之路，但他們的觀點非常獨特，別具慧眼。

很多人會在熟悉的儀式、習慣和宗教信仰中尋求慰藉。這些事物能擊退無數圍繞著死亡的恐懼和擔憂，讓他們轉而相信一個更好、更偉大的存在。「我和上帝關係很好。」一位受訪者告訴我：「如果我需要什麼，我就會問祂。」

其他人的方法沒那麼正式，比較偏向靈性，而非宗教性。他們會在日落中找到新的快樂，醒來又是新的一天。他們是在內心尋得所需的力量和安慰。

「智慧是我們與生俱來、存於內在的聲音。」另一位受訪者表示：「但大多數人似乎都會尋求外部力量，把自己的幸福和快樂寄託在其他人事物上。對我來說，智慧源自內心，我們只要放慢腳步，找到它就行了。」

靈性的主體：身心健康

多項研究發現，以宗教為工具來積極應對生活挑戰，與良好的身心健康有所關聯。靈性可連結至較佳的身心狀態；反之，宗教掙扎與靈性安適度較低，則可能導致嚴重憂鬱、絕望、自殺意念，甚至較高的死亡率。

然而，對許多執業醫師來說，宗教性和靈性屬於敏感話題。他們可能對患者的宗教信仰、靈性意識與內在狀態不太了解，甚或一無所知。也許他們覺得這些屬於病人私生活，不關他們的事，但進一步了解並洞察患者的情況，可能有助於治療和預後。

我的同事、加州大學聖地牙哥分校健康科學院副院長道格拉斯・齊多尼斯（Douglas Ziedonis）建議我們可以問三個基本問題：什麼能幫助你度過難關？當你需要幫助時會向誰求助？這段經歷對你有什麼含義？

大多數關於靈性和健康的研究都以特殊群體為焦點，例如病患或最近歷經個人失落的人，很難有意義地將靈性融入至幸福感與健康老化模型。

我們在二〇一一年的年長女性研究中便做了這個嘗試，想看看靈性與個體自陳的成功老化測量項目之間的關係，包含健康相關生活品質與憂鬱程度等。

我們調查了一千九百四十二名年齡介於六十歲到九十一歲的婦女，她們全都住在聖地牙哥，也有參與由美國國家衛生研究院主導、名為「婦女健康關懷研究」（Women's Health Initiative）的全國性大型婦女研究計畫。我們詢問了她們的宗教活動參與情況和靈性信仰，將這些答案及其成功老化自我評估結果進行比較。

數據顯示，有超過四〇%的人每週會參加一次以上的宗教活動，五十六%的人在處理其他生活事務時會遵循自己的靈性信仰，五十五%的人非常同意自己「在生活中感受到神的存在」。

這些結果支持了我們的假設，即靈性與成功的認知和情緒老化有關。靈性愈高，復原力和樂觀程度也愈高。此外，較高的靈性或宗教性，也與快速自疾病中復原相關聯。

令人驚訝的是，靈性與較低的教育程度、較低的收入，以及較不可能結婚或進入承諾關係有關，至於確切的原因仍有待釐清。一種可能的解釋是，靈性提升能提供策略和方法，有助於應對負面生活事件和無可避免的不確定性，對處於社會經濟弱勢的人來說更是如此。

靈性潛在的神經生物學根源

部分科學家認爲，宗教和靈性信仰有神經生物學基礎。記載詳盡的醫學文獻中，處處可見已故英國神經學家、醫學桂冠詩人奧利佛・薩克斯（Oliver Sacks）所謂的「改變生命的宗教經驗」，這種充滿強烈情緒的時刻，往往伴隨著超自然的幸福感和罕見的狂喜；根據薩克斯的觀點，這些都是暫時性腦功能異常的產物。

一九七〇年，英國研究精神醫學家肯尼斯・杜赫斯特（Kenneth Dewhurst）和心理學家比爾德（A. W. Beard）發表了一系列備受關注的個案研究，探討癲癇發作後突然出現的宗教改變現象。

其中一個案例描述一名巴士車掌在收車費時，意外湧現出一種狂喜的感覺。他們在《神經學、神經外科學和精神醫學期刊》（*Journal of Neurology Neurodurgery and Psychiatry*）上寫道：「他突然覺得自己好幸福，宛若身在天堂，他一毛不差地收好車資，同時告訴乘客他在天堂有多高興。」

> 「他一直處於這種狂喜的狀態，持續整整兩天，還聽見神和天使的聲音。事後他還記得這些經歷，也相信這些體驗是眞的。」

三年後，該名車掌連續三天癲癇發作。他又感受到那種狂喜，但這一次，他說他的腦袋「清醒了」，他不再相信天堂和地獄，也不再相信來世或任何神靈。

奧利佛．薩克斯認爲，幻覺看起來之所以眞實，是因爲幻覺所牽涉到的大腦系統，與實際正常的感知系統一樣，例如負責聽見聲音的聽覺路徑、主掌臉孔認知的梭狀臉部腦區域等。

科學界中有個領域稱爲「神經神學」（neurotheology）或「靈性神經科學」，主要探索人類大腦與宗教之間的關係。安德魯．紐柏格（Andrew Newberg）等人對修女、僧侶、會說方言的人、無神論者等宗教和非宗教人士進行腦部掃描，以觀察信徒和非信徒的大腦是否眞有區別。他們的確發現了一些差異。

例如，多年來經常禱告或練習冥想的人，其大腦額葉（與注意力和獎勵相關的區域）較爲活躍，組織塊也較大。

此外，研究人員在其他實驗中發現，宗教人士向上帝禱告時，會出現特定腦區活動增強的現象，而這些區域跟他們與鄰居交談時觸發的部位相同。安德魯．紐柏格在二〇一二年向《科學人》雜誌的記者解釋道：「換句話說，在宗教人士的大腦中，上帝就和其他人事物一樣眞實。」

不僅如此，相關研究亦指出大腦的化學反應會產生一定的作用。一項研究發現，與懷疑論者相比，宗教信仰者較可能在雜亂的螢幕上看到不存在的單字和臉孔，反之，懷疑論者在同一個雜亂螢幕上看到單字和臉孔的可能性較低。

若施予藥物左旋多巴（一種激素，能增加攸關注意力和動機的多巴胺系統活性），懷疑論者就會變得跟宗教信仰者一樣，可能將雜亂無章的模式詮釋成文字和臉孔。

同樣的，參加七天宗教靜修也會讓大腦化學反應出現變化。靜修後的掃描顯示，多巴胺和血清素轉運體的結合減少，表示腦中有更多可用的多巴胺和血清素，這兩種神經傳導介質都與正面情緒和靈性感受有關。

麥角酸二乙醯胺（LSD）和「南美仙人掌」（peyote，萃取自皮約特仙人掌，此仙人掌含有致幻成分「麥司卡林」，又稱迷幻仙人掌）等致幻劑，會影響大腦的血清素系統。這些迷幻藥的作用是暫時消弭了個人和周遭世界間的心靈界線。使用者表示，他們的自我意識會減弱，甚或完全消失，導致意識與周圍環境的連結瞬間擴展。

關於宗教性和靈性的神經生物學樣態，目前仍然充滿了謎團。但值得注意的是，部分智慧神經生物學相關腦區和神經傳導介質（主要是前額葉皮質和多巴胺）同樣牽涉其中。

與此同時，宗教性和靈性似乎還跟其他大腦區域及化學物質有關，例如顳葉和血清素。不過，這並不表示宗教人士和非宗教人士，或有靈性特質和沒有靈性特質的人之間，是因爲大腦結構不同才有所差異，冥想或祈禱這類行爲和活動，更有可能導致大腦產生可測的生理變化。

提升靈性

第一次世界大戰期間，英國德文郡爲一名陣亡士兵舉行追悼會，演講者宣讀了一封來自前線無名牧師的信，信上寫道：「告訴國內的地方自衛隊和士兵，若他們想要有能力面對擺在眼前的謊言，就必須在抵達前線之前認識上帝。戰壕裡沒有無神論者。雖然他們以前未曾禱告過，現在卻全心全意地祈禱，而且不羞於啓齒。」

「戰壕裡沒有無神論者」這種說法迅速蔓延，傳遍各地。二次大戰期間出現了另一個版本：「散兵坑裡沒有無神論者」。

近年來，各領域研究人員都在探索提升靈性與直接改善身心健康的關係，從許多方面來看，目前這個範疇才剛起步，大家仍在努力，其中有不少有趣又引人入勝、值得進一步深究的地方。下一章，我們會討論提升靈性和其他智慧要素的介入措施，這裡先簡單介紹幾項。

二〇一一年一項隨機臨床試驗中，加拿大和美國聯合研究團隊調查靈性課程是否能有效治療憂鬱症。他們將被診斷為輕度到中重度憂鬱症的受試者分成兩組，一組參與為期八週的居家靈性教育計畫，另一組則列入等候名單，即第九週後再行介入，讓他們上靈性課程。研究期間禁止服用任何藥物、草藥或接受心理治療。

這套靈性課程最初是由一位精神科醫師開發出來做為工作坊使用，內容很簡單。受試者每週都要聽不同的光碟音檔（時間為九十分鐘），接著進行引導式視覺化練習，另外，每天還要做十五分鐘的漸進式放鬆訓練。這些音檔主要是靈性主題課程和故事，以及關於超脫、與他人的聯繫、大自然或神性、寬恕和慈悲心等內容。討論內容不帶任何宗教色彩，因此大家可以用自己的方式參與。

八週課程結束後，受試者會參加一項測驗來測量其憂鬱程度，研究人員會比較該項測驗結果與研究開始前的測驗結果。事實證明，兩者的差異非常顯著。參加過靈性課程的受試者，憂鬱量表平均分數從基線的二〇．四分下降到十一．九分；十六週和二十四週時再次接受測驗，平均分數分別降到一〇．七分和一〇．四分。

與此同時，等待名單對照組的平均憂鬱分數，從基線的二〇．三分略降到十八．〇分，接受靈性介入治療後，十六週時的平均憂鬱分數降到十二．〇分，二十四週時則降到一〇．一分。

這些回應率與藥物和心理介入所產生的回應率相似。大多數抗憂鬱劑需要兩到三週（或更長時間）才能發揮藥效，而且效果往往會因爲副作用、高成本或單純停止服用而大打折扣。心理治療是一種沒有副作用的選擇，但其可用性目前仍受限於成本、時間和可用的資源。

綜觀文獻記載，許多研究都曾以宗教性和靈性做爲治療輔助工具，測試其療效，治療的疾病包含廣泛性焦慮症（其特點爲過度、無法控制且往往是非理性擔憂，美國每年約有二%的成人罹患此症）、偏頭痛、心血管疾病、乳癌等。

不出所料，宗教性和靈性的影響因疾病而異。以廣泛性焦慮症個案研究爲例，在專注於宗教心像時進行深呼吸練習等靈性活動，或使用諸如「上帝不會給我無法承受的試煉」等應對陳述，都能明顯減輕焦慮症狀。

對於患有心血管疾病或乳癌的受試者來說，以靈性爲主題的練習和介入措施，並不能直接改善病況和身體健康，但似乎能讓患者更有能力面對及忍受這一切，提高生活品質。

二〇一一年的一項探索性研究，便探討了靈性介入措施對心血管疾病成年患者的生活品質、憂鬱和焦慮程度的影響，讓受試者練習不同形式的冥想，以發掘自我、培養寬恕的心、促進對他人的理解、提升覺察外在世界的能力。

一位情況改變的病人後來在日記中寫道：「我在這裡住了二十五年，很少好好觀察周遭環境。最近我一直在看我們剛搬來時種下的楓樹，思考這些年來它是怎麼生長的。我看著樹枝在暴雨中彎曲，卻依舊挺拔有力。我覺得自己跟這棵樹有種特殊的連結，可以從中學到一些內在的力量。」

我們都可以。我們也需要安全感、支持和穩定，特別是內在世界。對許多人而言，靈性和宗教性至少是部分解答，不僅提供了根深柢固的感覺，還帶來一種更爲空靈縹緲的事物，一種溫暖和想像，宛如金色的陽光灑落在樹冠上。

Part 3

提升實踐智慧與社會智慧

Enhancing Practical and Societal Wisdom

本書第三部分雖然純屬推測，卻也是最實用的一部分。我們會探討兩種智慧，分別是實踐智慧與社會智慧。智慧應具備實際的效用，不應停留在空泛的理論層次。如果不能在日常生活和生命中有效運用，那麼智慧便毫無意義可言。第十章，我會介紹幾項個人與他人的研究，分享一些觀察結果和小技巧，你可以運用這些工具在短時間內提升自我智慧表現。這些都屬於正向精神醫學範疇，是科學界的新興領域。

接著，我會探索智慧的未來，看看益智遊戲、聰明藥等早期技術和療法，是否能改變我們獲取智慧的途徑，並進一步討論「人工智慧」的概念，發掘機械／機器人擁有慈悲心、自我反思、幽默、好奇心、決斷力等特質的可能性。

最後，雖然我們傾向從個人角度來看待智慧，但社會智慧也是非常重要的一環。智慧的概念及其基本生物學放諸四海皆準，然而，不同的社會、不同的時代中，智慧程度的高低和表現形式可能存在一定的差異。現代社會是否比古代社會更有智慧？這個主題有很大的爭論空間。雖然當今全球社會在許多方面都有驚人的進步，卻也面臨了自殺、吸毒和孤獨等嶄新的行爲流行病。有些文化發展得比其他文化更好，是否代表有些社會比其他社會更有智慧？若眞是如此，我們又該如何判別？更重要的是，該如何提升所屬社會的智慧表現？

Chapter 10

快速增長智慧

智者有時會改變主意，但傻瓜永遠不會。「改變主意」是證明你有想法的最佳證據。

——戴斯蒙・福特（Desmond Ford）
澳洲神學家

你想知道自己是誰嗎？別問，做就對了！行動會描述並定義你的存在。

——維托爾德・貢布羅維奇（Witold Gombrowicz）
波蘭作家

身爲醫師，特別是精神科醫師，多年來，我一直覺得包含精神病學在內的醫學領域太過狹隘，只將重點擺在疾病、病理學、危險因子和治療方法。傳統上，精神病學被定義爲醫學領域分支，側重於研究和治療精神疾病。但我認爲，這種概念不僅劃地自限，更會帶來有害的影響。醫學和精神病學必須擴大到健康範疇，納入心理健康，而非一味專注於生理疾患。

當然，治療疾病和減輕患者的痛苦是醫師的職責，但身爲醫療人員，我們也必須研究及推展積極的保護因子，例如復原力、樂觀的態度、智慧、正面的健康成果（如幸福感等）。醫師除了設法緩解症狀外，更要設法預防疾病。

二〇一二年五月，我接下美國精神醫學會會長一職，其中一項主要任務就是要新修並完成人稱「精神醫學聖經」（個人認爲此一美稱完全是謬讚）的《精神疾病診斷準則手冊》修訂版（第五版），其最初版發表於一九五二年。美國精神醫學會成立於一八四四年，創始會長爲《美國獨立宣言》簽署者、有「美國精神醫學之父」之稱的班傑明．拉許（Benjamin Rush），是全球最大的精神醫學組織，也是美國歷史最悠久的國家級醫學協會。《精神疾病診斷準則手冊》第五版更新了相關資訊，修正表列的精神疾病診斷與診斷標準。這項工作歷時十年，耗資數百萬美元，由上百位來自不同國家的精神科醫師、心理學家及其他臨床醫師和研究人員進行修訂，但也引發了一些相關爭議，這一點實屬意料之中。我為自己時任美國精神醫學會會長的角色感到驕傲，因為我讓《精神疾病診斷準則手冊》第五版於最後階段獲得批准，成功出版。然而，我個人想做的不只是修訂手冊而已。我決定在任內將「正向精神醫學」正式納入學術範疇。

我們時常聽到「正向心理學」一詞，這個概念在非專業領域也很流行，多虧了馬汀．塞利格曼等人的開創性研究，但我發現精神醫學文獻和實踐中很少提到諸如復原力、樂觀和社會支持等因素。二〇一二年，谷歌的「正向心理學」搜尋結果有數千筆，「正向精神醫學」卻是掛零，沒錯，一筆都沒有。我在二〇一三年的美國精神醫學會會長就職演說中強調，我們必須推動正向社會心理因素，以提升患者的健康和幸福感，並將該領域稱為「正向精神醫學」。我和同事針對這個主題出版了兩本書，寫了幾篇論文，近年來，國際會議也以此為題舉行多次研討會。這個新的精神醫學分支正逐漸發展，日益壯大。

愈來愈多證據顯示，正向社會心理因素能大幅降低發病的機率，延長壽命。以我對思覺失調症患者的研究為例，思覺失調症患者的罹病風險遠高於一般人，壽命也短了十五到二十年不等，而那些覺得自己很快樂的患者往往更有智慧、具有更強的復原力和社會支持，身體也更健康。我們在癌症患者和愛滋病患者身上同樣看到類似的情況。正向精神醫學實爲積極醫療的一種。智慧這類特質不僅會影響智力，也會影響身體健康，甚至是壽命。

科學介入措施

智慧具有可塑性。大多數人格特質只有部分遺傳因素（三十五％到五十五％），表示其餘皆受個體本身的行爲和外力影響。智慧會隨著年齡和個人經歷（無論好壞）而增長，也會受到生理效應或疾病影響（如腦部創傷、額顳葉失智症）而消損。我們能藉由如行爲介入等積極主動的手段，有目的地調整及增強智慧嗎？

我和同事開始探查是否有人曾試著用科學介入方法來提升智慧，或用比較合理可信的話來說，是加強智慧的構成要素，例如同理心、情緒調節、靈性等。

跳出的數百篇文章中，只有五十七篇既符合條件，又與我們的調查有關。所謂的條件是以英文發表，論文內容包含以增強某一智慧要素爲目的的隨機對照試驗，樣本數至少有四十人，而且必須使用已公布並經過測試的測量標準，來評估該項要素，數據呈現方式也要讓我們能夠計算變化幅度。五十七項符合上述嚴格標準的研究中，有二十九項探討利社會行爲（如同理心和慈悲心），十三項探討情緒調節，十五項以靈性爲核心；研究樣本（總人數爲七千零九十六人）包含患有精神疾病或身體疾病的人，以及來自一般社群的人。四十七%的研究報告顯示，受試者出現中效果量到大效果量（effect size，一種用來描述改善程度的術語）不等的改善。由此可知，對近半數的精神或身體疾病患者，以及一般人來說，提升靈性、情緒調節能力和利社會行爲的介入措施有其效果。

當然，這些研究還是有其局限。個別試驗的樣本數多爲少量至中等，而研究參與者、結果和使用的統計數據等資訊也各有不同。重要的是，大多數研究並未納入應用範圍較廣的測量工具，以評估整體智慧表現。

話雖如此，這些研究全都點出了一個事實：在近半數的提升利社會行爲、情緒調節或靈性介入措施中，精神或身體疾病患者及一般人受益匪淺，有些受試者更藉由增強智慧要素實現了自己的目標。這個結果至關重要，無論是放在改善個人情況，還是一個與孤獨感、自殺和類鴉片藥物濫用等行爲流行病（詳見第十二章）搏鬥的社會脈絡下來看皆是如此。

上述研究中，只有一項探索性研究探討提升智慧的介入措施。該研究納入九名年紀介於六十一歲至七十歲的高齡越戰退休軍人，讓他們參與一項創傷後壓力症候群患者大型團體諮商計畫。參與者會經歷一個結構化過程，有意識、有目的地藉由小組討論、寫作等方式回顧自己的人生。研究人員發現，回憶並將記憶融入新的生活敘事，可以提振士氣、自尊和生活滿意度，這種現象在那些覺得自己愈來愈失控或脫節的高齡者身上尤爲明顯。創傷後壓力症候群小組治療前的人生回顧，似乎有助於減少這類參與者的憂鬱症狀；更重要的是，參與者在自我評估個人智慧指數時，認爲這個過程讓他們變得更有智慧。然而，這項研究屬於小型研究，受限於結構，很難得出一個比較宏觀的結論。

我們的研究團隊在上述文獻回顧後，完成了一項新的臨床試驗，對五個位於加州、內華達州和伊利諾州的退休或養老社區進行集體介入，其中有八十九名六十歲以上的成人居住在這些養老社區中的獨立生活區。試驗結果顯示，受試者不僅主觀感知壓力減輕，復原力和智慧表現也都有所提升。

我們進一步展開另一項爲期一個月的小組介入，包含欣賞、感恩、參與以價值觀爲基礎的活動。這次介入的執行者不是我們的研究人員，而是由研究人員培訓出來、無執照的社區管理人員。控制期一個月，期間不施予任何治療，接著實行一個月的介入措施，然後無介入三個月，同時進行後續追蹤。

我們利用第零個月（基線）、第一個月（介入前）、第二個月（介入後）和第五個月（後續追蹤）蒐集到的復原力、主觀感知壓力、幸福感和智慧（聖地牙哥智慧量表）自陳報告有效數據進行分析。

分析結果顯示，治療依從性和介入措施滿意度都很高。與無治療控制期相比，第一個月的「智慧表現」和「主觀感知壓力」到了第二個月皆有所改善，「復原力」則從第一個月到第五個月都有進步。該樣本的變化幅度（效果量）很小，這也不意外，因爲受試者在基線時的復原力和智慧指數本來就比較高。

這項研究證明了在養老社區進行實用介入試驗的可行性。儘管受試者一開始就擁有相對較佳的智慧表現和復原力，介入措施依舊能大幅提升他們的智慧和復原力，減輕主觀感知壓力。未來確實有必要進行相關研究，尤其要進一步探討智慧和復原力量表基線分數較低的樣本，以及居住在生活輔助住宅與相關設施中心的人。即便如此，「行爲介入能增強智慧和復原力」這項發現，還是讓人非常興奮。

上述文獻回顧強調了一個觀點，即增強智慧的部分要素不但合理可信，過程中還能全面提升智慧。蓋房子需要一磚一瓦堆砌，旅行需要一步一步前進。提升智慧也是一樣的道理。

那麼，根據這些智慧介入措施相關文獻，我們該如何在日常生活中提升智慧表現，讓自己短時間內變得更有智慧？

實踐智慧：日常生活中的智慧決策

如前所述，古希臘人認為智慧有兩種，一為理論或先驗智慧，另一個是實踐智慧。根據亞里斯多德在《尼各馬科倫理學》（*Nicomachean Ethics*）的說法，前者為一種「科學與直覺理性相結合，且關於自然界最高層次事物的知識」。

當然，大多數人對於實踐智慧比較感興趣，因為這類智慧可以應用到現實生活，讓人生變得更美好，跟理論智慧不一樣。理論智慧的定義為反覆進行重要而深刻的思考；而實踐智慧是指經常做決定，並將決策能力視為第二天性，就能做出實際又明智的決定。重點在於日常生活中做出的大大小小決定，並養成一種習慣。

我之所以喜歡閱讀關於尋求建議和道德的專欄，部分原因是想看看自己會給出什麼樣的回應（如果有人問我的話）。這是一個很好的方法，可以挑戰自我與自身決策能力，又不必實際經歷及面對那些生活中的不幸。你可以自己嘗試看看，也可以跟家人朋友討論。先看讀者來信或專欄問題就好，不要看答案。換作是你，你會怎麼做？想想解決的方法，或是跟別人討論一下，再閱讀專家的回答，和自己的想法做比較。

記住，專家的意見對你來說或許不是適當的解方，因此，你的看法跟專家不同，不表示你錯了，重要的是要了解各種建議背後的邏輯，積極參與討論或友善辯論，活動你的大腦，讓自己保持敏銳的認知能力，隨時做好準備。

當然，要做出令人滿意的決定並非易事，有時是主題或選項太難，有時是沒有明確的解決方案。長時間專注於一項特定的任務、議題或問題，就是在鍛鍊「執行肌肉」，而執行功能的能力就像眞正的身體肌肉一樣有其限度，會變得疲憊不堪，妨礙進一步活動。目前已有大量研究證實這個觀點。相關研究指出，參加美國大學入學考試的學生，在考完試後會有一段時間很難集中精神進行後續活動。

就連不是大學入學考那種心智負擔極大的活動，也會導致腦部疲勞。明尼蘇達大學研究團隊發現，那些在購物中心做出更多選擇的受試者，在解決簡單代數問題時表現不佳，而被要求根據系上學分選擇喜好課程的大學生，在準備重要考試時更容易拖延。他們「疲累」的大腦暫停學習，轉向更輕鬆、更省力的活動。

心理學家將這種累到無法思考的時刻稱爲「決策疲勞」。一旦被要求做出極爲艱難的決定，或是不得不一個接一個做出許多較小的選擇，就會發生這種情況，像是要吃什麼、要穿哪件襯衫、哪條上班路線比較順、要先回覆哪些電子郵件等。決策疲勞指的是在一段時間內決定許多事，導致做出高品質決策的能力下降。

一旦出現決策疲勞，大腦可能會開始尋找捷徑。克莉絲汀・哈蒙德（Christine Hammond）在心理部落格「疲憊的女人」（The Exhausted Woman）中寫道，在這種情況下，人們更容易踏上過去那條被走到爛的老路，也就是做出糟糕的決定。

你在做決定時必須考慮到這一點，注意自己的生理、心理和情緒感受。我們的身體遵循二十四小時睡眠／清醒晝夜節律，每個人都有一段時間特別警覺，抑或特別迷懵。有些早起的鳥兒在黎明第一道曙光醒來，有些夜貓子開心地熬夜。總而言之，別在精神最不濟時做重大決定。

活在當下。後退一步。若你持續專注於一項任務，請鍛鍊自制力，或是做一些比較小的抉擇，不要立刻改變，倉促做出重要的決定。

美國最大保險詐欺調查公司創辦人和作家提姆．法戈（Tim Fargo）說：「智識是知道正確答案，智慧是知道何時講出答案。」以決策的例子來說，就是知道何時決定行動。

自我反思

智慧決策涉及到所有智慧構成要素，只是程度不一。要養成智慧決策的習慣，第一步就是要實際了解自己在這些要素上的表現。智慧需要誠實省視內心，唯有如此，才能真正達成目的。

你必須明白哪些智慧要素是自己的長處，哪些不是。若一味美化，不願誠實檢視自我，認真思考自己的優缺點，就無法打下真切的基礎，創造出一個更好、更有智慧的你。

自我反思有助於提升決策能力。每個人都背負著特定的成見，這些因素都會影響自身選擇。我們會妄下定論；為了一棵樹而失去整座森林；抑或患有「鐵槌症候群」，手邊只有一把槌子時，每個問題看起來都像釘子。我們傾向聽從權威人士的意見，或是盲目跟隨主流；有時也可能太過自信。

自我反思是解藥的一部分，能讓人在自我和環境脈絡下思索決定。並不是每項智慧要素都得拿高分才叫有智慧。凡事過猶不及。過度自我反思可能會導致個體對其他人關注過少；太多同理心或不願接受不確定性，可能會導致麻木、煩惱，而非採取所需的行動。

就跟大多數事物一樣，關鍵在於適度和平衡。你不必在傑斯特－湯瑪斯智慧指數類別的每一項都拿五分，更無須抱著要得滿分的想法。在一併考量其他要素或特定的情況下，四分甚至三分可能更好。

「沒時間」通常是人們無法好好檢視內心和生活的首要原因，但也有其他因素。有人不曉得該怎麼做，有人不喜歡這個過程，有人認為這是在浪費時間，或是偏好直接行動。

以下是一些有助於自我反思的小技巧：

- 找出重要的問題，但不要馬上回答。
- 找到適合自己的反思過程，例如寫下心裡的想法、和值得信賴的朋友聊聊，或是一個人散散步等。
- 安排時間，先從每天幾分鐘開始，然後做就對了。回到那些重要問題，想一想，保持冷靜，考慮各種可能性和觀點，深入探求，不要只看那些顯而易見的事物。你不必喜歡或同意自己的想法，只需要仔細檢視一下。

每個人都懷有以自我爲中心的偏見，沒什麼比那些切身相關、會影響到我們的事物，更能吸引我們的注意了。「跳脫自我框架」是解決個人難題或困境的方法之一。不要用「我」，改用第三人稱或自己的名字來思考。這是你在朋友或家人詢問你意見時會有的自然反應。現在也爲自己做做看，把自己的問題當成別人的問題來思量，接受自己提出的最佳建議。

同理心與慈悲心

有智慧的人不見得要幽默風趣或具有特定程度的決斷力，但若缺乏對他人或對自己的同理心與慈悲心，智慧就絕不可能萌芽。慈悲心與自我慈悲之間應取得平衡。

歷史學家喬恩·米查姆（Jon Meacham）曾經指出，富蘭克林·德拉諾·羅斯福（Franklin Delano Roosevelt，即小羅斯福）其實非常自我，不過這個自我被「悲憫他人困境與自知的天賦調和，讓他得以成爲少數眞正偉大、勇於變革的總統之一」。

小羅斯福是智者名單的常客。儘管成年後的生活因小兒痲痺和格林－巴利症候群（Guillain-Barré syndrome）影響，多半被輪椅束縛，他依舊有能力團結民心，領導數百萬人，帶著國家度過經濟大蕭條和第二次世界大戰。從他的例子就能明顯看出，若不能持續懷著親和力、試著理解別人（無論認識與否），你就會變得很孤獨，甚至迷失自我。

傳統上，社會心理介入的目的在於緩解負面情緒狀態，不過大家愈來愈關注另外一個面向，開始意識到培養正面情緒狀態和品質也很重要。面對一個憤懣難消、怒氣根深柢固的病人，若能緩解其負面情緒，還能讓對方內心平靜，洋溢著滿足感，甚至是喜悅感，那就更好了。

近年來，大家愈來愈明白慈悲心可以靠後天培養。個人的慈悲心不是生來就永遠定型，我們可以習得並增強這項特質，進而提升智慧表現。

二〇一二年，史丹佛大學研究團隊招募受試者參與研究，納入一百名社區成人樣本，將他們隨機分配到為期九週的慈悲訓練課程組或等待名單對照組，觀察一般人是否能經由學習變得更有慈悲心。

在為期九週的課程結束後，受試者會進行自陳報告，測量他們對他人的慈悲心、別人對他們的慈悲心，以及自我慈悲的程度。

史丹佛大學研究發現，參與慈悲訓練（主要是引導式冥想）課程的受試者，三個慈悲心構面都有進步，不僅對別人更有慈悲心，從別人那裡得到更多悲憫，自我慈悲能力也有所提升。練習冥想的次數愈多，慈悲心就愈強。

有很多方法都能培養慈悲心，並提升同理自己與他人的能力，其中又以「慈愛冥想」最受歡迎。這種冥想方式源自佛陀，目的在於敞開並滋養心靈，從而豐富生命本身（詳見第五章）。

本質上，慈愛冥想就是騰出一段時間，找個安靜的空間，淨空內心當下的思緒和壓力，注入對他人的關心、感激與溫暖的善意，無論是摯愛又敬重的家人、導師，還是不熟的人，甚至是昔日的死對頭都行。專注在積極正面的想法上，反覆默念「願你一生順遂，願你幸福，願你不再痛苦」之類的祝福，這樣你的幸福感也會跟著提升。

這個方法有用嗎？很多人的答案都是肯定的。二〇一六年，英國卡地夫大學（Cardiff University）研究團隊結合了各種線上教學法，進行慈愛冥想隨機對照試驗。他們在英國和美國招募了八百零九名成人受試者，其中有一半的人參與慈愛冥想影音教學課程，每天都要進行十分鐘的慈愛冥想，連續二十天，同時還要填寫問卷，使用網路日記和論壇；另一半對照組則參加輕量體能鍛鍊課程。

二十天後，研究人員評估全體受試者的生活滿意度、憂鬱程度、同理關懷和利他主義表現，發現兩組受試者的幸福感都有所提升，而且幅度差不多，但慈愛冥想組在個人經歷或是與他人互動的過程中，都有比較豐富的體驗。

「我覺得自己在改變嗎？」一位受試者寫道：「有一點。雖然稱不上頓悟，但我發現，外出時，我會花更多心思感受周遭環境，注意到更多細節。與路人擦身而過時，我會望著他們，想像他們的生活。如果對方看起來不太舒服，我會在心裡無聲地捎去健康的祝福；如果對方看起來很冷，我會希望他們獲得滿滿的溫暖。我現在覺得自己更融入當地社區，開始意識到這裡的確是我的歸屬。」

自我慈悲和悲憫他人一樣重要。每個人都會犯錯，也會有失敗的時候。挫敗能教你的往往比成功更多。然而，失敗時，你必須停下腳步休息一下，好讓自己能以正確的眼光看待問題，把目標放在更大、更美好的獎賞。自我慈悲也是可以學習的。

二〇一四年，德州大學奧斯汀分校與德國團隊攜手進行一項研究，將五十二名女大學生隨機分配到自我慈悲訓練組，或是學習一般時間管理技能的主動控制對照組。自我慈悲訓練組每週會進行三次小組課程，學習如何減少自我批判、建立良好的人際關係，以及培養正念。每次課程結束後都會有「回家作業」，請受試者回去練習所學到的東西。

研究結束時，各種測量結果顯示，自我慈悲組在自我慈悲、正念、樂觀和自我效能的分數明顯高於對照組，也不太會出現負面反芻思考（一個與憂鬱症相關的認知過程）的情況。

最近，紐西蘭科學家研究了自我慈悲治療糖尿病患者的作用。許多糖尿病患者都有情緒障礙，這與血糖控制不良和併發症增加有關。

研究人員在隨機臨床試驗中將第一型或第二型糖尿病患者分成一組，接受爲期八週、有意識的自我慈悲課程（每週一次，內容包含冥想，以及在痛苦時撫慰自我、緩解不適的方法），另一組則是無介入措施、單純等待治療的對照組，並測量所有受試者的自我慈悲、憂鬱症狀、糖尿病特有的痛苦，以及疾病生物指標。

研究結果發現，接受自我慈悲訓練的受試者比較能善待自己，而非嚴厲批判自我，不僅憂鬱和痛苦指數較低，糖化血色素（hemoglobin Alc, HbA1c）的統計數據也有所下降。糖化血色素是血糖與血色素結合的蛋白質產物，血液中的糖化血色素濃度愈高，罹患糖尿病的風險就愈大。

沒什麼地方比醫療場所更需要同理心與慈悲心了。若醫師能與患者建立個人連結，感受到慈悲心和同理心，所有人都能從中獲益。不只患者病情好轉，醫師也會變得更快樂，不再那麼疲憊不堪，進而成爲更好的治療者。

當然，這不是什麼新穎的概念。學界長期以來不斷討論如何在醫學教學和實踐中提升同理心和慈悲心，但總是光說不練。有個學術機構試圖改變並扭轉這種風氣，在此我要很高興地告訴大家，該機構就是我所屬的大學。

二〇一九年，企業家與慈善家丹尼．桑福德（T. Denny Sanford）慷慨捐獻一億美元給加州大學聖地牙哥分校，宣布成立桑福德同理心與慈悲心研究院（T. Denny Sanford Institute for Emapthy and Compassion）。該研究院的使命有三：一、利用最新的腦造影技術建立出慈悲心的神經學基礎；二、利用這項研究設計出新的慈悲心課程來訓練醫學生；三、運用所學的知識開發新的方法，來保護、促進醫師和專業醫療人員的健康，因爲他們的工作倦怠感、憂鬱程度和自殺率高得驚人。

桑福德研究院創始研究人員希望能在未來幾年於上述領域取得重大、可測量的進展；與此同時，加州大學聖地牙哥分校醫學院及其他機構也付諸行動，努力朝這個目標邁進。目前本校醫學院學生可參與藝術課程，先從畫裸體模特兒素描開始，接著描繪真正的人體骨骼，最後是大體。這門課強調患者是多層次、多面向、多故事的全人，而繪畫能揭示這一點，因爲學生會注意到一些小地方，例如上次住院靜脈注射留下的瘀傷、刺青或舊的手術疤痕等。他們會開始想像大體的人生故事和經歷。

在另一堂課中，醫學院學生可以親身體驗高齡患者對世界的感受。他們會戴著護目鏡和手套，暫時減弱視力和觸覺敏感度，以這種狀態閱讀處方藥瓶、拿起藥丸等。另外，他們還會把鵝卵石放在鞋子裡，或是用夾板固定住腿部，體會老年人行走和活動時的困難與痛楚。

這個課程概念是讓二十多歲的醫學生接觸高齡患者及其現實生活，幫助他們建立更緊密的關係。至少在那一瞬間，他們感受到疼痛，能站在病患的立場看待一切。

另外還有其他比較複雜的方式能讓人體驗年老的感覺。目前市面上已有一套名爲GERT的年齡模擬服，外觀看起來有點像拆彈小組穿的防護衣。一旦套上所有裝備，穿戴者的視野就會變窄、變模糊，聽不見高頻率的聲音，無法自由移動頭部，關節變得僵硬，力氣不如以往，肢體協調性也會變差。除了同理心課程外，GERT也用於服務與工具開發，爲高齡者或肢體殘障人士設計出更好的設備。這套模擬服能讓年紀未到之人體驗年老的感受，希望大家能對眞正的高齡者多點同理心。

慈悲訓練不僅能改變行爲，還能改變大腦本身。二〇一三年，德國與瑞士研究團隊在《大腦皮質》（*Cerebral Cortex*）期刊發表了一項研究，探討健康成人觀看他人努力執行任務時的功能性神經與主觀反應。

腦部掃描的結果顯示，部分受試者對於該項任務的最初同理反應表現爲前腦島（anterior insula）和前內側扣帶迴皮質（anterior medial cingulate cortex，對疼痛產生同理的核心神經網絡）活化，出現負面作用。換言之，大腦中對感知疼痛產生同理心的區域會有所反應，但只會產生負面情緒，更具體地說，是對他人的掙扎漠不關心。

經過慈悲訓練後，受試者的腦部掃描結果顯示正向情感體驗增加。神經層次上，慈悲訓練似乎讓內側眼窩額葉皮質、殼核、蒼白球和腹側被蓋區變得更加活躍，這些腦區都與正面情感和連結有關，換句話說，就是同理心。

提升同理心的介入措施是雙向的。加拿大一項研究指出，若失智症長期照護機構的員工與患者彼此分享生活故事，護理和治療情況就會有所改善。工作人員愈來愈了解他們的病患是人，而非只是症狀和問題的集合，患者則會將護理人員視爲有自身煩惱與夢想的人，對雙方都有影響。

正念

現代西方世界愈來愈關注一個古老的東方概念，也就是「正念」。正念指的是個人時時刻刻覺察自己的思想、感受、身體感覺和周遭環境的能力，這種關注不帶一絲論斷，任何時候的思考或感覺方式皆無對錯可言。

我之所以介紹正念及其體現，是因爲許多研究反覆提到這項元素，無論是探索智慧內涵，還是提升智慧表現，都有正念的蹤影。

正念根源自佛教的冥想。「昔日已逝，來日未至，你只活在當下這一刻。」近年來，多虧麻州大學醫學院榮譽教授、佛教導師與禪師之徒喬．卡巴金（Jon Kabat Zinn）的努力，正念已成爲主流的世俗思維。

喬．卡巴金在四十年前開發出「正念減壓法」（mindfulness-based stress reduction, MBSR），結合了正念冥想、身體掃描和簡單的瑜伽姿勢，目的在於澄澈心靈，提升洞察力。身體掃描的方法是仰臥，並將注意力集中在身體各個部位。比方說，先把注意力集中在腳趾上，然後透過精神意念，將注意力轉移到其他部位。

目前，許多醫院、衛生組織、養護中心、企業公司等，都在使用不同形式的正念減壓法。這個方法同時有益於生理和心理健康，例如減少憂鬱和焦慮、改善免疫系統功能等。

佛教僧侶會花好幾年的時間練習正念的藝術，使之臻至完美；相關研究也發現這些僧侶的大腦出現實際的生理變化。

在二〇一一年紐約大學的實驗中，研究人員讓受試僧侶進入功能性磁振造影掃描儀，追蹤他們冥想時的大腦血流情況，發現他們的特定腦區（即參與冥想的腦區）比不冥想的人更健壯、更活躍。另外還有證據表明，他們不僅神經可塑性增加，其大腦進行自我改造以提高表現的能力也有所提升；前額葉皮質這類結構也重新組織，以增加神經元之間與迴路之間的連結，增強冥想的力量。這種效果和職業網球選手苦練多年而使手眼協調能力比一般人更好，並沒什麼兩樣。正如他們所言，熟能生巧，或至少更接近完美。

人類的大腦大概是目前已知的宇宙中最偉大、最神祕的實體。大腦裡有一千億個神經元，神經連結更是這個數字的一萬倍，光是大腦皮質區就約有一百二十五兆個突觸。

大腦是個生氣勃勃、活力充沛、不斷變化的實體，擁有一種非常獨特的能力，亦即理解、療癒和改善自身的能力。正念就是其中一種方法，很多智慧改善介入措施都會用到正念。

舉例來說，與我合作的加州大學聖地牙哥分校醫學院精神病學教授、美國退伍軍人事務部臨床科學家愛麗兒·藍吉（Ariel Lange），便和同事研究了「慈悲冥想」對於創傷後壓力症候群退伍軍人的效果，發現這個方法似乎有助於心理療癒和康復。該團隊目前正在研究慈悲冥想是否能幫助其他人解決老化所帶來的問題。

利社會活動

許多研究一再表明，良善能促進幸福。志工服務就是個人能做的最有意義的利社會活動之一，與生活滿意度息息相關。奉獻時間的人會覺得自己與社會的聯繫更緊密、更快樂，壽命也更長。

二〇一五年，南加州大學和約翰霍普金斯大學巴爾的摩分校研究團隊，展開一項影響深遠的研究，探討「銀白智囊團」跨世代計畫（Experience Corps）。該計畫已有數十年歷史，主要媒合小學學校與年長者，讓長者幫助孩子提升學業、社會與行爲幸福感。

研究人員發現，參與該計畫的年長者就和孩童一樣獲益匪淺。他們的關懷傳承精神（即對他人，特別是年輕世代的關心）變得更強，得以分享自己學到的人生教訓，並認爲自己的過去會影響未來。

這項研究是有史以來第一個大規模實驗證據，證明參與跨世代公民計畫能以積極正向的方式，改變年長者對傳承的自我認知，但也有大量證據顯示這些有益的影響範圍較小。還記得祖母假說嗎？不同世代生活在一起，彼此共享的經歷具有非常寶貴的價值。每一代都能給予，也能接受關於生命、希望、樂觀、寬容、幽默、慷慨等智慧教訓。

「看到年長者積極參與、給予回饋，讓人備受鼓舞。很多人都有很多東西可以給予，未能妥善利用這些資源實在令人憂心。畢竟（像銀白智囊團這樣的計畫）結果的確是雙贏。在這個過程中，我們不僅能幫助社區，也能幫助年長者。」該研究資深作者；南加州大學的塔拉．古恩瓦德（Tara Gruenwald）說道。

分享往往能減輕生活壓力。良好的人際關係能改變個人對日常事物的看法與感知，像是負面事件似乎沒那麼糟；難題變得更容易面對和克服；有更多的肩膀可以一起分攤、承受這些重擔。一項相關研究中，受試者被告知他們要爬山；對那些被要求單獨登山的受試者來說，這項任務令人卻步，但對那些能和朋友一起爬山的人而言，那座山似乎沒那麼陡峭了。

一項疼痛感知研究指出，所愛之人的存在會降低刺激引起的身體疼痛意識。研究人員觀察受試者腦部掃描結果，發現感受疼痛時握住他人的手，能讓神經感覺減弱。

人類是社會性動物，無法離群索居。

就在幾年前，費城兒童醫院的查克．凱姆（Zak Kelm）、詹姆斯．沃瑪（James Womer）、珍妮佛．華特（Jennifer Walter）和克里斯．富德納（Chris Feudtner）醫師共同發表了一篇系統性綜論，探討培養醫師同理心的介入措施，發現這類介入會對治療、人際關係及所有當事人帶來正面影響。他們找出一千四百一十五篇文章，其中有六十四項研究定量評估及提升醫師的同理心，符合他們的標準。

這個主題在研究設計和執行面都困難重重，但克里斯．富德納表示，在十項設計高度嚴謹的研究中，有八項研究發現，小組討論、角色扮演、個人輔導等各種有針對性的介入措施，確實能增強同理心。

威爾康乃爾醫學院精神科副主治醫師暨精神病學臨床講師珊曼莎．鮑德曼（Samantha Boardman），以及杜克大學醫學院精神病學與行為科學教授穆拉利．杜斯瓦米（Murali Doraiswamy），在我與他們共同編纂的《正向精神醫學》（*Positive*

Psychiatry）一書中，描述了一個臨床小插曲：

勞倫斯是一名七十二歲的退休圖書館員，身體硬朗，妻子在十年前因癌症病逝，兒孫居住於美國其他地區。勞倫斯有憂鬱症和輕度焦慮症病史；六個月前，他的憂鬱症發作，於是向精神科醫師求診，症狀包含睡不好、食慾不振、失去活力、對生活興趣缺缺、消極的自殺念頭、情緒低落和難以專心。醫師開了一種「選擇性血清素再吸收抑制劑」（selective serotonin reuptake inhibitor）給他；雖然他的病情大幅好轉，但他還是覺得自己「不像自己」。勞倫斯的治療師建議他採取以下積極介入措施：一、每天早上步行半小時去拿報紙，不要開車；二、加入當地樂齡中心的讀書會；三、擔任學習志工，輔導高中生撰寫大學論文。

勞倫斯在服藥期間覺得好多了，但還是有後遺症。而這些積極介入措施讓他覺得自己與社區的關係更緊密，不僅交了新朋友，還跟老朋友恢復聯繫。他認爲輔導高中生學習特別有意義，非常振奮人心。

情緒調節

暢銷小說《享受吧！一個人的旅行》（*Eat, Pary, Love*，曾改編爲電影，於二〇一〇年上映）的作者伊莉莎白．吉兒伯特（Elizabeth Gilbert）曾說：「情緒是思想的奴隸，我們是情緒的奴隸。」或許如此，但情緒其實變化無常，並非固定不變。關鍵在於個人解讀情緒的方式。我們的處境是情緒的力量來源。

大家應該都有過這樣的經驗：開車時，前方突然有輛車插進來且距離非常近，或是其他離譜的駕駛行爲，接下來會發生什麼事全都取決於你。「路怒」（road rage）意指由他者的惱人駕駛舉止所激起的暴力憤怒行爲。這種情況相當常見；根據美國汽車協會（American Automobile Association）於二〇一六年的調查，將近八〇%的受訪駕駛承認自己過去一年至少有一次開車時展現出攻擊性，或是極度憤怒、大發雷霆。其他研究也發現，每年有數千起交通事故和部分死亡事故與路怒有關。

「路怒」一點都不值得，平息發火的衝動則恰恰相反。這是「心靈勝於物質」的實證。以下是第六章提到的三個主要策略，你可以運用這些小訣竅快速捻熄怒火，保持冷靜：

- **認知再評估**：審愼思考、重新詮釋負面事件的意義。也許那個駕駛開得這麼瘋狂，是因爲後座載著生病的孩子，急著趕往醫院？那就可以理解。你是不是眞的知道另一名駕駛的行爲原因並不重要，重要的是你現在有理由安全地放下主觀感知到的「被冒犯」的感受。
- **分散注意力**：將注意力和思緒轉移到別的地方。打開廣播；大聲唱歌；跟車上其他人說今天天氣眞好。把注意力從那些令人惱火的事情上移開，繼續前進。
- **標記情緒**：如果你怒火中燒，就有意識地告訴自己（和乘客），你生氣了，以及爲什麼生氣。通常光是辨識出當下的情緒爲何，就足以掌控那股情緒了。

記住，我們都會遇到讓人生氣的事。心煩意亂是很正常的反應。憤怒是人類的基本情緒，有時甚至很有幫助。關鍵在於辨認出適當的時機，妥善運用，然後放下這些情緒。

當然，這些建議不僅限於惱人的駕駛，各種情況都適用。

另外，還有很多方法可以維持情緒恆定、增強幸福感和復原力，進而提升智慧表現，如下：

- **練習樂觀**：所謂的樂觀並不是要你忽視困境或慘況，而是找出方法，將負能量轉化爲正能量。亞歷山大・貝爾（Alexander Graham Bell）曾說：「一扇門關上，另一扇就會打開，可是我們往往會帶著遺憾去注視那扇緊閉的門，執著好一段時間，以致完全看不見那一扇敞開的門。」貝爾歷經許多艱難和失敗，最後終於成爲第一部實用電話的專利權人，名譽和聲望恆久流傳。貝爾的哥哥和弟弟皆死於肺結核，兩個兒子更在襁褓之年不幸夭折；他曾試著把這項新專利賣給當時的西聯電報公司，但對方卻把電話當成噱頭。一扇門關上，另一扇就會打開。
- **重寫自己的故事**：一旦你的個人敘事有失控的危險，就重新建構敘事框架，好好檢視自我和這個世界。工作上遇到的挫折時，你可以重新定位成一種警訊，讓我們改變行事的方式，或是乾脆放下，繼續往前走。根據《紐約時報》報導，哈佛大學研究發現「認爲壓力可用來提升表現的人，不僅測驗分數更高，生理上應對壓力的能力也比那些被告知要忽略壓力的人更好」。
- **對事不對人**：當事情的發展不如預期時，我們通常會開始自責、反覆思考，甚至自我抨擊，認爲自己應該要做得更好，或是採取不同的方式。當下的問題和危機往往會讓人覺得看不到盡頭，但凡事總有句點。犯錯是常有的事。把注意力轉移到下一步，找出解決辦法吧。

- **記住，這些你都經歷過了**：遇到麻煩時，想起別人也經歷過一樣甚至更糟的事，也不失爲一種鼓勵。回憶自己過去克服的種種挑戰，能有效提升個人的復原力。
- **尋求支持，給予支持**：目前已有大量經驗性證據表明，強大的家庭與朋友支持網絡有助於人們應對危機。令人驚訝的是，支持別人也能滋養你的復原力。耶魯大學精神病學教授史蒂芬．蘇瑟維克（Steven Southwick）對《紐約時報》的記者說：「伸出援手幫助他人，能讓你跳脫自我，強化自身的力量。只要參與的事物對你有意義，你就能衝破各式各樣的逆境。」
- **變得更有韌性**：韌性的核心能力包含自我覺察、自我調整、心智敏銳度、品格優勢和連結，每一項都很重要。自我覺察能讓你分辨及發現那些會造成反效果的想法、情緒、行爲和模式；自我調整可以調節那些阻礙你實現目標的衝動、情緒、行爲和思維；心智敏銳度意指靈活的思維、多視角，以及願意嘗試新的策略；了解自我品格優勢能讓你利用它們來克服挑戰、實現目標；連結能讓你透過積極有效的溝通來建立緊密的關係。沒有人能獨力完成每一件事，我們都有需要幫助的時候，也應該要給予他人協助。

根據喬治．威朗特等人的研究，負面經歷會讓你變得更強大。誠然，壓力太大可能會造成嚴重的問題，導致身體出現激烈反應（如創傷後壓力症候群），但壓力有時也會成爲契機，讓個體走向創傷後成長。

我們有一項研究便點出了人類的確有可能減輕主觀感知壓力，提升復原力與智慧表現。伊利諾州的馬瑟研究中心（Mather Institute）致力於研究居住在養老社區的高齡者，我們便與他們合作，研究了八十九名居住在亞利桑那州、加州和伊利諾州五個不同的獨立養老社區、年齡六十歲以上的成人。

我們先對受試者進行一系列評估（包含聖地牙哥智慧量表）。第一個月是控制期（不介入），隨後便展開一項名爲「提升復原力」（Raise Your Resilience, RYR）的團體介入計畫，教導受試者如何應對或減輕憂鬱的情緒，有效管理人際關係、克服逆境，以及處理那些常帶給年長者壓力的問題。受試者每週都要參加小組討論，聊聊個人的問題和解決方法，同時設定目標。介入計畫爲期一個月，計畫開始、計畫結束和接下來三個月，都會進行評估。

研究結果顯示，受試者在智慧、復原力和主觀感知壓力三個層面都有顯著的改善，證明了智慧和復原力這類特質具有潛在的可塑性。

感恩

已故牧師詹姆斯．福斯特（James E. Faust）說，感恩是謙卑的表現。感恩是信念、勇氣、知足、快樂和幸福等美德的基礎。若我們不明白、沒有察覺到自己擁有哪些禮物和祝福，智慧便遙不可及。

練習感恩最常見也最有效的方式，就是寫下感謝的人事物。當然，不是每個人都能做到（稍後詳談），這也不是唯一能讓人更加感激及珍惜生命祝福的途徑，只是做起來相對容易，能讓人集中心神，意識到自己多有福氣，進而使福分快速增累。要達成這個目標，可以運用以下四種方法：

寫下三件好事

每晚記下當天發生的三件好事，可大可小，但必須是具體事件。相關研究與臨床觀察發現，日常感恩省察（例如「我有很棒的朋友」）若重複次數太過頻繁，就會失去新意，效果大打折扣。最好寫些像是「我和兩個摯友一起吃了豐盛的晚餐，分享許多歡笑和想法」之類的描述。

目前已證實這麼做能提升幸福感，只是要經常練習。你可以慢慢開始，不用天天做，也不必強迫自己一定要寫三件事，重點在於持續、規律實行。大部分使用此法的臨床試驗參與者，都能經由練習變得更加上手，許多人也發現自己會努力尋找可寫的素材，因而發掘出更多值得感恩的事物。

寫信

說謝謝的效果非常奇妙，能讓人敞開胸懷接納一切，淨化心靈，有所啓發。寫信給一個你很感激，卻沒有好好謝過的人，是一種很流行又很有效的方法。通常把信交給對方會更有效，最好是大聲唸出來，若不可行，也可以用電話聯繫。

許多人都認爲這個練習很尷尬，甚至很難爲情，但根據相關研究和實踐結果，大部分實踐者都覺得這種體驗非常積極正面。事實上，實驗數據發現，寫一封感謝信的效果，可能比大多數簡單、積極的介入措施更好、更直接。

寫自己的訃聞

這個方法聽起來有點陰鬱，但用傳記作者的視角和口吻，寫篇一、兩頁的文章述說自己的人生和遺緒，或許能讓你產生不同的見解。想想自己的悼詞或訃聞，但不必眞的赴死。

思考一下你希望後人稱讚並記住你的哪些特質、成就和行為。寫完後，檢視一下自己當前的人生，看看符不符合文中優先考慮的重點和價值觀。另外還有一個更簡單的方法，就是想像自己的遺緒化為文字，銘刻在墓碑上。

理想與現實之間幾乎總有落差。有些人覺得自寫訃聞讓人心情沮喪，甚至引發焦慮的現象，但這個方法能提供一個更好的視角，你已經描繪出這輩子渴望的生活，就像一張人生路線圖，從這一刻起，你可以循線往前走。正如班傑明．富蘭克林所言：「你可以拖，但時間不等人。」

品嘗活著的滋味

二〇一八年，我和同事發表了一篇論文，訪談二十多位即將走到生命盡頭、接受安寧療護的患者，想了解他們對智慧的定義，以及末期疾病是否改變了他們對智慧的看法（詳見第三章）。

這項研究讓人大為感動。瀕臨死亡邊緣的受訪者，傾向拋開不必要或暫時性的煩惱，面對恆久、根本的眞理。疾病和即將到來的死亡，改變了這些患者的想法，他們在努力接受當前處境的同時，繼續追求「激勵人心的成長」，並於此過程中發掘、淬鍊智慧。

刻。

這個方法很簡單，也很明顯：他們學會品味那些以前可能從沒注意到的小事和片刻。

「只可惜我的身體跟不上我的思緒，力不從心。」一位參與該研究的安寧療護患者說：「我想做的事很多，能做的卻很有限，不過你必須做出調整。我以前很愛打網球，登山更是我生活的一部分，但我只能說，那些都過去了。我覺得自己很幸運，有很棒的太太和女兒，她們會帶我到處走走，在日落時分看海鷗翱翔。」

細細品味某個片刻、景象、聲音或感覺並不難，這也是臨床介入初期讓患者做的相對輕鬆的事之一。雖然大多數人發現要規律實踐沒有想像中容易，可能一天幾次，每次兩、三分鐘，但培養智慧總是需要一點努力才行。

詩人海瑟．李（Hazel Lee）寫道：「我手裡握著一瞬，燦爛如星，脆弱如花，一小時中的一片細碎。我不小心鬆了手，啊！我這才知道，原來自己握著的是機會。」

有時細細品味老習慣（例如每天淋浴、每天吃一樣的早餐）會是很大的挑戰。如果出現這種情況，不妨做一點改變，將淋浴換成泡澡，早餐麥片換成雞蛋，品嘗一下新鮮感。

記錄感恩是不是一定有益無害？不盡然。你必須持續練習，認真思索，有時需要重新檢視一下自己寫的東西，保持它們的意義和趣味性。每天寫日記感謝朋友、感謝美麗的夕陽，很快就會流於繁瑣，變得枯燥乏味，成爲一種機械式的任務。這些省察和反芻思考，應該要對你有一定的意義。你可以三不五時就改變一下書寫的內容，除了感恩的事物外，還可以記述那些讓你感到驕傲、快樂或不舒服的經歷，像是寫下你贊成或反對他人特定行爲的原因等。這些都是反思的時刻，從中得到的啓示可能會讓你大吃一驚。

敞開心胸，擁抱新的體驗

好奇心殺不死人，只會讓人滿懷興奮。以下是五種增強好奇心的方法：

1. 找到讓你著迷的事物。盡量擴大範圍，一定能找到喜歡的東西。
2. 做你不知道怎麼做的事。
3. 提問。世上沒有蠢問題。
4. 詢問別人，不要只是上網找答案。
5. 別讓無聊支配你的人生。生活中總有些事可以做、可以學。

學術界中，有些心理學家長久以來一直認爲智慧與創造力（即對原創思維和想法的追求）無法相容，妥善結合在一起。已故心理學家哈維・萊曼（Harvey Lehman）在一九五三年出版的《時代與成就》（*Age and Achievement*，暫譯）一書中提到，「長者通常充滿智慧，博學多聞」，但其代價爲智識僵化，無法以不同或嶄新的眼光看待事物。

一九九〇年，加州大學心理學榮譽教授迪恩・戴維斯（Dean Simonton）指出，一般人經常認爲創造力與智慧和老化相對立。創造力被視爲年輕人的特權，智慧則是老年人的專利。

就連鑽研老化與智力數十年、對心理學界影響深遠的羅伯・史坦伯格也認爲，智慧和創造力所需的思維模式不同，他說：「創意思維往往躍動大膽，智慧思維則穩定平衡。」

也許某種程度上來說沒錯，但我認爲這類觀點並非全然正確。智慧也可以是創造力的泉源。概念創造力（一種由個人情感、經驗和洞見所引發的獨特創造力）的黃金期，應該是人生早期階段，那時個體尚未明白大膽行事潛在的風險，就算失敗，也有時間恢復元氣，再創成功。物理學家愛因斯坦、畫家畢卡索（Pablo Picasso）、電影導演奧森．威爾斯（Orsen Welles）和創作歌手巴布．狄倫（Bob Dylan），都是典型的年輕概念創意天才。

另外還有一種創造力叫實驗創造力，需要時間、經驗教訓和智慧才能萌芽。生物學家達爾文、畫家保羅．塞尚（Paul Cezanne）、電影導演希區考克（Hitchcock）和建築師法蘭克．蓋瑞（Frank Gehry）都是創意滿點的（老）大師，他們都是在後半輩子才取得偉大的成就。

知名的法裔美籍雕塑家露易絲．布爾喬亞（Louise Bourgeois, 1911~2010），在八十、九十多歲時創造出一些此生最偉大的作品。布爾喬亞八十四歲那年，有個採訪者問她是不是一直想嘗試不同的事物？

「不，不是不同。是更好！」布爾喬亞回答。

「這怎麼可能？」採訪者不敢置信。

「你會變得更好，這是……長者的智慧。」布爾喬亞說道。

創意源自靈感，靈感無所不在。我們只是被自己的想像力、欲望和需求所束縛。目標不必是寫出下一部偉大的美國小說，或畫一幅值得博物館珍藏的傑作，而是要找出各種表達自己的方式，並在表達過程中發掘新的事物。參與舞蹈、戲劇、表達寫作等藝文活動，或單純坐下來和朋友討論、交流想法，都可以減少老化帶來的有害影響，提升自我意識和幸福感。

獨處時間

留點時間給自己。獨處並不是孤單或脫節的徵兆。你需要時間探尋並了解自己到底在想什麼。

美國人（以及愈來愈多國家的人）花太多時間關注手機、推特推文等外界干擾，沒有靜下來聆聽內心的獨白。dscout研究軟體公司二〇一七年一項調查估計，美國人平均每天觸碰智慧型手機二千六百一十七次。重度使用者每天超過五千四百次；根據分析結果，美國人平均每天大約花三個小時滑手機。

你的時間和腦袋應該用在更美好的事物上。

靈性

靈性與宗教性不同，靈性可以在沒有宗教性的情況下存在。作家狄帕克．喬布拉（Deepak Chopra）認爲，宗教是「相信別人的經驗」，而靈性是「擁有自己的經驗」。宗教顯然具有個人性：一個人及其信仰的神。一般主題可以跟其他人分享，但信仰屬於個人實踐。靈性的個人化特質更強，每個人都不一樣。

因此，想觸及更高層次的靈性和智慧，就得創造出一條獨一無二、屬於自己的路。沒有人能告訴你該怎麼走才能抵達目的地，你必須自己摸索、尋找方向。不過，科學界倒是提出了一些建議，或許能有所幫助。

我們在二〇一九年的調查中找到十五項靈性介入研究，其中許多研究都納入患有疾病的成年人，多半是癌症等嚴重或末期疾患。大約一半研究指出，這些介入措施的效果非常顯著；一項以促進減少愛滋病感染的行爲爲目的，教導服藥患者進行正念練習和佛教冥想練習的研究就是一例。

在另一項爲期八週的正念減壓介入研究中，參與研究的二百一十一名癌症患者，每週都會進行諮商、做瑜伽、冥想和小組討論。受試者在家也會練習。與等待名單對照組相比，那些受試者的正念和靈性都有所提升，變得格外關注個人內在與外部環境的日常生活經歷。

你不需要研究就能開始。

若你有宗教信仰，可以定期去教會、猶太會堂、寺廟、清眞寺，或是參加別的宗教活動，去其他宗教場域看看，擦亮雙眼，敞開心胸接觸新的人、新的想法和新的體驗。

若你沒有宗教信仰，那就去一個可以定期花時間與相似的人進行深度交流的地方。這種互動本質上有沒有靈性色彩都沒關係，只要讓大家有機會共同反思、分享想法就好。無論是讀書會、瑜伽課、大學推廣課程，還是有零食飲料、充滿歡樂的聚會都行。通常只要和他人一起把眼光放遠，就能發掘自我內在的力量。

其他心理介入措施

每個人都有「使用期限」，身體也會有筋疲力竭、功能衰退的時候。認知障礙是老化過程中無可避免的一環，尤其是六十五歲之後，但這個過程是可以改變的。你握有掌控權，可以像健身一樣鍛鍊自己的心智。

沒有什麼最好的方法。填字遊戲是很棒的腦力訓練，但若這是你保持心智敏銳的唯一一招，那你頂多只會變成填字遊戲高手罷了。

善用大腦

認識新朋友；跟朋友聚餐；聊天；講笑話；重返校園念書；學寫程式或用鉤針織圍巾；打禪；維修和保養機車。

擴充詞彙量

優秀的葡萄酒評鑑家腦中裝了一大堆同義詞。他們有無數種描述葡萄酒的方式，有些還很有創意。比方說，他們會用「滑順」來形容醇厚、酸度較低的酒；用「澀口」來描述酸度較高的酒；「溫和」則指一點也不酸的酒。這些形容詞有時看起來很蠢，但每一字都有不同的目的和用途，能讓評鑑家生動描繪出讀者在那個當下只能想像的飲品。

豐富又複雜的詞彙對生活各層面都有好處。若能找出適當的字句，準確描述特定的情況、問題和人事物，就能大幅改善上下文脈絡和視角。如果一個人被形容成「蠢笨」或「古怪」，大家就很容易跟他保持距離，對他敬而遠之。爲什麼說他蠢笨、古怪？「蠢笨」的定義到底是什麼？表現方式爲何？要是你能用更貼切的詞語來描述自己的想法，回答這些問題，就能揭露許多訊息。說不定這個人一點也不笨，只是某些方面很特別。一旦意識到這一點，也許你就能找到自己與對方的共通之處，或是想認識對方。

讀小說

利物浦大學研究團隊發現，閱讀莎士比亞、華茲華斯（Wordsworth）等偉大作家的作品不僅有益於心智，還能觸發大腦的自我反思迴路；普通的文字創作完全做不到這一點。

看電影

愈優質愈好。我很喜歡看《西城故事》（*West Side Story*）、《發暈》（*Moonstruck*）或《窈窕奶爸》（*Mrs. Doubtfire*）之類的經典老片。這些影片之所以經典是有原因的。雖然電影看起來只是簡單又轉瞬即逝的娛樂，但實際上它們也是一扇窗，可以讓觀者透過螢幕認識那些與自己截然不同的人，窺探他們的心靈、思緒與生活樣貌。你甚至可以坐在椅子上體驗這些經歷。洞察帶來理解，理解帶來慈悲。當然，不是每部電影都有這種效果，但每件事對某個人來說都有意義。你必須不斷尋找才行。

體能活動介入措施

只要大腦健康，心智運作自然順暢。

這也難怪改善大腦與身體健康，是提升智慧最有效的介入措施之一。人腦的平均重量約爲一．三六公斤，對一個六十八公斤的人來說，只占了體重的二%；不過，大腦消耗的能量高達身體總能量的二十%，主要是爲神經元間的電脈衝提供燃料，進行日常清潔與健康維護。

大腦會仰賴其他身體部位來維持健康。這些部位不僅是可靠的能量和營養來源，更能讓大腦感覺良好。運動對情緒會帶來直接、正面的影響。即便在跑步機上散步三十分鐘，重度憂鬱症患者的情緒也會有所改善。有時運動就和藥物一樣有效，而且效果可能更持久。

保持身體健康的方法有很多，舉凡走路、跑步、游泳、舉重、做瑜伽、騎腳踏車去圖書館都是。做對自己有用的事，做自己願意常做的事。如果有什麼問題或擔憂，一定要諮詢醫師的意見。

當然，睡覺也很重要。睡覺時，大腦會利用這個機會清除神經毒素，鞏固白天學到的東西和記憶。治療師多半將睡眠問題視爲一種症狀，但睡眠問題也會影響心理健康。另外還有許多生理因素會影響睡眠，例如睡眠呼吸中止症等，這些都是需要跟醫師討論並解決的問題。

對大多數人而言，沒有一種藥比得上良好的睡眠衛生習慣。你可以透過一些看似簡單的生活方式和行爲改變，來提高夜間睡眠品質，像是減少酒精、尼古丁和咖啡因攝取量；多運動；讓臥室保持黑暗，不要擺放容易讓人分心的東西（如把手機放在身邊）；睡前喝杯牛奶；床只用來睡覺（當然還有性行爲）等。這些事說來簡單，做起來卻不容易，但只要自律，就能成功實行。

我們不會吃什麼就像什麼，但飲食的確是一個重要因素。良好的營養和飲食，能提供大腦與心智所需的能量，而垃圾食物、精緻甜食和加工肉品，都會對身體造成嚴重傷害，增加罹患憂鬱症等精神疾病的風險。目前已有證據指出，高飽和脂肪飲食可能會導致注意力不足過動症，損害大腦功能。

加州大學聖地牙哥分校與羅馬大學聯合研究團隊，在義大利奇倫托海岸的阿恰羅利村（Acciaroli）研究九十歲以上的居民和幾位百歲人瑞。一般認爲，或至少當地人這麼認爲，這些高齡者長壽的部分原因，在於他們熱愛以迷迭香等植物爲主的地中海飲食，還有每天長時間走路活動。

不過，除了飲食和活動外，態度也是關鍵。該項合作研究發現，這些老年人的心理健康狀況，比年輕數十歲的家庭成員更好。他們擁有剛毅的勇氣、積極的態度、職業道德、固執的堅持，與家庭、宗教信仰和腳下這片土地關係緊密，這些特質似乎有助於他們生存、茁壯，活出繁盛的生命。

「一個月前我失去了心愛的妻子，那種悲傷難以言喻。」一位受試者說：「我們結婚七十年，她生病那段期間，我一直陪在她身邊。她去世後，我覺得好空虛，但多虧我那幾個兒子，我現在逐漸復原，感覺好多了。我有四個孩子、十個孫子、九個曾孫。我打拚了一輩子，隨時準備迎接改變。我認爲改變帶來了生命，讓我有機會成長。」這就是智慧。

Chapter 11 智慧的推手：藥物、遊戲與人工智慧？

一台機器能取代五十個平凡人，但沒有機器能取代一個非凡之人。

——艾伯特・哈柏德
美國作家、哲學家

科技問世。不好，不壞。鋼鐵是好是壞？

——安德魯・葛洛夫（Andrew Grove）
匈牙利裔美籍工程師

先前的篇章追溯了智慧科學的起源，找出智慧的普遍關鍵特徵及其神經生物學基礎，探討測量智慧的方法，最重要的是，我們該如何運用這個不斷擴張的知識基礎來達成目的，快速增長智慧。

現在，我們要轉向外部援助，以藥理學（藥物）和科技（小遊戲與人工智慧）的形式，來提升智慧的表現。

精神藥理學多年來一直是我的主要研究領域之一。具體來說，我研究的是治療思覺失調症的抗精神病藥物。一九五〇年代初期首度發現的這些藥物，徹底顛覆傳統，改變了嚴重精神疾病患者的治療方法。這類患者過去住在療養機構數十年，接受過電痙攣療法、胰島素昏迷療法，甚至腦部手術，但病情總是不見好轉。抗精神病藥物明顯減少患者的妄想和幻覺問題，讓他們得以離開醫院，進入社區生活。

不幸的是，這類藥物多年來的副作用（如不可逆的嚴重身體運動異常）日益加劇，釀成新的問題。一九九〇年代推出新一代抗精神病藥物，各界再次燃起興奮之情；過了幾年，糖尿病和肥胖等藥物副作用開始浮現，成為另一種危害，我個人對藥物治療學的研究熱情也逐漸減弱。

我發表了一篇名為〈新藥法則〉的文章。每次只要大張旗鼓地推出新藥，大家就會將這些藥視為能治療多種疾病的萬靈丹。慢慢地，大家愈來愈關注並擔心藥物副作用，不出幾年，這種藥就會被認爲有害，毫無益處可言，與最初的萬靈丹完全相反。

近年來，一個龐大的產業興起，從營養補充品、藥物，到以增強腦力爲宣傳噱頭的燒腦益智遊戲與裝置，無一不是想改善人類的生活與健康。問題是，這些東西眞的有用嗎？它們帶來的好處和正面影響（如果有的話），能不能轉印至現實世界的活動、任務與日常？

藥物：聰明還是智慧？

大家對所謂的「聰明藥」或增強腦力的藥物（一般稱爲益智藥）很感興趣。這是一個以神經生物學爲基礎、價值數十億美元的產業。這些藥眞的能提升人的智慧嗎？

阿斯匹靈及其他止痛藥的作用，是阻斷大腦的疼痛訊號，擾亂及中斷其監督正常免疫系統反應的過程。百憂解、樂復得等選擇性血清素再吸收抑制劑，則是阻斷血清素於大腦中的再吸收來緩解憂鬱症狀。血清素是一種重要的神經傳導介質，具有多種作用，其中最重要的是改善情緒和社會功能。一旦選擇性血清素再吸收抑制劑阻斷其吸收作用，就表示體內有更多的血清素可使用。

如果選擇性血清素再吸收抑制劑能改善情緒，爲什麼其他化合物不能增強智力等大腦功能？這個概念其實很早就有了。綜覽歷史文獻記載，可以看到古人闡釋各式各樣可提升腦力的食物，像是銀杏葉、猴頭菇（一種藥用菇類）等。目前概念上的益智藥最早可追溯到一九七〇年代初期，只是早期這些「藥」主要是化合物，例如咖啡因、維生素B_6和B_{12}等。

新一代的益智藥更複雜，且大多未經證實，其中莫達非尼（Modafinil）是研究最多的藥物之一。莫達非尼最初被美國食品藥物管理局批准用於治療嗜睡症等睡眠相關疾患，結果發現這種藥有時能增強注意力和學習能力等認知功能，但研究數據存在落差、非常有限，也沒有相關試驗驗證莫達非尼的長期有效性或安全性。

多年來，不少大學生開始使用興奮劑來提升課業表現，特別是在考試期間。原先為注意力不足過動症患者開發，用以治療此症的阿德拉（Adderall）、利他能（Ritalin）等藥物，被吹捧為提升專注力、注意力和耐力的聰明藥。據估計，全美有多達三分之一的大學生在使用或誤用注意力不足過動症興奮劑。

這個問題值得關切。雖然這類藥物能帶來短期益處，但愈來愈多的證據顯示，它們的副作用令人擔憂，像是與冒險行為、睡眠中斷和成癮症相關的大腦化學變化等。另外還有倫理方面的問題。可以服用這類增強腦力的藥物來提高考試成績嗎？這樣算不算作弊？另一方面，社會有沒有理由禁止這些藥物？很多學生（老實說幾乎所有人）會喝大量咖啡及其他含咖啡因的飲料來提神（姑且不論眞假），咖啡因會改變腦部血流，阻斷腺苷酸神經受體。腺苷酸（adenosine）是一種細胞副產物，會隨著時間逐漸累積，讓人產生疲勞感。那喝咖啡提神也不道德嗎？

換言之，任何益智藥或非處方藥物是否眞的能提升認知功能、長期服用是否安全、該不該使用、需不需要這些藥，目前還沒有定論。

心智是大腦的產物，也是生物學的產物。生物學具有可塑性，可以調整，其產物自然也可以改變。二〇一一年的電影《藥命效應》（*Limitless*）改編自同名小說，其中虛構了一種名為**NZT-48**的益智藥，表面上能讓使用者發揮「百分之百的腦力」，但問題不在於使用多少腦力，而在於運用的方式。據我所知，這幾年應該不太可能有這類藥物問世，不會有人跳出來鄭重宣布自己發明了一種萬無一失的「聰明藥」，不過，《藥命效應》這類科幻小說確實逐漸以某種形式轉變為科學事實。

目前改善認知能力最可靠的方法，依舊是那些最普通的方法，例如規律的運動和睡眠、均衡飲食、健康的體重、活躍的社交生活、不抽菸等。這些行為並不會直接提升智力，但能確立先決條件，確保大腦健康無虞。

如果聰明藥目前只是虛構出來的幻象，不是事實，那更進一步的智慧藥呢？未來的藥能讓人變得更有智慧嗎？這個問題乍看之下很深奧（或牽強），實則不然。我們已經知道額顳葉失智症這類腦部疾病，特別是其行爲變異，會導致個體喪失智慧相關特徵。一些研究人員（包含加州大學舊金山分校神經學教授布魯斯・米勒在內）已著手研究與額顳葉失智症風險增加有關的基因。例如，有種額顳葉失智症，以及俗稱「路・蓋里格氏症」（Lou Gehrig's disease）的肌萎縮性側索硬化症（amyotrophic lateral sclerosis, ALS，又稱漸凍症），與染色體9p上的特定基因突變有關。專家估計，至少有一〇％的額顳葉失智症患者帶有常染色體顯性基因突變。

之所以推動這類研究，是希望科學家如果找出矯正這些特定突變的方法，包含使用藥物等，那相應的疾病就有機會治癒，甚至預防。這是不是表示有一天，我們會研發出「智慧藥」來治療及彌補個體因額顳葉失智症及其他疾病所喪失的智慧元素？若眞的有這種藥，我們應該廣泛使用，好讓大家變得更有智慧嗎？我們能想出一個明智的方法，妥善處理嗎？這些都是未來幾年社會可能要提出和討論的問題。

科技：遊戲和其他小玩意

幾年前，英國研究人員發表了一項大規模研究結果，測試電子腦筋急轉彎和記憶遊戲是否能大幅改善心理健康。

這項研究爲期六週，有將近一萬兩千人參與。受試者被分成三組，第一組進行的活動可用來評估基本推理、計畫和問題解決能力，例如從四個物品中選出不同於其他三者的物品；第二組以流行的腦筋急轉彎爲基礎，進行更複雜的記憶、注意力、數學和視覺空間處理練習；第三組則花時間上網搜尋一些瑣碎問題的答案。

所有受試者在研究前後都接受了一系列認知測試，以評估他們的整體心理健康。三組受試者在這些基準測驗中都有些微進步，而且幅度一模一樣。

這個結果證實了研究人員的懷疑。人們在執行一項特定的心智任務時，該任務表現會有所提升，但這種現象無法轉譯成整體認知能力提升。常玩數獨可以增強邏輯能力，快速解出格子中該填入什麼數字，但這項技能不會擴展到其他心智能力，例如辨識物品間的差異、記住數字序列等。

儘管如此，這是一個衆人陶醉於生理、心理和人際關係技能自我提升的時代。「腦適能」（Brain fitness）風靡一時，市面上有無數種遊戲、裝置、飲品、藥物和食物，全都宣稱自己比那些單純的老派學習法更好、更有效率，能在短時間內快速提升認知能力。

這些東西有用嗎？基本上我不這麼認爲，至少從市場行銷的程度和細節，或是從消費者的熱情期望來看是這樣。商店和網路上的絕大多數益智產品，都沒有什麼實徵

（經驗性）證據可以支持他們的說法。

事實上，美國醫學研究院（Institute of Medicine, IOM，現稱美國國家醫學院，隸屬美國國家科學、工程與醫學院，負責爲國家政策制定者提供獨立、客觀的分析和建議）二〇一五年的報告指出，部分認知訓練產品比其他產品更好，但令人信服的證據有限。此外，該研究院也建議大家應該要仔細審視、評估和考慮產品製造商聲稱的效果。換句話說，目前尚未出現任何技術具有證據支持，可以讓大腦變得更聰明或更有智慧。

然而，過去三十年的研究清楚表明，若一個人的身體、認知和社交層面都很活躍，大腦就會繼續演化，甚至到了晚年也不停歇。大腦、心智和身體都保持健康、積極活躍的人，大腦神經元和突觸無論是在兩歲、五歲還是二十歲，都不會停止生長。由此可知，不管有科技、沒科技，我們都能爲了大腦，努力做得更好。

人工「真智慧」？

人類日常生活在過去三十年間的變化比過往三千年更多。現在很難想像沒有電子郵件、臉書或智慧型手機的日子。然而，這些東西都是在最近幾十年才出現的。

據說我們正處於繼機械、電力和網路時代後的第四個工業時代。新時代的特點在於技術類型融合，也就是大家熟知的數位革命。人工智慧（artificial intelligence, AI）就是典型的例子。艾倫．圖靈（Alan Turing）被譽爲人工智慧之父，他在一九五〇年寫了一篇名爲〈計算機與智慧〉的論文，探討機器須具備哪些條件才稱得上有智慧。另一位電腦科學家約翰．麥卡錫（John McCarthy）則創造出「人工智慧」一詞，將人工智慧定義爲製造智慧機器的科學和工程。由於傳統上認爲智慧是人類的特徵，因此加上「人工」這個形容詞，表示這種智慧形式來自機器，也就是一台電腦。

現代的日常生活中隨處可見人工智慧。我們上網獲取資訊，用臉書進行社交互動，還能以各種方式遠端遙控保全系統。

我不太懂科技，也不想買最新的筆記型電腦或智慧型手機。然而，二〇一七年，我在沒有計畫的情況下，成爲加州大學聖地牙哥分校新落成的「人工智慧健康生活中心」（與IBM公司合作）共同主任。該中心分爲健康老化和微生物群系兩個部門，我的同事、知名微生物群系專家羅伯．奈特（Rob Knight）是微生物部門共同主任，而我是健康老化部門主任。IBM堪稱是人工智慧領域先驅。

目前我們正在研究超過一百名年齡六十歲以上的年長者，他們全都居住在聖地牙哥一個養老社區的獨立生活區，平均年齡爲八十四歲，年紀最大的人是九十八歲。我們利用生理、認知和心理社會評量、影音紀錄、多種生物指標（包括微生物群系）、身體和環境感應器等方式，對這些長者進行全面評估，目標是用人工智慧找出認知能力下降的最初指標。當然，光靠一項研究並不能找出最終解答，但這是一個概念調查證據，能指引我們方向，讓我們進行規模更大、更明確的研究。一旦確定晚年認知能力下降的最初指標，就可以在症狀出現前進行適當介入。

機器人是人工智慧最有意思也最吸引人的領域之一。二〇一七年，一個名叫Jibo的小機器人躍上《時代》雜誌封面，被評選爲年度二十五大最佳發明。Jibo是一種新型機器人，用其開發者辛西亞・布雷齊爾（Cynthia Breazeal）的話來說，是「世界上第一個社交機器人」。布雷齊爾是麻省理工學院教授，最近幾個月我一直在跟她合作，進行學術研究。

這款機器人看起來有點像兩顆大雪球，有個將近十三公分的圓形螢幕，聲音像小男孩，可以跟使用者互動。除了簡單問一些像是遊戲分數、天氣預報之類的問題（這些問題在Siri和Alexa時代變得再平常不過了），Jibo還會主動和你交流。它會講笑話，也知道你的名字，還會祝你生日快樂，可愛的球形頭部上下旋轉，看著你在房間走來走去，隨時準備做出反應。要是它「不知道」答案或是聽不懂你的話，就會拚命道歉。

有些人很喜歡 Jibo，覺得它可愛又有趣；有些人把重點轉向治療用途，想知道機器人有沒有可能「富有慈悲心」。這個概念和 Jibo 做的事差不多。想像一下，一個充滿吸引力又平易近人的機器人，有它在家做伴會很舒服、很自在。現在，想像自己一個人獨自生活，孤獨和憂鬱壓得你喘不過氣；一個有慈悲心的機器人被設定成可以辨識臉部特徵、解讀聲音中的情緒，或許還能對偵測到的問題主動做出回應。如果你看起來或聽起來很難過，它可能會建議你做些喜歡的活動、打電話給朋友、陪你玩遊戲，或是檢查你的病史，問你是不是忘了吃藥。

日子一天天過去，你和機器人的互動愈來愈多，它也不斷學習，變得更適應你的個性、需求與渴望，無論有什麼事，它都會盡力幫忙。這些機械裝置已化為不同的形式，以各種零碎的樣態存在。Jibo 就是一個例子，蘇菲亞（Sophia）則是另一個。蘇菲亞是個人形機器人，有一張能移動的臉孔和六十二種不同的表情，不只會認人，還會講笑話、回答問題（蘇菲亞還上過很多電視脫口秀），而且似乎能理解周遭發生的事。二〇一七年，蘇菲亞甚至成爲沙烏地阿拉伯公民，成爲全球第一個獲得國家公民認證的機器人。

Jibo 和蘇菲亞屬於比較戲劇化的案例。具有不同人工智慧程度的機器一個接一個問世，迅速占領我們的生活，像是提醒你站起來深呼吸的手錶；協助認知障礙患者或肢體殘障人士，能幫忙開燈、調節溫度、提醒他們吃藥、預約看診的居家系統等。

隨著科技日新月異，這些系統、裝置和機器人能做的事會愈來愈多，與人類愈來愈相似，彼此之間的聯繫也會更加緊密，但你很難想像機器人能擁有與人類一模一樣的慈悲心。首先，機器人似乎需要有類似情緒的內在特質，還要能思考「有情緒」的意義；第二，人類和機器會建立出一種智力、情緒與道德共生關係，在這種共生關係中，我們得以認識、理解自己的核心本質。

儘管人工智慧不斷進步、成果驚人，不可輕率排除任何可能性，但要達到這些要求眞的不容易。現在我們有能力創造出可以學習的機器和「神經網絡」，再加上它們儲存資訊的能力極強，檢索和處理能力又快到讓人眼花，我們的確有望改變人類的處境，而且幾乎每一個面向都能觸及。就跟聰明藥一樣，大家自然會開始思考，這樣的人工智慧發展到某一天，會不會孕育出人工「眞智慧」（artificial wisdom）？

我們知道，智力不等於智慧。智慧的格局更大，縱使藉由人工手段提升、強化，智力永遠都是智慧的一部分。

以自動駕駛車爲例，相關技術飛快成長，有些已經進入實地測試。相關預測報告指出，到了二〇三〇年，路上每四輛車中就有一輛是自動駕駛。

這個數字可能還太保守。過去幾十年來，技術採用生命週期持續縮短。以美國市場來看，電話花了大約四十年的時間才達到四〇％的市場滲透率，接著又花十五年達到七十五％。通用電力的速度沒有比電話快，但手機在短短十多年內就做到了這一點，而智慧型手機花的時間更是直接砍半（有人預測，到了二〇二五年，智慧型手機會被淘汰，取而代之的是一項嶄新的技術）。

這些科技徹底改變了我們的思維與行為模式，不光是在富裕國家，全球大多數地區都有所轉變。手機在非洲大草原幾乎就跟在美國地鐵站一樣普遍。一如既往，人類預測和面對相應變化的能力遠遠趕不上科技發展的速度。

未來也許會出現這樣一個場景：你坐在一輛自動駕駛車上，剎車突然失靈，車子正往擁擠的人行道飛馳而去。左邊有一大群老年人，右邊有個女人推著嬰兒車。汽車該朝哪個方向行駛？

這些困境與研究人員用來研究人類決策過程的經典道德困境不相上下，都提出了具有道德爭議的選擇，也沒有明確又簡單的解決辦法。大部分的人遇到這些難題都會掙扎不已，遲遲無法抉擇。機器會怎麼做？我們又該如何教導、讓機器明白那些道德準則，以做出明智的決定？

人工智慧和機器學習的發展令人眼花撩亂，但人工「眞智慧」屬於另外一個層次。正如先前多次提到的，智慧不只是一種理性活動，也有情緒驅動因子。如今已有愈來愈多機械設備能幫助醫師進行診斷。例如，機器可以依據年齡、基因、環境和社會經濟狀況等因素，來診斷特定類型的癌症，提供可能的治療方法，判斷可能的結果。但是，機器本身還不能分辨出診斷前後的情緒，也不曉得這些情緒是怎麼產生，又是如何影響結果。

人類的智慧包含批判性思考、考量所有選擇，以及帶著一定程度的信心做出幾個最好的選擇。我之所以說「幾個最好的選擇」，是因爲在最艱難的情況下，往往沒有單一最佳選擇。機器可以透過數據處理來產生選項，或許還能算出成功的機率，這也算是某種形式的信心。

我懷疑大多數人還沒準備好讓機器單獨決定像癌症診斷之類的事，將病患療程和命運交託在冷冰冰的設備手上。情感輸入也很重要，我們會希望其他人參與，無論是訓練有素的醫師，還是家人、朋友都好。

沒有人生來就智慧滿盈。我們必須了解情緒。恐懼、憤怒和喜悅是人類天性與心靈的基礎，但我們需要時間和學習才能明白如何面對及管理這些情緒。

如果人類能學會體驗、表達和控制情緒，爲什麼機器無法獲取我們稱之爲人工

「眞智慧」的東西？當然，這不是不可能。十七世紀哲學家和物理學家羅伯．波以耳（Robert Boyle）預見人體器官移植技術，但過了兩個多世紀，直到一九五四年，才出現世上首例腎臟移植；法國小說家朱爾．凡爾納（Jules Verne）預言阿波羅十一號會在一八六五年登陸月球，但這個異想過了一百零四年才實現；一九〇九年，尼可拉．特斯拉（Nikola Tesla）認爲，「應該很快就能以無線傳輸的方式將資訊傳遍全球，任何人都可以攜帶、操作自己的裝置和設備。」

人工「眞智慧」並非遙不可及，只是何時能化爲現實還有待觀察，應用方式主要取決於人類的智慧。智慧是人類獨掌、有益身心的特質，在機器人身上可能永遠無法完美複製。

不過，我相信有智慧的人類可以、也會開發出有智慧的機器人，而其主要功能，就是爲人類服務。

Chapter 12 智慧的未來：從個人智慧到社會智慧

若是獨自一人，我們能做的很少；若是團結眾人，我們能做的很多。

——海倫．凱勒

沒有一個人比其他人更聰明。

——肯．布蘭查（Ken Blanchard）《擊掌哲學》（*High Five!*）

本書大多是透過個人的稜鏡來討論智慧，闡述觀點。無論是甘地、林肯、德蕾莎修女等歷史人物，還是當代的祖父母，都是關於個人的智慧。

當然，群衆也有智慧，群體資訊聚合所生成的決策，比單一群體成員做出的決策更好。這個主題很熱門，許多書籍和討論都對此多有著墨。

然而，社會智慧的概念卻相對冷門，鮮少有科學文獻提及。很明顯，某些社會文化比其他社會文化更有智慧，提升智慧對群體和個人都有好處。

文化很重要。雖然智慧是一種以神經生物學爲基礎的人格特質，具有超越時間和地域的普遍性，但特定智慧要素的相對重要性存在著文化差異。日本社會非常重視人際和諧，傾向避免衝突，美國社會則不然。幾年前，研究人員以隨機抽樣的方式選出一些分別來自美國中西部與日本大東京地區的受試者，讓他們閱聽一系列關於人際衝突與群體間衝突的故事，觀察受試者的反應。

研究結果顯示，美國受試者的智慧表現（此處的智慧意指明白世上存有多元觀點、個人知識有其極限，以及妥協的重要）會隨著年齡增長而提升，日本受試者的智慧表現則否（當然，橫斷性研究無法證明那些變化是因爲年紀才出現）。日本青壯年族群比美國年輕族群更善於運用智慧推理策略，因爲他們的社會規範和期望要求他們這麼做。但文化差異會隨著年齡成長逐漸消弭，美國高齡族群能透過經驗學到日本人早在很久以前就學到的東西。當然，這只是一個小小的研究，所得出的結果無法概括全貌。

同樣的，情緒複雜度也因國家而異。通常研究人員會從兩個基本面向來定義情緒複雜度。一個是情緒辯證（emotional dialecticism），即同時感受到正面情緒和負面情緒；另一個是情緒分化（emotional differentiation），指一個人能區分並描述當下感受到的不同情緒。

加拿大滑鐵盧大學的伊果．葛羅斯曼、艾力克斯．惠恩（Alex Huynh）和密西根大學研究團隊，以隨機抽樣的方式選出來自十個國家、共一百三十萬個英文網頁，探討不同國家的情緒複雜度，觀察正面情緒詞彙在兩個負面情緒詞彙之間出現的頻率。研究結果顯示，比起美國、加拿大、澳洲、英國、愛爾蘭和紐西蘭網站，馬來西亞、菲律賓與新加坡網站內容的情緒混合率較高；南非則介於兩組之間。

接下來，研究人員查看美國、日本、印度、俄羅斯、德國和英國大學生的報告，檢視作者在不同經歷中感受到的情緒，例如跟朋友聚會、在活動中受傷等，發現日本、印度和俄羅斯學生在情緒辯證和情緒分化的得分較高。

伊果．葛羅斯曼及其同事認爲，這種差異的原因在於來自日本、印度和俄羅斯的人較重視相互依存關係，能察覺到所屬群體中其他成員的願望、擔憂、情緒和欲求，認爲自身情緒由人際互動而起；反之，美國和加拿大等西方國家的人多半認爲自己的情緒源自內心。

哪些國家更有智慧？這個問題很難回答。目前還沒有一個正式的工具和標準能有效測量社會智慧。不過，個別社會往往會根據特定指標來展現自己比其他社會優越，而這些指標都是當時被認爲最重要的指標，能反映出國家在世界上的地位。

衡量社會或國家地位

我們最常在國家的背景下，思考現代人類社會。美國社會不同於英國社會；中國社會不同於日本社會；南非社會不同於埃及社會。綜觀漫長的歷史進程，可以發現許多比較社會和國家的方法，有些非正式，有些則屬於近來發展的較正式的指標。以下介紹其中幾個。

過往時代

宗教神話是最早也最古老的衡量標準。這些神話描述了不同文化的「黃金時代」，即相對和平、公正、和諧、穩定與繁榮的時期。豐衣足食；沒有衝突；藝術和科學蓬勃發展；人們過著幸福又長壽的生活。關於這類神話反映現實生活的準確度，目前仍不得而知（這些故事之所以被稱爲「神話」是有原因的），但一般都將之視爲曾經的美好時代、黃金時代，緊接而來的是逐漸低迷、沒那麼理想的銀器、銅器和鐵器時代。

法國小說家與劇作家馬瑟・巴紐（Marcel Pagnol）說：「人們之所以覺得幸福難以企及，是因爲他們總會美化過去，醜化現在，強化未來的不確定性。」國家也是如此。

軍事力量

從人類歷史來看，社會（通常以國家爲代表）有很長一段時間都是以領土疆域和軍事實力，來評斷自己和其他社會。擁有強大陸海軍的國家和統治者，往往會征服或統治力量較弱的小國。

亞歷山大大帝的偉大之處，在於他創建了古代世界最遼闊的帝國之一，巔峰時期的疆域從希臘一直到印度西北部，綿延四千八百多公里；成吉思汗領導的蒙古軍隊近百萬人，更在十三世紀稱霸中東、中國和俄羅斯；鼎盛時期的大英帝國坐擁精銳的陸海軍，領土、殖民地和軍事基地遍布全球，號稱「日不落」帝國。

然而，隨著二十世紀到來，獨立呼聲高漲，昔日的侵略者和殖民者逐漸或是驟然退居至過去的原始疆界，衡量國力的標準也從領土疆域和軍事實力轉向經濟實力。

經濟指標

雖然這個概念很早就出現了，但第二次世界大戰以降，以美元爲單位的國民生產毛額（GNP）和國內生產毛額（GDP）才正式成爲衡量經濟實力的主要標準。國民生產毛額指的是一個國家中所有公民（包含僑居海外的公民）的勞動成果；國內生產毛額指的是國內的生產水準，兩者皆被譽爲經濟成長與繁榮的關鍵指標。

然而，近幾十年來，「國內生產毛額能反映人民福祉」的觀點受到挑戰。國內生產毛額假設經濟成長會如涓涓細流般滴淌，將利益分散至整體社會及各階層人口，但事實不然。經濟成長並不平等，財富可能高度集中。據估計，目前美國最富有的一％人口所擁有的財富，比九〇％底層人口還多。

這些數據顯示，國內生產毛額完全不適合用來衡量社會福祉，對貧窮人來說更是如此。雖然國內生產毛額在衡量短期經濟波動上有其重要性，卻不是衡量經濟成長的指標。套用一句俗話，國家的錢買不到人民的幸福，特別是大部分的錢掌握在極少數人手上的時候。

幸福指數

國內生產毛額並未囊括健康、教育、自由等其他與幸福關係更密切的指標，新的衡量方式則試圖納入這些條件。二〇〇八年，座落於喜馬拉雅山、擠在強大中國與印度之間的不丹王國成爲第一個（也是目前爲止唯一一個）以國民幸福總值（promote gross national happiness, GNH）來衡量幸福指數的國家。

可是，要怎麼衡量全國國民的集體幸福感呢？

不丹政府決定展開公民調查，評估國民的生活滿意度，並將這些數據與社會經濟發展、環境保護、文化提升和良善治理等指標聯繫起來，工作非常繁複。不丹進行了兩次國民幸福總值調查，二〇一五年最新調查顯示，有九十一．二%的不丹人認爲自己「還算幸福」、「很幸福」、「非常幸福」，總幸福感比二〇一〇年首次調查增加了一．八%。

不丹提出國民幸福總值兩年後，由三十五個會員國組成、以推動改善經濟與社會福祉政策爲宗旨的「經濟合作暨發展組織」（Organisation for Economic Co-operation and Development, OECD）在聯合國大會上首度發表「世界幸福報告」（World Happiness Report, WHR）。

該報告評估了六個變量，包含收入、預期健康壽命、困難時有人依靠（社會支持）、慷慨、自由和信任，其中「信任」是以企業和政府是否存在貪腐情況來衡量。二〇一九年發表的最新「世界幸福報告」強調幸福社會基礎的重要。調查團隊表示，這種重要性可藉由比較幸福指數前五名和後五名國家的生活經歷窺知一二。

五個最幸福的國家

第一名：芬蘭
第二名：丹麥
第三名：挪威
第四名：冰島
第五名：荷蘭
（美國排名第十九）

五個最不幸福的國家

第一五二名：盧安達
第一五三名：坦尚尼亞

第一五四名：阿富汗

第一五五名：中非共和國

第一五六名：南蘇丹

這兩組國家之間的幸福差距，主要可以用報告中的六個變量來解釋，但是全球有八〇％的幸福差異發生在國家內部。在美國等相對富裕的國家，造成內部差異的主要原因並非收入不足和不平等（自一九六〇年以來，美國國民每人平均收入成長了大約三倍，平均每人國內生產毛額仍持續上升），而是身體健康、人際關係與心理健康差異。精神疾病是美國國民不快樂的最大源頭。

我們來看看世界各地的精神疾患及治療方法吧。

首先，精神疾病患者可能永遠得不到診斷。我在加州大學聖地牙哥分校醫學院的同事沃爾．艾德萊米（Wael Al-Delaimy）參與了相關國際計畫，致力於促進約旦人民心理健康。約旦是世界上平均難民數最高的國家，難民在狹窄擁擠、資源不足的難民營中飽受衝突所苦，過著動盪不安的生活，特別容易產生心理健康問題，不僅相關資訊很少，醫療資源更少，每十萬名約旦人只有〇．五一名精神科醫師；相較之下，每十萬名美國人就有十二．四名精神科醫師。

由於那些貧苦人得不到治療，照顧與維繫生命的責任便轉移至他們自己的家庭與非正式支持網絡，這些群體願意接納他們的身分與真實樣貌。長期緊密的社會連結、家庭結構和支持，彌補了精神病醫療資源和輔助藥物的不足。一九七〇年代，我在馬里蘭大學的朋友威廉·卡本特（William Carpenter）等研究人員，開始在全球進行知名的「國際思覺失調症探索性研究」，該研究指出，開發中國家的思覺失調症等精神疾病預後情況，可能優於已開發國家。

諷刺的是（或其實一點也不諷刺），隨著國家西化程度增加，這些優勢會逐漸減少。過去大家族與家人間純粹出於需要而彼此照顧，現在家庭規模愈來愈小，愈來愈支離破碎，必須轉而採取有組織（且沒那麼個人化）的醫療形式，來照顧那些需要幫助的人。

另一個類似的現象是高齡者無法得到良好的治療，他們的個人與社會價值可能會在文化偏見與健康衰退的迷霧中逐漸消逝。

我們可以做得更好，讓大家變得更幸福。

人類發展指數

一九九〇年，聯合國開發計畫署首次發表「人類發展報告」（Human Development

Report, NDR），提出所謂的「人類發展指數」（Human Development Index, HDI），該指數已成爲發展界的主要指標。

第一份人類發展報告提出了人類發展的概念，認爲人類發展是一個進程，朝向更好的人類福祉邁進，並列出若干國家級指標，強調合理的生活水準等結果，而非每人平均收入等策略，同時以代理測量方法來衡量三個幸福感重要因子，即得到醫療照護、受教育與取得商品。

人類發展指數特別強調平均預期壽命、教育、收入、知識與生活水準，這些指標構成了人類發展報告的核心，大多數國家皆在排名之列。挪威在二〇一九年的報告中排名第一，其次是瑞士、愛爾蘭、德國和香港，美國落在第十五名，尼日則是當年最後一名，即第一八九名。

人類發展指數對決策者和發展領域專業人員很有用，能讓他們比較經濟地位相仿但結果不同的國家，看看不同國家政策選擇的效果。

世界幸福報告與人類發展指數在界定和計算社會指數上有一定的貢獻，但要建立一個全面性的衡量標準，一個能反映特定社會智慧狀態的標準，還需要更多的因素。其中包含性別發展和平等、貧窮、氣候、土地和水資源利用、公共安全、交通、住宅、社會和公民參與、社區支持、娛樂與文化活動，以及爲不同族群（例如非常年輕和非常年長的人）提供健康服務等。

試圖評估與計算社會智慧的工作，就和這個主題本身一樣複雜，除了上述因素外，還必須納入更多指標，超越享樂衡量標準。享樂衡量標準指的是用唯物主義經濟學來定義快樂和幸福感，是一種注重意義和自我實現的幸福論，將個人或國家視爲更大社群的一員，並依據其運作程度來定義福祉。

部分研究人員建議制定標準來衡量一個人的「繁盛」狀態，即個人體驗到正面情緒和正向心理社會功能的狀態。哈佛大學的泰勒．范德維爾提出五個概括領域，分別是幸福與生活滿意度、心理和生理健康、意義和目標、性格和價值，以及緊密的社會關係。他認爲，家庭、工作、教育和宗教社群是四個常見的主要途徑，能讓人活出繁盛的生命。

衡量社會繁榮的標準，遠比國內生產毛額等單一指標更複雜、更微妙，必須針對明顯的衡量標準（如健康和教育程度）和較短暫的衡量標準（如自決、樂觀、韌性、公民參與、活力、自尊、誠實），來評估全體公民的整體感與幸福感。

推動與提升家庭、工作、教育和宗教社群的社會政策，無疑能改善情況，正如危害這四大途徑的政策會破壞邁向繁榮的機會一樣。如何臻至繁榮，又該如何衡量繁榮，是人類社會永遠的課題。

我們應該可以發展出一個類似傑斯特－湯瑪斯智慧指數的社會智慧指數。社會智慧構成要素與個人智慧構成要素非常相似，像是慈悲心與利他主義等利社會行爲、情緒調節、自我反思、包容與應對不確定性的能力、良好的決策技能等，只是說來容易，做起來卻很困難。我們要怎麼評估國家在情緒調節或自我反思方面的表現？又該由誰來判斷？儘管前方阻礙重重，我依舊不願放棄這個場域。第二次世界大戰期間，全球戰火蔓延，誰想得到未來會成立聯合國或世界衛生組織？這些國際機構雖然不盡完善，卻仍持續努力，做出寶貴的貢獻。我們可以懷著夢想和盼望，或許有一天，各國會互相較勁，搶奪智慧世界盃了！

個人智慧與社會智慧

個人智慧與社會智慧之間的確切關係，目前仍撲朔迷離。也許兩者並行發展，相輔相成，在這種脈絡下，充滿關懷的社會能幫助全體人民培養個人智慧。社會智慧表現愈好，就愈不需要使用個人智慧來維持往後生活中的生存和繁盛。保護性環境可顯著降低非自然原因或可避免原因所造成的死亡風險。若活在一個由充滿智慧的規範、習俗、信念和行爲所統治的社會，個體就不太需要時時刻刻明智行事。

在自然界中已經有相關證據。二〇一二年，費瑟．亞努喬斯基哈特利（Fraser A. Januchowski-Hartley）及其同事研究了澳洲海洋保護區（該區禁止捕魚）內的魚類和保護區邊界外的魚類及其適應行爲。

生活在保護區內的魚類年齡較長，警覺性較低，因爲牠們不像保護區外的魚類那樣需要面臨各種危險。即使在外面遊蕩，這些生活在保護區的魚也沒什麼戒心。人類行爲有點類似這樣。當一個社會保護力極強，個人智慧對於長壽的重要性就會下降。

「群體免疫」的概念擴散了疫苗的效力。如果接種疫苗的人夠多（通常是八〇％到九十五％左右，端看疾病的傳染力），那全體人口都能受到保護。

社會智慧不需要達到類似的比例。但基本上這是不可能的任務，也沒這個必要。智慧本身具有感染力，可以藉由無數種方式在知情與不知情的狀態下散播，一點一滴，從一個人傳給另外一個人，一路演化和適應。智慧幾乎不受限制，可以在任何地方、任何人身上孕育、培養與成長。也許一開始只冒出小小嫩芽，但很快就會茁壯繁茂，超乎所求所想。與此同時，我們也不會期待大家都能完美符合智慧的標準。一個有智慧的社會會接納並幫助每一個人。

社會智慧在成長抑或衰退？

世界是愈來愈有智慧，還是愈來愈沒智慧？以下分別探討這兩種可能。

若全球社會變得更有智慧

認知心理學家暨作家史蒂芬・平克指出，以全球因暴力死亡人數來看，在國家社會出現之前，每年每十萬人就有大約五百人死於暴力事件，如今已下降到每十萬人中只有六到八人，可見一般隱性與顯性社會價值觀在世界各地都有所改善。威權主義主宰了人類歷史很長一段時間。國王、皇帝、蘇丹、酋長等獨裁統治很少受到群眾挑戰。時至今日，世界上大多數國家都聲稱自己擁有某種形式的民主，只是並不完善。

儘管人類的基礎生物學樣態沒有改變（例如女性的生育年齡等），壽命卻比從前更長。平均來說，人會在五十歲左右進入更年期。根據古希臘和羅馬文獻記載，兩千多年前的人類更年期年齡落在四十歲至六十歲之間，與現代大致相同。

至於平均壽命則有如天壤之別。古典希臘與羅馬時代的出生時預期壽命爲二十到三十歲，若個體戰勝孩提時代的疾病而倖存下來，預期壽命就會延長十到二十年。這些數字在接下來幾個世紀持續攀升，但變化幅度不大。

二〇一四年，我與合作夥伴安德魯．奧斯瓦德（Andrew Oswald）在《精神醫學》期刊上發表了一篇論文，認爲上個世紀的人類壽命增加，可能與社會智慧（如慈悲心）提升有關，以致年長者能生活在一個更具保護力的環境，擁有更好的醫療照護和支持。醫學進步是高齡者（特別是那些患有心臟病、癌症等慢性疾病的人）壽命延長的關鍵，這一點無庸置疑。事實上，過去許多致命疾病在經過現代醫學的洗禮後，已轉變成可控制數十年的慢性終身疾病，例如結核病、梅毒、人類免疫缺乏病毒、愛滋病等。

十九世紀初，全球沒有一個國家國民平均壽命超過四十歲。接下來一百五十年，部分地區人民的健康狀況大幅改善，平均壽命延長。一九五〇年，歐洲、北美洲、大洋洲、日本和南美洲部分地區的新生兒預期壽命超過六十歲，但有些地方的新生兒只能活三十年左右，差距非常大。挪威人的平均預期壽命爲七十二歲，而西非國家馬利的平均預期壽命只有二十六歲。

以全球的角度來看，情況有了顯著的改善。當今世上大多數人的預期壽命與一九五〇年最富裕國家的人一樣長。根據聯合國估計，二〇一九年全球平均預期壽命爲七十二．六歲，高於一九五〇年所有國家的數據。日本、瑞士、澳洲、瑞典和韓國等部分國家的預期壽命，更延長到八十多歲（美國處於過渡交界，平均年齡爲七十九．三歲，女性的平均年齡略高於男性）。

十九世紀和二十世紀初的預期壽命拉長，主要是因爲衛生、住宅和教育方面有所改善，導致早期和中期死亡率逐漸下降（當時的死因多爲感染）。二十世紀後半葉，疫苗和抗生素的發展與醫學技術進步，延長了人類的健康狀況。根據專家說法，目前預期壽命持續增長幾乎全是因爲晚年死亡率下降，患有心臟病、中風或癌症的老年人能活得更久。

過去，人類的慈悲心似乎只限於直系親屬和部落，但隨著人口逐漸增長，人與人之間的交流和接觸愈來愈多，慈悲心也慢慢擴展。大多數合法政府都將奴隸制、童工和性販運列爲違法情事。第二次世界大戰後，聯合國、紅十字會、世界衛生組織、國際貨幣基金組織等機構開始幫助全球弱勢族群。無論是發生嚴重地震、火災、海嘯，還是遙遠的彼岸陷入國家危機，我們都能不計自身利益，以個人和世界群體成員的身分伸出援手，就算援助的是陌生人也一樣。

與此同時，價値體系也在改變。兩性平等一直到二十世紀中葉才成爲嚴肅的話題。如今這個概念傳播至世界各地，只是不太完全，速度也很緩慢，我們還有很長的路要走。童婚和童兵這類議題也一樣，這些問題仍存在於世界某些角落，但挑戰、抵制和修法的聲浪愈來愈大。同樣的，大家對多元性傾向的接受度愈來愈高，對家庭暴力的譴責力道愈來愈強。

全球化以及科技和通訊快速發展，有助於縮小國與國之間和國內的差距。我從小在印度長大，家裡有電話是很奢侈的事。許多中產階級家庭沒有電話或冰箱。如果申請一部電話，可能要等上十五年甚至更久才能安裝，因爲當時國內缺乏必要的電纜網路。如今，即便是孟買貧民區的人也可能有手機。WhatsApp等社群媒體，讓來自不同大陸的人得以將距離濃縮成短短幾秒，彼此溝通交流。

若全球社會變得更沒智慧

一旦出現這種情況，就會形成新的危機，與前述那些積極正面的結果相反。瘟疫、霍亂、天花和小兒痲痺等數百年來對健康和福祉的威脅，如今已被各種新的流行病所取代，類鴉片藥物濫用、自殺、壓力和孤獨，都是當代社會面臨的問題。無論是年輕人還是老年人，各個年齡層都飽受這些行爲流行病折磨。數十年來，部分地區的平均壽命首度沒有延長，反而逐漸縮短。

在美國，每十二分鐘就有人自殺，每十一分鐘就有人死於類鴉片藥物過量。過去十多年來，類鴉片藥物過量和自殺的年死亡率急速上升。在我撰寫本書之時，美國的平均壽命已連續兩年出現減少的現象，爲半個世紀以來首見。爲了遏止這場公共衛生危機，社會上開始出現群眾運動，呼籲將這些流行病「藥理化」，希望能開發和批准相關藥物，以預防死亡。

遺憾的是，這種思路太過簡單。疫苗和抗生素已經根除了過去由細菌和病毒感染所引起的眾多流行病，例如鼠疫、霍亂等；然而，類鴉片藥物濫用和自殺等現代流行病，與這類疾患有根本上的不同，隱藏在背後的不是致病微生物，而是孤獨感詭祕又致命的行爲毒素。細談孤獨之前，先提一下幾個攸關社會幸福感、令人擔憂的跡象。

以美國來看，另一個社會智慧惡化的指標是大眾教育水準下降。長期金融危機和不斷變化的趨勢，危及並消滅了大眾教育許多面向。大眾教育一度被認爲是廣義人文學科不可或缺的關鍵，而且歷史悠久，目的在於發現「普世原則，這些原則是一切事物存在的可能」，正如奈吉爾．塔布斯（Nigel Tubbs）在《哲學與現代人文教育：自由即學習》（*Philosophy and Modern Liberal Arts Education: Freedom Is to Learn*，暫譯）一書中說的。

放眼全國學校，藝術、音樂、體育課程、戶外活動的時間愈來愈少，就連公民課甚至歷史課看起來都有點古怪或過時，根本不需要存在。我們對孩子的期望愈來愈多，探索的領域卻愈來愈窄。許多學校都開始增設電腦程式編碼課程，而非公民權利與責任課程，學生不再從失敗與衰落的社會文化中汲取教訓，也不再探究復活節島、羅馬帝國和前蘇聯。我很贊成加強電腦與科技教育，但同時也應輔以幸福感與慈悲心方面的訓練。

近年來，我投入大量心力研究孤獨感。孤獨感是一種親密焦慮，屬於個人感受，雖然很常見，但當代這種現象或許比以往更加普遍。

孤獨就跟抽菸和肥胖一樣會危害健康。根據美國健康照護研究與品質機構（US Agency for Healthcare Research and Quality）報告，每年有十六萬兩千人死於社會孤立，超過癌症或中風的死亡人數。在英國，孤獨對企業的經濟影響估計每年超過三十億美元，導致英國政府在二〇一八年設立了新的「孤獨部長」，以處理日益嚴重的孤獨問題。

多項研究和調查顯示，當今社會中經常且深深感到孤獨的人比從前更多。歷史學家、倫敦大學瑪麗皇后學院「情緒史中心」（Centre for the History of Emotions）創辦人菲伊．邦德．艾貝蒂（Fay Bound Alberti）指出，十八世紀末前，人類很少提到孤獨，當時用的是「獨一」（oneliness）一詞，這個詞的意識形態和心理色彩微乎其微，沒有任何特別或明顯的負面含義，單純表示獨自一人、遠離人群的狀態，此為生活中無可避免甚至是必要的情況。獨處也有好處。

此外，菲伊．邦德．艾貝蒂曾在二〇一九年出版《孤獨傳》（*A Biography of*

Loneliness，暫譯）一書，她認為，那個年代的大多數人認為自己從來都不是真正獨自一人。她說：「人們生活在小社群裡，多半相信上帝（表示他們從未落單，雖然他們在肉體上是孤立的），而且當時流傳一種哲學觀念，認為群體是共同利益的來源，因此不需要用到『孤獨』這個詞。」

十九世紀的工業化現象削弱了社會聯繫，滋生孤獨感。過去五十年來，孤獨感的流行率翻了一倍，而且逐步惡化。

孤獨感具有一定的遺傳基礎（三十七％到五十五％），有些人的遺傳傾向比其他人更強。從根本上來說，孤獨也是生命的一部分，有其特殊價值，不僅有助於自我反思和評估，還能激發創造力，最重要的是，孤獨能促使個體走進世界，認識他人，追求更親密的關係。

孤獨感與社會孤立不同。孤獨是主觀的感受，個體渴求更多社會關係，因而感到焦慮、痛苦和恐懼。另一方面，社會孤立是客觀存在的事實，表示個體嚴重缺乏社會關係。兩者可以共存，也可以單獨出現。一個人可以有社會孤立感，但不覺得孤獨；另一個人可能身旁有很多人圍繞，卻依舊覺得孤單。不過，孤獨感與社會孤立都會嚴重威脅健康，必須採取不同的介入措施來改善。

若孤獨感持續存在，牢牢扎根在心底，成為一種慢性問題，那就很令人擔憂了。

我和同事在二〇一八年進行了一項研究，有四分之三的受試者表示，自己在二十歲到九十歲整個成人生命週期中曾出現中度至高度的孤獨感。這一點非常值得關注，因爲那些受試者並沒有陷入中度或高度孤獨的風險，沒有罹患嚴重的身體或精神疾病，簡單來說就是一般人，而孤獨與生理和心理健康狀況較差有關。

其他研究人員也發現令人不安的現象。都柏林聖三一學院的愛爾蘭老化縱貫性研究，對八千多名愛爾蘭年長公民（五十歲以上）進行具代表性的抽樣調查，自二〇〇九年開始持續觀察受試者的健康、社會和經濟狀況；他們對社會和經濟的貢獻；以及「成功老化」的生物和環境要素。

沒想到研究結果令人憂心。他們發現，超過三十七%的受試者經常或有時會出現孤獨感，隨著年齡增長，女性比男性更常感到孤獨，而且時間拉得更長，因爲女性往往比男性長壽。愈來愈多人因爲孤獨這項流行病而出現慢性健康問題，造成惡性循環：孤獨導致憂鬱和健康問題，進而產生更強烈的孤獨感與絕望感。

拉夫森（**S. B. Rafnsson**）及其同事於二〇一七年發表了一項研究，對英國六千六百七十七名無失智症成人進行爲期六年的追蹤調查，記錄他們的生活樣態，例如婚姻狀況、親密關係多寡以及社會孤立程度，即與家人和朋友接觸、參與組織活動的情況。

六年後，有兩百二十名受試者罹患失智症。比起擁有親密關係或已婚的受試者，研究過程中孤獨感表現較強的受試者，罹患失智症的機率更高，可見老年失智風險與晚年孤獨感有關。

爲什麼近年來孤獨感、自殺人數和類鴉片藥物使用量空前增加？科技、社群媒體和全球化快速發展，確實在許多方面提高了生活品質，但也顛覆了社會風俗習慣，造成前所未有的社會脫節現象。資訊超載、二十四小時網路連線、無數膚淺且往往有害的社群媒體關係，以及日益激烈的全球化競爭，都加劇了現代社會的壓力。一項新的蓋洛普民意調查顯示，過去十幾年，美國自陳報告的壓力和憂慮增加了二十五％。

値得注意的是，這種壓力對年輕人的影響遠大於年長者。《變態心理學期刊》二〇一九年刊載了一項以六十多萬美國人爲對象的研究，該研究指出，壓力程度與年齡成反比。二十歲者的壓力是四十歲者的兩倍，是七十歲者的四倍，也難怪年輕人的自殺率和類鴉片藥物相關死亡率上升幅度遠大於老年人，其中又以千禧世代受到的影響最嚴重。

只剩半杯水，或還有半杯水？

總而言之，幾個世紀以來，社會在幾個特定領域有長足的進步，其他領域的情況卻惡化了。這是典型的「杯子半空」與「杯子半滿」的故事。不過我倒是很樂觀。我深信，人類一定也可以提升社會智慧。儘管這條路崎嶇不平、起伏跌宕，我們還是要盡力而爲，因爲失敗無法引致人類的生存與繁榮。

孤獨感、自殺與類鴉片藥物濫用等現代行爲流行病，是壓力不斷增加的結果，需要「行爲疫苗」或解藥。好消息是，我們的研究得出了一個令人驚訝的發現：孤獨感與智慧指數成反比，兩者息息相關。三項不同的研究也得出一樣的結果，且其納入的受試者都不同，分別是三百四十名成年聖地牙哥居民、三千多名來自美國各地的成年人，以及二百五十名來自義大利南部奇倫托地區的年長族群（其中包含五十名九十歲以上的高齡者）。事實上，智慧（以聖地牙哥智慧量表測量）是孤獨感最重要的相關因素（但呈現負相關）。

我的研究爲孤獨感的毒素提供了一種解藥，那就是智慧。愈有智慧的人愈不容易受孤獨感折磨。這就回到本書想傳達的訊息：你可以透過一些方法讓自己變得更有智慧，進而降低感到孤獨的機率。

快速增長智慧：個人與社會

蘇格拉底曾感嘆，書籍會在靈魂中「創造遺忘」。他擔心讀者只會盲目相信外在書寫的文字，而非自己所知所記的一切。這類抱怨和警告隨著印刷術、電報、廣播、電視與手機陸續問世，在人類歷史上不斷回響。很多人都認為，網路讓我們變得遲鈍、麻木、愚蠢。

然而，有種理論叫「放大定律」，主張技術等環境因素的主要作用是放大人類的力量，強化既存的內在力量、能力和意圖。我相信，有智慧的人會明智地使用那些能提升腦力的藥物或技術，雖然這有點像是自我安慰，但我們在探索這些可能性的同時，也必須繼續努力推動個人與社會自然發展。

可是該怎麼做呢？本書提供了一個溫和的步驟，希望能促使你思考智慧的本質，了解快速增長智慧的方式。不過，廣義來說，我們必須有意識地教導、加強並提升本書提到的智慧構成要素。

「社會慈悲」是智慧的重要內涵，也是其中一種解方，重點在於將照護資源分配給所有人，無論年輕還是年老。正如早產新生兒在有長期護理時的存活機率比較高，高齡者的生存與繁盛也是如此，當社會強調以慈悲心、同理心和利他主義為本的照護時，對於身體、認知與生殖功能惡化，或存在藥物濫用和社會孤立等痛苦，也具有同樣的助益。文明程度較高的社會更有智慧、社會慈悲心更強，例如建立安全網；妥善照顧老人、殘疾人士、精神病患者，以及那些特殊或需要幫助的人。

要怎麼讓社會變得更有智慧？答案是透過教育。美國哲學家、心理學家與改革家約翰．杜威（John Dewey）曾說：「教育不是為了人生做準備。教育就是人生本身。」

凡事都從教育開始，以教育結束。身爲父母，我們努力指引孩子，把自認爲適當、眞實、良好、正確的事交給他們，接著把他們送到學校。過去，我們只希望孩子在學校學習閱讀、寫作和禮儀，然而，隨著時光推移，大衆教育系統承擔了更多責任，增設體育課程以鍛鍊健康的體魄；性教育的出現是爲了提供必要且適當的知識；藝術和音樂教育培養出充滿創意的靈魂。

我們必須找到方法，來爲年輕族群的教育注入提升智慧要素的課程，包含慈悲心和其他利社會行爲、自我反思、情緒調節、接納不同觀點，還有做出好決定的能力。

社會上經常談論所謂的解方或補救措施。我們提出建議、倡導觀念、支持主張，但高談闊論後卻沒有持續付諸實行。我們應該不斷腦力激盪、思考和討論，好的想法永遠不嫌多。無論是什麼想法，都應該包含以下基本原則：孩子的教育應教導他們活出美好的人生，而不僅僅是謀生。重點在於知識，而不是資訊；在於如何思考，而不是思考什麼。建議孩子及早了解付出與慈善的眞諦，使之成爲第二天性，應該不算無理的要求吧？

愛因斯坦說：「智慧不是學校教育的產物，而是終生追尋的結果。」不過，一切都從能提供那些終生工具的教育開始。

當然，學習不僅限於學生時代。一七七六年，幾位起草《美國獨立宣言》的智者寫下「生命權、自由權與追求幸福權」。所謂的幸福不只是享樂意義上的幸福，而是那種生活的樂趣和愉悅感，像是一份好工作、一個家、一群好友、舒適感等，還有亞里斯多德的幸福觀提到的，值得活下去、品德美善的生命，一種自我覺察，努力追尋意義，充分發揮個人潛能。

我們時常聚焦於享樂，而非幸福。這樣比較簡單，卻缺乏智慧。

一個有智慧的工作場域，不僅生產力極高、充滿創意，更洋溢著幸福快樂的氛圍。只注重銷售或利潤的企業，若需要員工持續進行不健康的競爭、處於壓力破表的環境，就不算有智慧的企業。

最有智慧的商業領袖不僅明白，更反映出幾個基本原則：他們看見脆弱的力量，對權勢較低的人敞開心扉，推動互惠關係；領導不是單向行爲。他們鼓勵冒險以消除恐懼，勇敢思考以超越極限，重視尊重更甚於讚賞。

人生和社會也可以援用類似的概念。若一支運動校隊不惜一切代價爭取勝利，而非讓隊員團結合作、從中學習，同理那些天賦較低的對手，就稱不上有智慧的球隊，無論贏得幾座冠軍都沒意義，因爲最終輸的比贏的還多。

這些想法聽起來很像過分簡化的陳腔濫調，聽起來很平庸，感覺不用說也知道，但它們都是眞理，是眞眞切切的事實。倘若我們無視，風險就得自己承擔。

在危機中實踐個人智慧與社會智慧

一七七六年，美國開國元勛之一湯瑪斯．潘恩（Thomas Paine）於衰亡的日子中寫下那是考驗人們靈魂的時代。當時美國革命如火如荼，但坦白說，情況對美國新政府而言並不順利。福吉谷（Valley Forge，編註：美國獨立戰爭期間，大陸軍於一七七七年至一七七八的宿營整軍地）還未出現。

但戰爭終將結束，新國家隨之誕生，茁壯繁榮。當然，一路上還是會遇見大大小小、自然或人爲的危機。世界就是這樣運轉的，永遠都有潛藏的危險，有時甚至超乎想像。

我在本書中主要將實踐智慧視爲一種避免個人危機（如路怒、喪親之痛等）的方法。不過，社會也在努力應對、管理危機，尋找另一條路，朝更好的方向前進。

有些危機具有區域性，例如二〇〇五年可怕的卡崔娜颶風，估計造成一千八百三十三人死亡，紐奧良和墨西哥灣沿岸數百萬人無家可歸，損失超過一千兩百五十億美元。沒想到才過了十二年，哈維颶風就在德州和路易斯安那州釀成類似的破壞。

有些屬於國家危機，例如對紐約世貿中心、華盛頓五角大廈以及聯合航空九十三號班機（該航班最後墜毀於賓州尚克斯維爾附近的田野）的恐怖攻擊。九一一事件造成近三千人喪生，兩萬五千多人受傷，一百億美元的基礎建設與財產損失，摧毀了原本的美國精神，烙下永遠無法彌補的傷害。

此外還有全球危機，像是第二次世界大戰、氣候變遷等。地球上所有人都無法逃離這些險境。新冠病毒大流行初期就很有這種感覺，這是另一場全球危機，對個人、地區、國家和世界都造成負面影響。主要的挑戰有二。

首先，這場危機充滿（且某種程度上來說仍持續存在）混亂與不確定性。這種冠狀病毒是新型病毒，人類先前從來沒接觸過，沒有免疫防禦力，大家都不知道會發生什麼事，因而萌生恐懼和不祥的預感。我會被感染嗎？我會死嗎？我愛的人會怎麼樣？我的社區呢？這個國家？還有人類？

另一個挑戰在於社交距離。這是專家和政府所建議，有時是強制執行的政策和步驟，以延緩及控制病毒傳播。人類是社會性動物。面對摯愛的家人、朋友、同事，甚至是可能會帶來意想不到的樂趣和喜悅的陌生人，我們要怎麼保持距離？這些對抗病毒的必要策略，跟我們教孩子的事背道而馳：要問候、擁抱你關心的人；一起吃飯；與別人分享玩具和禮物；大家一起玩。社會參與是促進健康和長壽最有效且經過證實的方法之一。

我們該如何驟然轉向，與除了父母和重要之人以外的其他人保持距離？以下列出的九項智慧要素相關策略，能幫助我們盡可能順利度過難關，讓我們在危機中生存，自危機中成長。這些方法適用於任何變化、衝突、困境或災難。

1. **情緒調節**：不要驚慌。接受現實，同時保持積極正面的態度。
2. **自我反思**：想想自己過去如何成功走出困境，並採用類似的策略。
3. **利社會行為**：助人助己。在我的孤獨感質性研究中，幾位年長受試者表示，自己在幫助需要幫助的人時，會覺得非常快樂、活力充沛，而且沒那麼孤獨。如前所述，智慧是孤獨等壓力最好的解藥，特別是慈悲心這個特質。
4. **接受不確定性和多樣性**：看看別人的反應，從他們的行動和策略中學習。天底下沒有一體適用的解決方案。別妄下論斷。

5. 果斷：你會需要解決各種道德困境。疫情流行期間，你會遇上什麼時候該隔離、要跟誰隔離、家庭和工作孰輕孰重、要不要冒著感染甚或生命危險去幫助別人之類的問題。急救人員、急診室醫師、雜貨店店員……許多人都會面臨這些困境。你必須根據當下掌握的資訊做出決定，同時希望長遠來看，這是正確的抉擇。躊躇不定的矛盾心理完全沒有幫助。

6. 社會諮詢（需要具備一般人生知識）：聽取專家的意見，這樣你才能給出更好的建議。

7. 靈性：我們必須關心全體人類及其他事物，包含動植物在內。

8. 幽默感：黑暗時刻舒緩心情的好幫手。

9. 敞開心胸，擁抱新的體驗：保持開放性能將危機變成轉機，創造成長的機會。

這些觀察結果適用於社會各層級，從勞工、家庭主婦及主夫，到地方、地區、國家與國際政府和組織領導人皆可用。個人面臨的危機可能有細節和範圍上的差異，但使用的智慧工具是一樣的。

一九四三年，第二次世界大戰衝擊全球，英國首相邱吉爾站在群眾面前，試圖團結大家的力量，傾注共同的勇氣和希望；他過去曾做過很多次，未來也是一樣。他在那場演講中說：「只要我們團結一心，沒什麼不可能。若我們分崩離析，一切終將失敗。」

愛蓮娜・羅斯福（Eleanor Roosevelt, 1884~1962）是一位與眾不同、充滿智慧的領袖。她於二次大戰前後及期間，將第一夫人的角色轉化爲美國總統，成爲公認的力量象徵，不僅關注並推動公民權政策以幫助窮人、婦女和弱勢族群，協助制定改變社會的社會福利新政，更促使聯合國誕生，後來還協助制定《世界人權宣言》（Universal Declaration of Human Rights），創立聯合國兒童基金會（UNICEF）。她是不折不扣的全球人道主義者。

我們的目標和夢想，應該是創造一個智慧滿盈、能包容所有成員的社會，一個嶄新、全球性的香格里拉。這個香格里拉是詹姆斯・希爾頓在小說《消失的地平線》（*Lost Horizon*）中描繪的樂土和我年輕時的憧憬。在這個未來社會中，我們可以一起臻至成功。

雖然這是一段漫漫長路，我們還是要跨出第一步。先讓自己變得更有智慧，再推及整個社會。

來吧，就是現在。從你開始！

致謝辭

本書是許多傑出人才的智識與心靈結晶，我非常仰賴他們的努力、見解和貢獻。在此由衷感謝幾位年輕的學術界同儕，沒有他們，這本書不可能完成。謝謝加州大學聖地牙哥分校的艾倫・李（Ellen E. Lee, MD）、巴頓・帕默（Barton W. Palmer, PhD）和科羅拉多州立大學的麥可・湯瑪斯。

不僅如此，我也有幸與加州大學聖地牙哥分校其他同事共同發表無數智慧相關主題論文，包含凱薩琳・班根、蕾貝卡・戴利（Rebecca E. Daly, BS）、柯林・戴普（Colin A. Depp, PhD）、艾蜜莉・艾德蒙（Emily C. Edmonds, PhD）、葛蘭・艾格利特（Graham S. Eglit, PhD）、麗莎・艾勒、丹妮兒・葛羅利奧索（Danielle K. Glorioso, MSW）、莎拉・葛拉姆（Sarah A. Graham, PhD）、傑米・喬瑟夫（Jamie Joseph, PhD）、艾薇莉亞・馬汀（A’verria S. Martin, PhD）、湯瑪斯・米克斯、羅莉・蒙特羅斯（Lori P. Montross, PhD）、亞莉珊卓・莫列特・帕雷德斯（Alejandra Morlett Paredes, PhD）、阮譚雅（Tanya T. Nguyen, PhD）、勞倫斯・帕林卡斯（Lawrence A. Palinkas, PhD）、馬丁・保祿（Martin P. Paulus, MD）、愛蜜莉・翠克勒（Emily B. H.

Treichler, PhD）、杜鑫（Xin M. Tu, PhD）、伊莉莎白・圖溫利（Elizabeth W. Twamley, PhD）、萊恩・范派頓（Ryan Van Patten, PhD）和道格拉斯・齊多尼斯（Douglas M. Ziedonis, MD）。

此外，我還要感謝羅馬大學的薩爾瓦多・迪索馬（Salvatore Di Somma, MD）、約翰霍普金斯大學的詹姆斯・哈里斯（James C. Harris, MD）、ＩＢＭ研究團隊的金赫喆（Ho Cheol Kim, PhD），以及哈佛大學的伊普・瓦西亞。

當然，我也要點名幾位卓越的科學領袖與合作夥伴，其中很多人同樣是我的好友。特別感謝杜克大學前副校長與榮譽教授丹・布萊澤、芝加哥大學教授與實踐智慧中心主任霍華・諾斯邦，以及匹茲堡大學醫學院精神病學榮譽特聘教授查爾斯・雷諾斯三世（Charles F. Reynolds Ⅲ, MD）。

另外，我還要謝謝哈佛醫學院精神病學教授喬治・威朗特、加州大學舊金山分校神經學教授布魯斯・米勒、佛羅里達大學社會學教授莫妮卡・阿德爾特、加拿大滑鐵盧大學副教授伊果・葛羅斯曼、奧地利克拉根福大學發展心理學教授茱蒂斯・格魯克、康乃爾大學人類發展學教授羅伯・史坦伯格，以及華盛頓大學聖路易分校精神病學與遺傳學教授羅伯・克勞寧格。

每本書背後都有一群人和一個故事，創作與成功的關鍵皆繫於此。我們對他們的感激發自內心，永無止境。謝謝我們優秀的經紀人海瑟・傑克森（Heather Jackson）克服了許多意想不到的挑戰；感謝Sounds True出版社編輯總監海玟・艾佛森（Haven Iverson）看到這本書的潛力和前景，使之成真；還有執行編輯萊絲莉・布朗（Lesile Brown）費心監督編務與出版過程，瑪喬莉・伍鐸（Marjorie Woodall）敏銳的文字編輯功力，丹・法利（Dan Farley）的初期建議和指導、寶拉・史密斯（Paula K. Smith）日復一日不間斷的支持，以及加州大學聖地牙哥分校健康科學院院長大衛・布瑞納（David A. Brenner, MD）與珊卓・布朗（Sandra A. Brown, PhD）的科學和行政領導，多虧他們支援研究基礎設施，我們的工作才得以順利進行。

最後，我們要感謝摯愛的家人和朋友，謝謝他們的良善、關愛、耐心和陪伴；對此，我們永遠感念在心。

參考文獻

Chapter 1 定義智慧

Gail Fine, "Does Socrates Claim to Know That He Knows Nothing?" *Oxford Studies in Ancient Philosophy* 35 (2008): 49–88.

Proverbs 4:7 (King James version).

Hermann Hesse, *Siddhartha* (New York: New Directions Books, 1951).

Robert Heinlein, *Between Planets* (New York: Del Rey Books, 1951).

Ursula Staudinger, "A Psychology of Wisdom: History and Recent Developments,"*Research in Human Development* 5, no. 2 (2008): 107–120, doi.org/10.1080/15427600802034835.

H. Sheldon, *Boyd's Introduction to the Study of Disease*, 11th ed. (Philadelphia: Lea & Febiger, 1992).

David P. Folsom et al., "Schizophrenia in Late Life: Emerging Issues," *Dialogues in Clinical Neuroscience* 8, no. 1 (2006): 45–52.

A Beautiful Mind, directed by Ron Howard, 2001.

Sylvia Nasar, *A Beautiful Mind* (New York: Simon & Schuster, 1998).

Erica Goode, "John F. Nash Jr., Math Genius Defined by a 'Beautiful Mind,' Dies at 86," *New York Times*, May 24, 2015, nytimes.com/2015/05/25/science/john-nash-a-beautiful-mind-subject-and-nobel-winner-dies-at-86.html.

R. Van Patten et al., "Assessment of 3-Dimensional Wisdom in Schizophrenia: Associations with Neuropsychological Functions and Physical and Mental Health,"*Schizophrenia Research* 208 (June 2019): 360–369, doi.org/10.1016/j.schres.2019.01.022.

M. L. Thomas et al., "Paradoxical Trend for Improvement in Mental Health with Aging: A Community-Based Study of 1,546 Adults Aged 21–100 Years," *Journal of Clinical Psychiatry* 77, no. 8 (2016): e1019–e1025, doi.org/10.4088/JCP.16m10671.

D. V. Jeste et al., "Expert Consensus on Characteristics of Wisdom: A Delphi Method Study," *Gerontologist* 50, no. 5 (October 2010): 668–680, doi.org/10.1093/geront/gnq022.

K. J. Bangen et al., "Defining and Assessing Wisdom: A Review of the Literature," *American Journal of Geriatric Psychiatry* 21, no. 12 (December 2013): 1254–1266, doi.org/10.1016/j.jagp.2012.11.020.

Alvin I. Goldman, "Theory of Mind," in *Oxford Handbook of Philosophy and Cognitive Science*, ed. Eric Margolis, Richard Samuels, and Stephen Stich (Oxford, UK: Oxford University Press, 2012), 402–424.

D. V. Jeste and I. V. Vahia, "Comparison of the Conceptualization of Wisdom in Ancient Indian Literature with Modern Views: Focus on the Bhagavad Gita,"*Psychiatry* 71, no. 3 (2008): 197–209, doi.org/10.1521/psyc.2008.71.3.197.

D. V. Jeste, "We All Have Wisdom, but What Is It?" *San Diego Union-Tribune*, April 3, 2015, utsandiego.com/news/2015/apr/02/brain-wisdom-explained/.

Chapter 2 智慧神經科學

Winston Churchill, "The Russian Enigma," BBC, radio broadcast, October 1, 1939. Churchill's quote is as follows: "I cannot forecast to you the action of Russia. It is a riddle, wrapped in a mystery, inside an enigma; but perhaps there is a key. That key is Russian national interest."

T. W. Meeks and D. V. Jeste, "Neurobiology of Wisdom: A Literature Overview," *Archives of General Psychiatry* 66, no. 4 (2009): 355–365, doi.org/10.1001/archgenpsychiatry.2009.8.

T. W. Meeks, R. Cahn, and D. V. Jeste, "Neurobiological Foundations of Wisdom," in *Wisdom and Compassion in Psychotherapy*, ed. R. Siegel and C. Germer (New York: Guilford Press, 2012), 189–202.

D. V. Jeste and J. C. Harris, "Wisdom—A Neuroscience Perspective," *Journal of the American Medical Association*

304, no. 14 (2010): 1602–1603, doi.org/10.1001/jama.2010.1458.

E. E. Lee and D. V. Jeste, "Neurobiology of Wisdom," in *The Cambridge Handbook of Wisdom*, ed. Robert Sternberg and Judith Gluck (Cambridge, UK: Cambridge University Press, 2019), 69–93.

David Eagleman, *The Brain: The Story of You* (New York: Vintage Books, 2015).

J. Decety and P. L. Jackson, "The Functional Architecture of Human Empathy," *Behavioral and Cognitive Neuroscience Reviews* 3, no. 2 (2004): 71–100, doi.org/10.1177/1534582304267187.

Buddhaghosa, *The Path of Purification (Visuddhimagga)*, 4th ed., trans. Nyanamoli Himi (Kandy, Sri Lanka: Buddhist Publication Society, 2010), IX, 23, accesstoinsight.org/lib/authors/nanamoli/PathofPurification2011.pdf.

Will Rogers, syndicated column, August 31, 1924, as quoted in *The Will Rogers Book*, compiled by Paula McSpadden Love (Indianapolis, IN: Bobbs Merrill, 1961).

Ajit Varki and Danny Brower, *Denial: Self-Deception, False Beliefs, and the Origins of the Human Mind* (New York: Twelve, 2013).

John Van Wyhe, "The Authority of Human Nature: The Schadellehre of Franz Joseph Gall," *British Society for the History of Science* 35, no. 1 (2002): 17–42, doi.org/10.1017/S0007087401004599.

Charles Darwin, *On the Origin of Species by Means of Natural Selection* (London: John Murray, 1859).

J. C. Flugel, *A Hundred Years of Psychology, 1833–1933* (New York: Macmillan, 1933).

Sam Kean, "Phineas Gage, Neuroscience's Most Famous Patient," *Slate,* May 6, 2014, slate.com/technology/2014/05/phineas-gage-neuroscience-case-true-story-of-famous-frontal-lobe-patient-is-better-than-textbook-accounts.html.

H. Damasio et al., "The Return of Phineas Gage: Clues About the Brain from the Skull of a Famous Patient," *Science* 264, no. 5162 (1994): 1102–1105, doi.org/10.1126/science.8178168.

J. D. Van Horn et al., "Mapping Connectivity Damage in the Case of Phineas Gage," *PLoS ONE* 7, no. 5 (2012): e37454, doi.org/10.1371/journal.pone.0037454.

John Fleishman, *Phineas Gage: A Gruesome but True Story About Brain Science* (New York: Houghton Mifflin, 2002).

M. A. Cato et al., "Assessing the Elusive Cognitive Deficits Associated with Ventromedial Prefrontal Damage: A Case of a Modern-Day Phineas Gage," *Journal of the International Neuropsychological Society* 10, no. 3 (2004): 443–465, doi.org/10.1017/S1355617704103123.

R. Adolphs et al., "Impaired Recognition of Emotion in Facial Expressions Following Bilateral Damage to the Human Amygdala," *Nature* 372, no. 6507 (1994): 669–672, doi.org/10.1038/372669a0.

A. Aftab et al., "Meaning in Life and Its Relationship with Physical, Mental, and Cognitive Functioning," *Journal of Clinical Psychiatry* 81, no. 1 (2020): 19m13064, doi.org/10.4088/JCP.19m13064.

Chapter 3 智慧與老化

Susan Heller Anderson and David W. Dunlap, "New York Day by Day; A New Job?" *New York Times*, April 25, 1985, nytimes.com/1985/04/25/nyregion/new-york-day-by-day-a-new-job.html.

Adele M. Hayutin, Miranda Dietz, and Lillian Mitchell, "New Realities of an Older America," Stanford Center on Longevity, 2010, longevity3.stanford.edu/wp-content/uploads/2013/01/New-Realities-of-an-Older-America.pdf.

"Living to 120 and Beyond: Americans' Views on Aging, Medical Advances and Radical Life Extension," Religion and Public Life, Pew Research Center, August 6, 2013, pewforum.org/2013/08/06/living-to-120-and-beyond-americans-views-on-aging-medical-advances-and-radical-life-extension/.

Daniel Goleman, "Erikson, in His Own Old Age, Expands His View of Life," *New York Times*, June 14, 1988, nytimes.com/1988/06/14/science/erikson-in-his-own-old-age-expands-his-view-of-life.html.

Erik H. Erikson and Joan M. Erikson, *The Life Cycle Completed: Extended Version* (New York: W. W. Norton, 1998).

L. M. Forster, "The Stereotyped Behavior of Sexual Cannibalism in Latrodectus-Hasselti Thorell (Araneae, Theridiidae), the Australian Redback Spider," *Australian Journal of Zoology* 40, no. 1 (1991): 1–11, doi.org/10.1071/ZO9920001.

George C. Williams, "Pleiotropy, Natural Selection, and the Evolution of Senescence," *Evolution* 11, no. 1, (1957):

398–411, doi.org/10.1111/j.1558-5646.1957.tb02911.x.

K. Hawkes and J. Coxworth, "Grandmothers and the Evolution of Human Longevity: A Review of Findings and Future Directions," *Evolutionary Anthropology* 22, no. 6 (2013): 294–302, doi.org/10.1002/evan.21382.

M. Lahdenpera et al., "Fitness Benefits of Prolonged Post-Reproductive Lifespan in Women," *Nature* 428, no. 6979 (2004): 178–181, doi.org/10.1038/nature02367.

M. A. Barnett et al., "Grandmother Involvement as a Protective Factor for Early Childhood Social Adjustment," *Journal of Family Psychology* 24, no. 5 (2010): 635–645, doi.org/10.1037/a0020829.

F. Schwarz et al., "Human-Specific Derived Alleles of CD33 and Other Genes Protect Against Post-Reproductive Cognitive Decline," *PNAS* 113, no. 1 (2016): 74–79, doi.org/10.1073/pnas.1517951112.

Heather Buschman, "Newly Evolved, Uniquely Human Gene Variants Protect Older Adults from Cognitive Decline," Newsroom, UC San Diego Health, November 30, 2015, health.ucsd.edu/news/releases/Pages/2015-11-30-Human-Gene-Variants-Protect-Older-Adults-from-Cognitive-Decline.aspx.

M. Ardelt, "How Similar Are Wise Men and Women? A Comparison Across Two Age Cohorts," *Research in Human Development* 6, no. 1 (2009): 9–26, doi.org/10.1080/15427600902779354.

William Shakespeare, *As You Like It*, act 2, scene 7.

Mark Twain, *Following the Equator* (Chicago: American Publishing Company, 1897).

Joseph Demakis, *The Ultimate Book of Quotations* (Raleigh, NC: Lulu Enterprises, 2012).

Bruce Grierson, "What if Age Is Nothing but a Mind-Set?"*New York Times Magazine*, October 22, 2014, nytimes.com/2014/10/26/magazine/what-if-age-is-nothing-but-a-mind-set.html.

D. V. Jeste, "Aging and Wisdom," *Samatvam* (magazine from the National Institute of Mental Health and Neuroscience, Bengaluru, India), August 2015.

L. P. Montross-Thomas et al., "Reflections on Wisdom at the End of Life: Qualitative Study of Hospice Patients Aged 58-97 Years," *International Psychogeriatrics* 20, no. 12 (2018): 1759–1766, doi.org/10.1017/S1041610217003039.

Alzheimer's Association, alz.org.

Utpal Das et al., "Activity-Induced Convergence in APP and BACE-1 in Acidic Microdomains via an Endocytosis-Dependent Pathway," *Neuron* 79, no. 3 (2013): 447–460, doi.org/10.1016/j.neuron.2013.05.035.

Scott LaFee, "Why Don't We All Get Alzheimer's Disease?" UC San Diego News Center, August 7, 2013, ucsdnews.ucsd.edu/pressrelease/why_dont_we_all_get_alzheimers_disease.

Suzanne Norman et al., "Adults' Reading Comprehension: Effects of Syntactic Complexity and Working Memory," *Journal of Gerontology* 47, no. 4 (1992): P258–P265, doi.org/10.1093/geronj/47.4.P258.

Sara Reistad-Long, "Older Brain Really May Be a Wiser Brain," *New York Times*, May 20, 2008, nytimes.com/2008/05/20/health/research/20brai.html.

S. Ackerman, *Discovering the Brain* (Washington, DC: National Academies Press, 1992).

F. H. Gage and S. Temple, "Neural Stem Cells: Generating and Regenerating the Brain," *Neuron* 80, no. 3 (2013): 588–601, doi.org/10.1016/j.neuron.2013.10.037.

Adam C. Roberts and David L. Glanzman, "Learning in Aplysia: Looking at Synaptic Plasticity from Both Sides," *Trends in Neuroscience* 26, no. 12 (2003): 662–670, doi.org/10.1016/j.tins.2003.09.014.

L. T. Eyler et al., "A Review of Functional Brain Imaging Correlates of Successful Cognitive Aging," *Biological Psychiatry* 70, no. 2 (2011): 115–122, doi.org/10.1016/j.biopsych.2010.12.032.

H. Schwandt, "Unmet Aspirations as an Explanation for the Age U-Shape in Human Wellbeing" (discussion paper no. 1229, Centre for Economic Performance, London School of Economics and Political Science, July 2013).

Jonathan Rauch, "The Real Roots of Midlife Crisis," *The Atlantic*, December 2014, theatlantic.com/magazine/archive/2014/12/the-real-roots-of-midlife-crisis/382235/.

Chapter 4 量測智慧：傑斯特－湯瑪斯智慧指數

Jeffrey Dean Webster, "An Exploratory Analysis of a Self-Assessed Wisdom Scale,"

Journal of Adult Development 10, no. 1 (2003): 13–22, doi.org/10.1023/A:1020782619051.

"The Smartest Celebrities," Entertainment, Ranker, ranker.com/list/smartest-famous-people/celebrity-lists.

Shane Frederick, "Why a High IQ Doesn't Mean You're Smart," Center for Customer Insights, Yale School of Management, November 1, 2009, som.yale.edu/news/2009/11/why-high-iq-doesnt-mean-youre-smart.

Kevin Dutton, *The Wisdom of Psychopaths: What Saints, Spies, and Serial Killers Can Teach Us About Success* (New York: Scientific American/Farrar, Straus and Giroux, 2012).

Scott O. Lilienfeld and Hal Arcowitz, "What 'Psychopath' Means," *Scientific American*, December 1, 2007, scientificamerican.com/article/what-psychopath-means/?redirect=1.

J. L. McCain and W. K. Campbell, "Narcissism and Social Media Use: A Meta-Analytic Review," *Psychology of Popular Media Culture* 7, no. 3 (2018): 308–327, doi.org/10.1037/ppm0000137.

P. Reed et al., "Visual Social Media Use Moderates the Relationship Between Initial Problematic Internet Use and Later Narcissism," *The Open Psychology Journal* 11 (2018): 163–170, doi.org/10.2174/1874350101811010163.

E. T. Panek, Y. Nardis, and S. Konrath, "Mirror or Megaphone? How Relationships Between Narcissism and Social Networking Site Use Differ on Facebook and Twitter," *Computers in Human Behavior* 29, no. 5 (2013): 2004–2012, doi.org/10.1016/j.chb.2013.04.012.

J. Stuart and A. Kurek, "Looking Hot in Selfies: Narcissistic Beginnings, Aggressive Outcomes?" *International Journal of Behavioral Development* 43, no. 6 (2019): 500–506, doi.org/10.1177/0165025419865621.

Isaac Newton, *Delphi Collected Works of Sir Isaac Newton*, illustrated (Hastings, UK: Delphi Classics, 2016).

Daniel Doyle MacGarry, ed. and trans., *The Metalogicon of John Salisbury: A Twelfth-Century Defense of the Verbal and Logical Arts of the Trivium* (Berkeley: University of California Press, 1955).

Robert K. Merton, *On the Shoulders of Giants: A Shandean Postscript*, the post-Italianate edition with a foreword by Umberto Eco (Chicago: University of Chicago Press, 1993).

Richard William Southern, *Making of the Middle Ages* (New Haven, CT: Yale University Press, 1952).

M. Ardelt, "Empirical Assessment of a Three-Dimensional Wisdom Scale," *Research on Aging* 25, no. 1 (2003): 275–324, doi.org/10.1177/0164027503025003004.

Charles Cassidy, Evidence-Based Wisdom: Translating the New Science of Wisdom Research (website), evidencebasedwisdom.com/.

Elisabeth Kubler-Ross, *Death: The Final Stage of Growth* (New York: Simon & Schuster, 1975).

Jeffrey Dean Webster, "An Exploratory Analysis of a Self-Assessed Wisdom Scale," *Journal of Adult Development* 10, no. 1 (2003): 13–22, doi.org/10.1023/A: 1020782619051.

M. L. Thomas et al., "Development of a 12-Item Abbreviated Three-Dimensional Wisdom Scale (3D-WS-12): Item Selection and Psychometric Properties,"*Assessment* 24, no. 1 (2015): 71–82, doi.org/10.1177/1073191115595714.

M. L. Thomas et al., "A New Scale for Assessing Wisdom Based on Common Domains and a Neurobiological Model: The San Diego Wisdom Scale (SD-WISE)," *Journal of Psychiatric Research* 108 (January 2019): 40–47, doi.org/10.1016/j.jpsychires.2017.09.005.

Chapter 5 培養慈悲心

"Karaniya Metta Sutta: The Discourse on Loving-Kindness"(sn 1.8), translated from the Pali by Piyadassi Maha Thera, Access to Insight (BCBS edition), August 29, 2012, accesstoinsight.org/tipitaka/kn/snp/snp.1.08.piya.html.

Christina Johnson, "Teaching the Art of Doctoring," *Discoveries* (2016): 24–25, https://view.publitas.com/ucsd-health-sciences/discoveries-2016-uc-san-diego-health/page/26-27.

R. C. Moore et al., "From Suffering to Caring: A Model of Differences Among Older Adults in Levels of Compassion," *International Journal of Geriatric Psychiatry* 30, no. 2 (2014): 185–191, doi.org/10.1002/gps.4123.

"How Having Smartphones (or Not) Shapes the Way Teens Communicate," Fact Tank, Pew Research Center, August 20, 2015, pewresearch.org/fact-tank/2015/08/20/how-having-smartphones-or-not-shapes-the-way-teens-communicate/.

Aaron Smith, "Americans and Texting," Internet & Technology, Pew Research Center, September 19, 2011, pewresearch.org/internet/2011/09/19/americans-and-text-messaging/.

Donald W. Pfaff with Sandra Sherman, *The Altruistic Brain: How We Are Naturally Good* (New York: Oxford University Press, 2015).

V. Gallese et al., "Action Recognition in the Premotor Cortex," *Brain* 119, no. 2 (1996): 593–609, doi.org/10.1093/brain/119.2.593.

J. Decety et al., "Brain Response to Empathy-Eliciting Scenarios Involving Pain in Incarcerated Individuals with Psychopathy," *JAMA Psychiatry* 70, no. 6 (2013): 638–645, doi.org/10.1001/jamapsychiatry.2013.27.

Scott O. Lilienfeld and Hal Arcowitz, "What 'Pyschopath' Means," *Scientific American*, December 1, 2007, scientificamerican.com/article/what-psychopath-means/?redirect=1.

James Fallon, *The Psychopath Inside: A Neuroscientist's Personal Journey into the Dark Side of the Brain* (New York: Penguin, 2013).

Joseph Stromberg, "The Neuroscientist Who Discovered He Was a Psychopath," *Smithsonian*, November 22, 2013, smithsonianmag.com/science-nature/the-neuroscientist-who-discovered-he-was-a-psychopath-180947814/.

Mike McIntyre, *The Kindness of Strangers: Penniless Across America* (New York: Berkley Books, 1996).

National Kidney Foundation, kidney.org/.

K. M. Brethel-Haurwitz and A. A. Marsh, "Geographical Differences in Subjective Well-Being Predict Extraordinary Altruism," *Psychological Science* 25, no. 3 (2014): 762–771, doi.org/10.1177/0956797613516148.

Sanober Khan, *Turquoise Silence* (Kalindipuram, India: Cyberwit, 2014).

E. Smeets et al., "Meeting Suffering with Kindness: Effects of a Brief Self-Compassion Intervention for Female College Students," *Journal of Clinical Psychology* 70, no. 9 (2014): 794–807, doi.org/10.1002/jclp.22076.

John Emerich Edward Dalberg, Lord Acton, to Bishop Mandell Creighton, 5 April 1887, Acton-Creighton Correspondence, Online Library of Liberty, oll.libertyfund.org/titles/acton-acton-creighton-correspondence#lf1524_ label_010.

J. Hogeveen et al., "Power Changes How the Brain Responds to Others," *Journal of Experimental Psychology* 143, no. 2 (2013): 755–762, doi.org/10.1037/a0033477.

S. M. Rodrigues et al., "Oxytocin Receptor Genetic Variation Relates to Empathy and Stress Reactivity in Humans," *PNAS* 106, no. 50 (2009): 21347–21441, doi.org/10.1073/pnas.0909579106.

A. Kogan et al., "A Thin-Slicing Study of the Oxytocin Receptor (OXTR) Gene and the Evaluation and Expression of the Prosocial Disposition," *PNAS* 108, no. 48 (2011): 19189–19192, doi.org/10.1073/pnas.1112658108.

S. W. Cole et al., "Social Regulation of Gene Expression in Human Leukocytes," *Genome Biology* 8, no. R189 (2007), doi.org/10.1186/gb-2007-8-9-r189.

Emiliana R. Simon-Thomas, "Are Women More Empathic Than Men?" *Greater Good Magazine,* Greater Good Science Center, UC Berkeley, June 1, 2007, greatergood .berkeley.edu/article/item/women_more_empathic_than_men.

Y. Moriguchi et al., "Sex Differences in the Neural Correlates of Affective Experience," *Social Cognitive and Affective Neuroscience* 9, no. 5 (2013): 591–600, doi.org/10.1093/scan/nst030.

Poncie Rutsch, "Men and Women Use Different Scales to Weigh Moral Dilemmas," Shots, Health News from NPR, April 3, 2015, npr.org/sections/health-shots/2015/04/03/397280759/men-and-women-use-different-scales-to-weigh-moral-dilemmas.

R. Friesdorf et al., "Gender Differences in Responses to Moral Dilemmas," *Personality and Social Psychology Bulletin* 41, no. 5 (2015): 696–713, doi.org/10.1177/0146167215575731.

D. W. Muir and S. M. J. Hains, "Infant Sensitivity to Perturbations in Adult Facial, Vocal, Tactile, and Contingent Stimulation During Face-to-FaceInteractions," in*Developmental Neurocognition: Speech and Face Processing in the First Year of Life*, ed. B. de Boysson-Bardies et al. (New York: Kluwer Academic/Plenum Publishers, 1993), 171–185.

Jeffry J. Iovannone, "Lady Di Destroys AIDS Stigma," Medium, May 23, 2018, medium.com/queer-history-for-thepeople/lady-di-destroys-aids-stigma-a631e2c67f2c.

Roisin Kelly, "Princess Diana's Legacy of Kindess," *Parade*, August 11, 2017, parade.com/593773/roisinkelly/princess-dianas-legacy-of-kindness/.

Simon Perry, "Prince Harry Shares How His Mom Princess Diana, at 'Only 25 Years Old,' Fought Homophobia," *People*, October 12, 2017, people.com/royals/prince-harry-shares-how-his-mom-princess-diana-at-only-25-years-old-fought-homophobia/.

T. Vishnevsky et al., "The Keepers of Stories: Personal Growth and Wisdom Among Oncology Nurses," *Journal of Holistic Nursing* 33, no. 4 (2015): 326–344, doi.org/10.1177/0898010115574196.

E. O'Brien et al., "Empathic Concern and Perspective Taking: Linear and Quadratic Effects of Age Across the Adult Life Span," *Journals of Gerontology, Series B* 68, no. 2 (2012): 168–175, doi.org/10.1093/geronb/gbs055.

H. Y. Weng et al., "Compassion Training Alters Altruism and Neural Responses to Suffering," *Psychological Science* 24, no. 7 (2013): 1171–1180, doi.org/10.1177/0956797612469537.

J. Galante et al., "Loving-Kindness Meditation Effects on Well-Being and Altruism," *Applied Psychology: Health and Well-Being* 8, no. 3 (2016): 322–350, doi.org/10.1111/aphw.12074.

K. J. Kemper and N. Ra, "Brief Online Focused Attention Meditation Training: Immediate Impact," *Journal of Evidence-Based Complementary & Alternative Medicine* 22, no. 2 (2016): 237–241, doi.org/10.1177/2156587216642102.

S. Konig and J. Gluck, "'Gratitude Is with Me All the Time': How Gratitude Relates to Wisdom," *Journals of Gerontology, Series B* 69, no. 5 (2013): 655–666, doi.org/10.1093/geronb/gbt123.

"Brain Can Be Trained in Compassion, Study Shows," University of Wisconsin-Madison News, May 22, 2013, news.wisc.edu/brain-can-be-trained-in-compassion-study-shows/.

H. Y. Weng et al., "Compassion Training Alters Altruism and Neural Responses to Suffering," *Psychological Science* 24, no. 7 (2013): 1171–1180, doi.org/10.1177/0956797612469537.

J. Gonzalez, "Reading *Cinnamon* Activates Olfactory Brain Regions," *NeuroImage* 32, no. 2 (2006): 906–912, doi.org/10.1016/j.neuroimage.2006.03.037.

S. Lacey, R. Stilla, and K. Sathian, "Metaphorically Feeling: Comprehending Textural Metaphors Activates Somatosensory Cortex," *Brain & Language* 120, no. 3 (2012): 416–421, doi.org/10.1016/j.bandl.2011.12.016.

Gertrude Stein, *The Making of Americans* (New York: Albert & Charles Boni, 1926).

R. A. Mar et al., "Exposure to Media and Theory-of-Mind Development in Preschoolers," *Cognitive Development* 25, no. 1 (2010): 69–78, doi.org/10.1016/j.cogdev.2009.11.002.

M. Levine et al., "Identity and Emergency Intervention: How Social Group Membership and Inclusiveness of Group Boundaries Shape Helping Behavior," *Personality and Social Psychology Bulletin* 31, no. 4 (2005): 443–453, doi.org/10.1177/0146167204271651.

T. Singer and M. Bolz, eds., *Compassion: Bridging Practice and Science* (Leipzig, Germany: Max Planck Institute, 2013).

S. L. Valk et al., "Structural Plasticity of the Social Brain: Differential Change After Socio-Affective and Cognitive Mental Training," *Science Advances* 3, no. 10 (2017), doi.org/10.1126/sciadv.1700489.

Chapter 6 情緒調節與幸福感

J. Hilton, *Goodbye Mr. Chips* (New York: Little, Brown, 1934).

Goodbye, Mr. Chips, directed by Herbert Ross, 1969.

W. James, *The Principles of Psychology*, vol. 2 (New York: Cosimo Classics, 2007).

Luke Dittrich, *Patient H.M.: A Story of Memory, Madness, and Family Secrets* (New York: Random House, 2016).

Scott LaFee, "H.M. Recollected," *San Diego Union-Tribune*, November 30, 2009, sandiegouniontribune.com/sdut-hm-recollected-famous-amnesic-launches-bold-new-br-2009nov30-htmlstory.html.

L. D. Kubzanski et al., "Angry Breathing: A Prospective Study of Hostility and Lung Function in the Normative Aging

Study," *Epidemiology* 61 (2006): 863–868, doi.org/10.1136/thx.2005.050971.

E. Harburg et al., "Marital Pair Anger-Coping Types May Act as an Entity to Affect Mortality: Preliminary Findings from a Prospective Study (Tecumseh, Michigan, 1971–1988)," *Journal of Family Communication* 12, no. 4 (2008): 44–61, doi.org/10.1080/15267430701779485.

Charles Darwin, *The Expression of the Emotions in Man and Animals* (New York: D. Appleton and Company, 1897).

P. Ekman and W. V. Friesen, "Constants Across Cultures in the Face and Emotion," *Journal of Personality and Social Psychology* 17, no. 2 (1971): 124–129, doi.org/10.1037/h0030377.

L. T. Eyler et al., "A Review of Functional Brain Imaging Correlates of Successful Cognitive Aging," *Biological Psychiatry* 70, no. 2 (2011): 115–122, doi.org/10.1016/j.biopsych.2010.12.032.

E. Jauk et al., "Self-Viewing Is Associated with Negative Affect Rather Than Reward in Highly Narcissistic Men: An fMRI Study," *Scientific Reports* 7, no. 5804 (2017), doi.org/10.1038/s41598-017-03935-y.

W. Mischel et al., "Cognitive and Attentional Mechanisms in Delay of Gratification," *Journal of Personality and Social Psychology* 21, no. 2 (1972): 204–218, doi.org/10.1037/h0032198.

S. Bellezza et al., "'Be Careless with That!' Availability of Product Upgrades Increases Cavalier Behavior Toward Possessions," *Journal of Marketing Research* 54, no. 5 (2017): 768–784, doi.org/10.1509/jmr.15.0131.

Phyllis Korkki, "Damaging Your Phone, Accidentally on Purpose," *New York Times*, April 7, 2017, nytimes.com/2017/04/07/your-money/iphones-upgrades-carelessness-neglect.html.

C. E. Wierenga et al., "Hunger Does Not Motivate Reward in Women Remitted from Anorexia Nervosa," *Biological Psychiatry* 77, no. 7 (2015): 642–652, doi.org/10.1016/j.biopsych.2014.09.024.

Martin Luther King Jr., "'I Have a Dream,' Address Delivered at the March on Washington for Jobs and Freedom," The Martin Luther King, Jr. Research and Education Institute, Stanford University, kinginstitute.stanford.edu/king-papers/documents/i-have-dream-address-delivered-march-washington-jobs-and-freedom.

Wikipedia, s.v. "Women's Tennis Association," last modified February 21, 2020, en.wikipedia.org/wiki/Women%27s_

Tennis_Association.

Stephanie Kang, "Questions for: Billie Jean King," *Wall Street Journal*, October 28, 2008, wsj.com/articles/SB122522657604277313.

Sam Laird, "Tony Romo Gets Emotional in Speech About Losing Starting Job to Dak Prescott," Mashable, November 15, 2016, mashable.com/2016/11/15/tony-romo-speech-dak-prescott/.

Jonathan Rauch, *The Happiness Curve: Why Life Gets Better After 50* (New York: Thomas Dunne, 2018).

D. G. Branchflower, "Is Happiness U-shaped Everywhere? Age and Subjective Well-Being in 132 Countries" (working paper no. 26641, National Bureau of Economic Research, January 2020), doi.org/10.3386/w26641.

The Simpsons Movie, directed by David Silverman, 2007.

Daniel Freeman and Jason Freeman, "Is Life's Happiness Curve Really U-Shaped?" *Guardian*, June 24, 2015, theguardian.com/science/head-quarters/2015/jun/24/life-happiness-curve-u-shaped-ageing.

"Antidepressant Use on the Rise," American Psychiatric Association, November 2017, apa.org/monitor/2017/11/numbers.

A. Weiss et al., "Evidence for a Midlife Crisis in Great Apes Consistent with the U-Shape in Human Well-Being," *PNAS* 109, no. 49 (2012): 19949–19952, doi.org/10.1073/pnas.1212592109.

M. L. Thomas et al., "Paradoxical Trend for Improvement in Mental Health with Aging: A Community-Based Study of 1,546 Adults Aged 21–100 Years," *Journal of Clinical Psychiatry* 77, no. 8 (2016): 1019–1025, doi.org/10.4088/JCP.16m10671.

E. E. Lee et al., "Childhood Adversity and Schizophrenia: The Protective Role of Resilience in Mental and Physical Health and Metabolic Markers," *Journal of Clinical Psychiatry* 79, no. 3 (2018): 1–9, doi.org/10.4088/JCP.17m11776.

A. J. Lamond et al., "Measurement and Predictors of Resilience Among Community-Dwelling Older Women," *Journal of Psychiatric Research* 43, no. 2 (2008): 148–154, doi.org/10.1016/j.jpsychires.2008.03.007.

Ajit Varki and Danny Brower, *Denial: Self-Deception, False Beliefs, and the Origins of the Human Mind* (New York: Twelve, 2013).

K. Bangen et al., "Brains of Optimistic Older Adults Respond Less to Fearful Faces," *Journal of Neuropsychiatry and Clinical Neurosciences* 26, no. 2 (2014): 155–163, doi.org/10.1176/appi.neuropsych.12090231.

"Emotional Fitness in Aging: Older Is Happier," American Psychological Association, November 28, 2005, apa.org/research/action/emotional.

"The Second Bush-Dukakis Presidential Debate," Commission on Presidential Debates, October 13, 1988, debates.org/index.php?page=october-13-1988-debate-transcript.

W. Mischel et al., "'Willpower' Over the Life Span: Decomposing Self-Regulation," *SCAN* 6, no. 2 (2010): 252–256, doi.org/10.1093/scan/nsq081.

S. Jimenez-Murcia et al., "Video Game Addiction in Gambling Disorder: Clinical, Psychopathological, and Personality Correlates," *BioMed Research International* 2014, no. 315062, doi.org/10.1155/2014/315062.

Chapter 7 決斷力與接受不確定性之間的平衡

D. V. Jeste et al., "The New Science of Practical Wisdom," *Perspectives in Biology and Medicine* 62, no. 2 (2019): 216–236, Project MUSE, doi.org/10.1353/pbm.2019.0011.

K. A. Appiah, A. Bloom, and K. Yoshino, "May I Lie to My Husband to Get Him to See a Doctor?" The Ethicist, *New York Times Magazine*, May 20, 2015, nytimes.com/2015/05/24/magazine/may-i-lie-to-my-husband-to-get-him-to-see-a-doctor.html.

A. Bloom, J. Shafer, and K. Yoshino, "How Do I Counter My Sister's Abuse Claims Against Our Father?" The Ethicist, *New York Times Magazine*, June 24, 2015, nytimes.com/2015/06/28/magazine/how-do-i-counter-my-sisters-abuse-claims-against-our-father.html.

K. A. Appiah, A. Bloom, and K. Yoshino, "Can I Hire Someone to Write My Resume and Cover Letter?" The Ethicist,

New York Times Magazine, April 8, 2015, nytimes.com/2015/04/12/magazine/can-i-hire-someone-to-write-my-resume-and-cover-letter.html.

William Styron, *Sophie's Choice* (New York: Random House, 1979).

Sophie's Choice, directed by Alan J. Pakula, 1982.

M. L. Thomas et al., "Individual Differences in Level of Wisdom Are Associated with Brain Activation During a Moral Decision-Making Task," *Brain and Behavior* 9, no. 6 (2019): e01302, doi.org/10.1002/brb3.1302.

I. Grossmann, "Wisdom in Context," *Perspectives in Psychological Science* 12, no. 2 (2017): 233–257, doi.org/10.1177/1745691616672066.

I. Grossmann and E. Kross, "Exploring Solomon's Paradox: Self-Distancing Eliminates the Self-Other Asymmetry in Wise Reasoning About Close Relationships in Younger and Older Adults," *Psychological Science* 25, no. 8 (2014): 1571–1580, doi.org/10.1177/0956797614535400.

M. Ardelt and D. V. Jeste, "Wisdom and Hard Times: The Ameliorating Effect of Wisdom on the Negative Association Between Adverse Life Events and Well-Being," *Journals of Gerontology, Series B* 73, no. 8 (2018): 1374–1383, doi.org/10.1093/geronb/gbw137.

K. F. Leith and R. F. Baumeister, "Why Do Bad Moods Increase Self-Defeating Behavior? Emotion, Risk Taking, and Self-Regulation," *Journal of Personality and Social Psychology* 71, no. 6 (1996): 1250–1267, doi.org/10.1037//0022-3514.71.6.1250.

J. S. Lerner, D. A. Small, and G. Loewenstein, "Heart Strings and Purse Strings: Carry-Over Effects of Emotions on Economic Decisions," *Psychological Science* 15, no. 5 (2004): 337–341, doi.org/10.1111/j.0956-7976.2004.00679.x.

David G. Allan, "Good and Bad, It's All the Same: A Taoist Parable to Live By," The Wisdom Project, CNN Health, April 28, 2017, cnn.com/2015/09/02/health/who-knows-whats-good-or-bad-wisdom-project/index.html.

Sewell Chan, "Stanislav Petrov, Soviet Officer Who Helped Avert Nuclear War, Is Dead at 77," *New York Times*, September 18, 2017, nytimes.com/2017/09/18/world/europe/stanislav-petrov-nuclear-war-dead.html.

Jason Daley, “Man Who Saved the World from Nuclear Annihilation Dies at 77,” *Smithsonian*, September 18, 2017, smithsonianmag.com/smart-news/man-who-saved-world-nuclear-annihilation-dies-77-180964934/.

Eryn Grant, Nicholas Stevens, and Paul Salmon, “Why the ‘Miracle on the Hudson’ in the New Movie Sully Was No Crash Landing,” The Conversation, theconversation.com/why-the-miracle-on-the-hudson-in-the-new-movie-sully-was-no-crash-landing-64748.

Robert D. McFadden, “Pilot Is Hailed After Jetliner’s Icy Plunge,” *New York Times*, January 15, 2009, nytimes.com/2009/01/16/nyregion/16crash.html.

Sully, directed by Clint Eastwood, 2016.

Adam Epstein, “US Aviation Investigators Say They’re Unfairly Villainized in Clint Eastwood’s Film ‘Sully,’ Quartz, September 9, 2016, qz.com/778011/sully-ntsb-investigators-are-not-happy-about-being-made-the-villains-in-clint-eastwoods-film-starring-tom-hanks-as-chesley-sully-sullenberger/.

Daniel Dennett, *Consciousness Explained* (New York: Little, Brown, 1991).

E. P. Seligman and John Tierney, “We Aren’t Built to Live in the Moment,” *New York Times*, May 19, 2017, nytimes.com/2017/05/19/opinion/sunday/why-the-future-is-always-on-your-mind.html.

D. V. Jeste and E. Saks, “Decisional Capacity in Mental Illness and Substance Use Disorders: Empirical Database and Policy Implications,” *Behavioral Sciences and the Law* 24, no. 4 (2006): 607–628, doi.org/10.1002/bsl.707.

L. B. Dunn et al., “Assessing Decisional Capacity for Clinical Research or Treatment: A Review of Instruments,” *American Journal of Psychiatry* 163, no. 8 (2006): 1323–1334, doi.org/10.1176/appi.ajp.163.8.1323.

D. V. Jeste et al., “A New Brief Instrument for Assessing Decisional Capacity for Clinical Research,” *Archives of General Psychiatry* 64, no. 8 (2007): 966–974, doi.org/10.1001/archpsyc.64.8.966.

R. Van Patten et al., “Assessment of 3-Dimensional Wisdom in Schizophrenia: Associations with Neuropsychological Functions and Physical and Mental Health,” *Schizophrenia Research* 208 (2019): 360–369, doi.org/10.1016/j.schres.2019.01.022.

Heather Butler, “Why Do Smart People Do Foolish Things?” *Scientific American,* October 3, 2017, scientificamerican.com/article/why-do-smart-people-do-foolish-things/.

L. T. Eyler et al., “Brain Response Correlates of Decisional Capacity in Schizophrenia: A Preliminary fMRI Study,” *Journal of Neuropsychiatry and Clinical Neurosciences* 19, no. 2 (2007): 137–144, doi.org/10.1176/jnp.2007.19.2.137.

D. V. Jeste et al., “Multimedia Educational Aids for Improving Consumer Knowledge About Illness Management and Treatment Decisions: A Review of Randomized Controlled Trials,” *Journal of Psychiatric Research* 42, no. 1 (2007): 1–21, doi.org/10.1016/j.jpsychires.2006.10.004.

Chapter 8 自我反思、好奇心與幽默感

George Dvorsky, “I’m Elyn Saks and This Is What It’s Like to Live with Schizophrenia,” Gizmodo, io9, February 13, 2013, io9.gizmodo.com/i-m-elyn-saks-and-this-is-what-it-s-like-to-live-with-s-5983970.

Elyn R. Saks, *The Center Cannot Hold: My journey Through Madness* (New York: Hyperion, 2007).

G. G. Gallup Jr., “Chimpanzees: Self-Recognition,” *Science* 167, no. 3914 (1970): 86–87, doi.org/10.1126/science.167.3914.86.

David Goodill, “Moral Theology After Wittgenstein” (dissertation, University of Fribourg, 2017), doc.rero.ch/record/304966/files/GoodillD.pdf.

T. D. Wilson et al., “Just Think: The Challenges of the Disengaged Mind,” *Science* 345, no. 6192 (2014): 75–77, doi.org/10.1126/science.1250830.

Stephanie Brown, *Speed: Facing Our Addiction to Fast and Faster—and Overcoming Our Fear of Slowing Down* (New York: Berkeley, 2014).

Kate Murphy, “No Time to Think,” *New York Times*, July 25, 2014, nytimes.com/2014/07/27/sunday-review/no-time-to-think.html.

Fyodor Dostoevsky, *Winter Notes on Summer Impressions*, trans. David Patterson (Chicago: Northwestern University Press, 1988).

Brett McKay and Kate McKay, "Lessons in Manliness: Benjamin Franklin's Pursuit of the Virtuous Life," The Art of Manliness, February 28, 2008, artofmanliness.com/articles/lessons-in-manliness-benjamin-franklins-pursuit-of-the-virtuous-life/.

"Mental Rest and Reflection Boost Learning, Study Suggests," UT News, Health and Wellness, University of Texas at Austin, October 20, 2014, news.utexas.edu/2014/10/20/mental-rest-and-reflection-boost-learning-study-suggests/.

"2015 Global Mobile Consumer Survey: US Edition. The Rise of the Always-Connected Consumer," Deloitte, www2.deloitte.com/content/dam/Deloitte/us/Documents/technology-media-telecommunications/us-tmt-global-mobile-executive-summary-2015.pdf.

C. Kidd and B. Y. Hayden, "The Psychology and Neuroscience of Curiosity," *Neuron* 88, no. 3 (2015): 449–460, doi.org/10.1016/j.neuron.2015.09.010.

R. Golman and G. Loewenstein, "An Information-Gap Theory of Feelings About Uncertainty," Carnegie Mellon University, January 2, 2016, cmu.edu/dietrich/sds/docs/golman/Information-Gap%20Theory%202016.pdf.

C. J. Soto and J. J. Jackson, "Five-Factor Model of Personality," Oxford Bibliographies, February 26, 2013, doi.org/10.1093/OBO/9780199828340-0120.

M. J. Kang et al., "The Wick in the Candle of Learning: Epistemic Curiosity Activates Reward Circuitry and Enhances Memory," *Psychological Science* 20, no. 8 (2009): 963–973, doi.org/10.1111/j.1467-9280.2009.02402.x.

Dilip Jeste, "Seeking Wisdom in Graying Matter," TEDMED, YouTube video, 16:43, June 14, 2016, youtube.com/watch?v=pKaLWePrhhg.

Opie Percival Read, *Mark Twain and I* (Chicago: Reilly & Lee, 1940).

Richard Wiseman (website), richardwiseman.com/LaughLab/.

E. B. White, *Stuart Little* (New York: Harper Trophy, 1945).

E. B. White, *Charlotte's Web* (New York: Harper & Brothers, 1952).

W. Strunk and E. B. White, *The Elements of Style* (New York: Macmillan, 1959).

E. B. White and K. S. White, "Some Remarks on Humor," preface to *A Subtreasury of American Humor* (New York: Coward McCann, 1941).

O. Amir and I. Biederman, "The Neural Correlates of Humor Creativity," *Frontiers in Human Neuroscience* 10, no. 597 (2016), doi.org/10.3389/fnhum.2016.00597.

N. A. Yovetich et al., "Benefits of Humor in Reduction of Threat-Induced Anxiety," *Psychological Reports* 66, no. 1 (1990): 51–58, doi.org/10.2466/pr0.1990.66.1.51.

Josh Howie, "The Divine Comedy," *Guardian*, February 20, 2009, theguardian.com/commentisfree/belief/2009/feb/19/religion-god-humour.

Chapter 9 靈性的奧祕

"Census Data 2001/Metadata," Office of the Registrar General and Census Commissioner, India, 2001, censusindia.gov.in/Metadata/Metada.htm.

T. J. VanderWeele, "On the Promotion of Human Flourishing," *PNAS* 114, no. 31 (2017): 8148–8156, doi.org/10.1073/pnas.1702996114.

"The Global Religious Landscape," Religion & Public Life, Pew Research Center, December 18, 2012, pewforum.org/2012/12/18/global-religious-landscape-exec/.

S. Li et al., "Association of Religious Service Attendance with Mortality Among Women," *JAMA Internal Medicine* 176, no. 6 (2016): 777–785, doi.org/10.1001/jamainternmed.2016.1615.

S. Li et al., "Religious Service Attendance and Lower Depression Among Women—A Prospective Cohort Study," *Annals of Behavioral Medicine* 50, no. 6 (2016): 876–884, doi.org/10.1007/s12160-016-9813-9.

T. J. VanderWeele et al., "Association Between Religious Attendance and Lower Suicide Rates Among US Women,"

JAMA Psychiatry 73, no. 8 (2016):845–851, doi.org/10.1001/jamapsychiatry.2016.1243.

"The Global Religious Landscape," Religion & Public Life, Pew Research Center, December 18, 2012, pewforum.org/2012/12/18/global-religious-landscape-exec/.

Frank Newport, "Most Americans Still Believe in God," Gallup, June 29, 2016, news.gallup.com/poll/193271/americans-believe-god.aspx.

S. Li et al., "Religious Service Attendance and Mortality Among Women," *JAMA Internal Medicine* 176, no. 6 (2016): 777–785, doi.org/10.1001/jamainternmed.2016.1615.

S. Monod et al., "Instruments Measuring Spirituality in Clinical Research: A Systematic Review," *Journal of General Internal Medicine* 26, no. 1345 (2011), doi.org/10.1007/s11606-011-1769-7.

IKAR (website), ikar-la.org/.

Wikipedia, s.v. "Sharon Brous," last modified November 5, 2019, en.wikipedia.org/wiki/Sharon_Brous.

I. V. Vahia et al., "Correlates of Spirituality in Older Women," *Aging and Mental Health* 15, no. 1 (2015) 97–102, doi.org/10.1080/13607863.2010.501069.

K. Dewhurst and A. W. Beard, "Sudden Religious Conversions in Temporal Lobe Epilepsy," *British Journal of Psychiatry* 117, no. 540 (1970): 497–507, doi.org/10.1016/S1525-5050(02)00688-1.

Oliver Sacks, "Seeing God in the Third Millennium," *Atlantic*, Dec. 12, 2012, theatlantic.com/health/archive/2012/12/seeing-god-in-the-third-millennium/266134/.

Andrew Newberg, "Ask the Brains," *Scientific American*, January 1, 2012, scientificamerican.com/article/askthebrains/.

P. Krummenacher et al., "Dopamine, Paranormal Belief, and the Detection of Meaningful Stimuli," *Journal of Cognitive Neuroscience* 22, no. 8 (2010): 1670–1681, doi.org/10.1162/jocn.2009.21313.

"There Are No Atheists in Foxholes," Quote Investigator, quoteinvestigator.com/2016/11/02/foxhole/.

B. Rickhi et al., "A Spirituality Teaching Program for Depression: A Randomized Clinical Trial," *International Journal of Psychiatry in Medicine* 42, no. 3 (2012): 315–329, doi.org/10.2190/PM.42.3.f.

C. Delaney, C. Barrere, and M. Helming, "The Influence of a Spirituality-Based Intervention on Quality of Life, Depression, and Anxiety in Community-Dwelling Adults with Cardiovascular Disease: A Pilot Study," *Journal of Holistic Nursing* 29, no. 1 (2010): 21–32, doi.org/10.1177/0898010110378356.

Chapter 10 快速增長智慧

American Psychiatric Association, *Diagnostic and Statistical Manual of Mental Disorders*, 5th ed. (Washington, DC: American Psychiatric Publishing, 2013).

Dilip V. Jeste and Barton W. Palmer, *Positive Psychiatry: A Clinical Handbook* (Washington, DC: American Psychiatric Publishing, 2015).

A. Marck et al., "Are We Reaching the Limits of *Homo sapiens*?" *Frontiers in Physiology* 8 (October 2017), doi.org/10.3389/fphys.2017.00812.

"Humans at Maximum Limits for Height, Lifespan and Physical Performance, Study Suggests," ScienceDaily, December 6, 2017, sciencedaily.com/releases/2017/12/171206122502.htm.

K. J. Bangen et al., "Defining and Assessing Wisdom: A Review of the Literature," *American Journal of Geriatric Psychiatry* 21, no. 12 (2012): 1254–1266, doi.org/10.1016/j.jagp.2012.11.020.

D. V. Jeste et al., "The New Science of Practical Wisdom," *Perspectives in Biology and Medicine* 62, no. 2 (2019): 216–236.

J. D. Sanders, T. W. Meeks, and D. V. Jeste, "Neurobiological Basis of Personal Wisdom," in *The Scientific Study of Personal Wisdom*, ed. M. Ferrari and M. N. Westrate (New York: Springer, 2013), 99–114.

E. E. Lee et al., "Meta-Analysis of Randomized Controlled Trials to Enhance Components of Wisdom: Pro-Social Behaviors, Emotional Regulation, and Spirituality" (under review).

L. R. Daniels et al., "Aging, Depression, and Wisdom: A Pilot Study of Life-Review Intervention and PTSD Treatment with Two Groups of Vietnam Veterans,"*Journal of Gerontological Social Work* 58, no. 4 (2015): 420–436, doi.org/10

.1080/01634372.2015.1013657.

Aristotle, *Nicomachean Ethics*, trans. W. D. Ross (self-pub., Digireads, 2016), classics.mit.edu/Aristotle/nicomachaen.html.

K. D. Vohs et al., "Making Choices Impairs Subsequent Self-Control: A Limited-Resource Account of Decision Making, Self-Regulation, and Active Initiative," *Journal of Personality and Social Psychology* 95, no. 5 (2008): 883–898, doi.org/10.1037/0022-3514.94.5.883.

Christine Hammond, "What Is Decision Fatigue?" The Exhausted Woman, PsychCentral, pro.psychcentral.com/exhausted-woman/2019/02/what-is-decision-fatigue/.

Wikipedia, s.v. "Tim Fargo," last modified October 4, 2019, en.wikipedia.org/wiki/Tim_Fargo.Jon Meacham, *The Soul of America: The Battle for Our Better Angels* (New York: Random House, 2019).

H. Jazaieri et al. "Enhancing Compassion: A Randomized Controlled Trial of a Compassion Cultivation Training Program," *Journal of Happiness Studies* 14 (2013): 1113–1126, doi.org/10.1007/s10902-012-9373-z.

"Bullying," Fast Facts, National Center for Education Statistics, nces.ed.gov/fastfacts/display.asp?id=719.

"Preventing Bullying," Centers for Disease Control and Prevention, cdc.gov/violenceprevention/youthviolence/bullyingresearch/fastfact.html.

Maite Garaigordobil, "Cyberbullying in Adolescents and Youth in the Basque Country: Prevalence of Cybervictims, Cyberaggressors, and Cyberobservers," *Journal of Youth Studies* 18, no. 5 (2014): 569–582, doi.org/10.1080/13676261.2014.992324.

Wikipedia, s.v. "Dhammapada," last modified December 27, 2019, en.wikipedia.org/wiki/Dhammapada.

J. Galante et al., "Loving-Kindness Meditation Effects on Well-Being and Altruism: A Mixed-Methods Online RCT," *Applied Psychology: Health and Well-Being* 8, no. 3 (2016): 322–350, doi.org/10.1111/aphw.12074.

E. Smeets et al., "Meeting Suffering with Kindness: Effects of a Brief Self-Compassion Intervention for Female College Students," *Journal of Clinical Psychology* 70, no. 9 (2014): 794–807, doi.org/10.1002/jclp.22076.

A. M. Friis et al., "Kindness Matters: A Randomized Controlled Trial of a Mindful Self-Compassion Intervention Improves Depression, Distress, and HbA1c Among Patients with Diabetes," *Diabetes Care* 39, no. 11 (2016): 1963–1971, doi.org/10.2337/dc16-0416.

Scott LaFee and Judy Piercey, "With Landmark Gift, UC San Diego Will Map Compassion in the Brain, Then Prove Its Power," Newsroom, UC San Diego Health, July 22, 2019, health.ucsd.edu/news/releases/Pages/2019-07-22-landmark-gift-to-create-institute-of-empathy-and-compassion-at-UC-San-Diego.aspx.

Kinsee Morlan, "Innovative UCSD Program Aims to Draw Compassion Out of Future Doctors," Arts/Culture, Voice of San Diego, October 16, 2017, voiceofsandiego.org/topics/arts/innovative-ucsd-program-aims-to-draw-compassion-out-of-future-doctors/.

Paul Sisson, "Med Students Learn the Pains of Aging," *San Diego Union-Tribune*, January 31, 2017, sandiegouniontribune.com/news/health/sd-me-medstudents-aging-20170123-story.html.

"Age-Simulation Suit Gives Insight into How It Feels to Be Old," Engineers Journal, Engineers Ireland, April 24, 2014, engineersjournal.ie/2014/04/24/age-simulation-suit-gives-an-insight-into-how-it-feels-to-be-old/.

Thich Nhat Hanh, *The Art of Mindfulness* (New York: HarperOne, 2012).

Matt Danzico, "Brains of Buddhist Monks Scanned in Meditation Study," BBC News, April 24, 2011, bbc.com/news/world-us-canada-12661646.

A. J. Lang et al., "Compassion Meditation for Posttraumatic Stress Disorder in Veterans: A Randomized Proof of Concept Study," *Journal of Traumatic Stress* (March 31, 2019), doi.org/10.1002/jts.22397.

Natalie Proulx, "Should Schools Teach Mindfulness?" *New York Times*, February 7, 2019, nytimes.com/2019/02/07/learning/should-schools-teach-mindfulness.html.

V. R. Varma et al., "Experience Corps Baltimore: Exploring the Stressors and Rewards of High-Intensity Civic Engagement," *Gerontologist* 55, no. 6 (2015): 1038–1049, doi.org/10.1093/geront/gnu011.

Beth Newcomb, "Older Adults Find Fulfillment as Volunteers Who Help the Young, USC Study Finds," July 30, 2015,

Social Impact, USC News, news.usc.edu/84461/older-adults-find-fulfillment-as-volunteers-who-help-the-young-usc-study-finds/.

P. Goldstein et al., "Brain-to-Brain Coupling During Handholding Is Associated with Pain Reduction," *PNAS* 115, no. 11 (2018): 2528–2537, doi.org/10.1073/pnas.1703643115.

D. Jeste and E. E. Lee, "The Emerging Empirical Science of Wisdom: Definition, Measurement, Neurobiology, Longevity, and Interventions," *Harvard Review of Psychiatry* 27, no. 3 (2019): 127–140, doi.org/10.1097/hrp.0000000000000205.

Zak Kelm et al., "Interventions to Cultivate Physician Empathy: A Systematic Review," *BMC Medical Education* 14, no. 219 (2014), doi.org/10.1186/1472-6920-14-219.

Dilip V. Jeste and Barton W. Palmer, *Positive Psychiatry: A Clinical Handbook* (Washington, DC: American Psychiatric Publishing, 2015).

Elizabeth Gilbert, *Eat Pray Love: One Woman's Search for Everything Across Italy, India and Indonesia* (New York: Penguin, 2006).

Tamra Johnson, "Nearly 80 Percent of Drivers Express Significant Anger, Aggression or Road Rage," AAA NewsRoom, July 14, 2016, newsroom.aaa.com/2016/07/nearly-80-percent-of-drivers-express-significant-anger-aggression-or-road-rage/.

"Who Said 'When One Door Closes Another Opens'?" Your Dictionary, quotes .yourdictionary.com/articles/who-said-when-one-door-closes-another-opens.html.

Tara Parker-Pope, "How to Build Resilience in Midlife," *New York Times*, July 25, 2017, nytimes.com/2017/07/25/well/mind/how-to-boost-resilience-in-midlife.html.

George E. Vaillant, *The Wisdom of the Ego* (Cambridge, MA: Harvard University Press, 1998).

Michael Winnick, "Putting a Finger on Our Phone Obsession," dscout, June 16, 2017, blog.dscout.com/mobile-touches.

E. B. H. Treichler et al., "A Pragmatic Trial of a Group Intervention in Senior Housing Communities to Increase

Resilience: Intervention for Resilience in Older Adults," *International Psychogeriatrics* (February 2020): 1–10, doi.org/10.1017/S1041610219002096.

L. P. Montross-Thomas et al., "Reflections on Wisdom at the End of Life: Qualitative Interviews of 21 Hospice Patients," *International Psychogeriatrics* (December 2018): 1759–1766, doi.org/10.1017/S1041610217003039.

Harvey Christian Lehman, *Age and Achievement* (Princeton, NJ: Princeton University Press, 1953).

D. K. Simonton, "Creativity and Wisdom in Aging," in *Handbook of the Psychology of Aging*, ed. J. E. Birren and K. W. Schaie (San Diego, CA: Academic Press, 1990).

Robert J. Sternberg, *Wisdom, Intelligence, and Creativity Synthesized* (Cambridge, UK: Cambridge University Press, 2003).

David Galenson, "The Wisdom and Creativity of the Elders in Art and Science," *HuffPost,* December 6, 2017, huffpost.com/entry/the-wisdom-and-creativity_b_2441894.

University of Liverpool, "Reading Shakespeare Has Dramatic Effect on Human Brain," ScienceDaily, December 19, 2006, sciencedaily.com/releases/2006/12/061218122613.htm.

L. L. Craft and F. M. Perna, "The Benefits of Exercise for the Clinically Depressed," *Primary Care Companion to the Journal of Clinical Psychiatry* 6, no. 3 (2004): 104–111, doi.org/10.4088/pcc.v06n0301.

D. Rosenberg et al., "Exergames for Subsyndromal Depression in Older Adults: A Pilot Study of a Novel Intervention," *American Journal of Geriatric Psychiatry* 18, no. 3 (2011): 221–226, doi.org/10.1097/JGP.0b013e3181c534b5.

P. L. Fazeli et al., "Physical Activity Is Associated with Better Neurocognitive and Everyday Functioning Among Older Adults with HIV Disease," *AIDS Behavior* 19, no. 8 (2015): 1470–1477, doi.org/10.1007/s10461-015-1024-z.

"Diet and Attention Deficit Hyperactivity Disorder," Harvard Mental Health Letter, Harvard Health Publishing, June 2009, health.harvard.edu/newsletter_article/Diet-and-attention-deficit-hyperactivity-disorder.

Michelle Brubaker, "Remote Italian Village Could Harbor Secrets of Healthy Aging," UC San Diego News Center, March 29, 2016, ucsdnews.ucsd.edu/pressrelease/remote_italian_village_could_harbor_secrets_of_healthy_aging.

Michelle Brubaker, "Researchers Find Common Psychological Traits in Group of Italians Aged 90 to 101," Newsroom, UC San Diego Health, December 11, 2017, health.ucsd.edu/news/releases/Pages/2017-12-11-researchers-find-common-psychological-traits-in-group-of-italians-aged-90-to-101.aspx.

Chapter 11 智慧的推手：藥物、遊戲與人工智慧？

A. M Owen et al., "Putting Brain Training to the Test," *Nature* 465 (2010): 775–778, doi.org/10.1038/nature09042.

D. Blazer, K. Yaffe, and C. Liverman, eds., *Cognitive Aging: Progress in Understanding and Opportunities for Action* (Washington, DC: Institute of Medicine, 2015).

K. Benson et al., "Misuse of Stimulant Medication Among College Students: A Comprehensive Review and Meta-analysis," *Clinical Child and Family Psychology Review* 18 (2015): 50–76, doi.org/10.1007/s10567-014-0177-z.

Limitless, directed by Neil Burger, 2011.

M. DeJesus-Hernandez et al., "Expanded GGGGCC Hexanucleotide Repeat in Noncoding Region of C9ORF72 Causes Chromosome 9p-Linked FTD and ALS," *Neuron* 72, no. 2 (2011): 245–256, doi.org/10.1016/j.neuron.2011.09.011.

M. R. Turner et al., "Genetic Screening in Sporadic ALS and FTD," *Journal of Neurology, Neurosurgery & Psychiatry* 88 (2017): 1042–1044, doi.org/10.1136/jnnp-2017-315995.

Alan Turing, "Computing Machinery and Intelligence," *Mind* 59, no. 236 (1950), abelard.org/turpap/turpap.php.

"The 25 Best Inventions of 2017," *Time*, November 16, 2017, time.com/5023212/best-inventions-of-2017/.

Dave Gershgorn, "My Long-Awaited Robot Friend Made Me Wonder What It Means to Live at All," Quartz, November 8, 2017, qz.com/1122563/my-long-awaited-robot-friend-made-me-wonder-what-it-means-to-live-at-all/.

Jaden Urbi and MacKenzie Sigalos, "The Complicated Truth About Sophia the

Robot—An Almost Human Robot or a PR Stunt," Tech Drivers, CNBC, June 5, 2018, cnbc.com/2018/06/05/hanson-robotics-sophia-the-robot-pr-stunt-artificial-intelligence.html.

Dominic Walsh, "Citizen Robot Marks a World First for Saudi Arabia," *Times* (UK edition), October 27, 2017, thetimes.co.uk/article/citizen-robot-marks-a-world-first-for-saudi-arabia-vjvmmtx3s.

Olivier Garret, "10 Million Self-Driving Cars Will Hit the Road by 2020—Here's How to Profit," *Forbes*, March 3, 2017, forbes.com/sites/oliviergarret/2017/03/03/10-million-self-driving-cars-will-hit-the-road-by-2020-heres-how-to-profit/#51ffa24b7e50.

Michael DeGusta, "Are Smart Phones Spreading Faster Than Any Technology in Human History?" *MIT Technology Review*, May 9, 2012, technologyreview.com/s/427787/are-smart-phones-spreading-faster-than-any-technology-in-human-history/.

John Brandon, "Why Smartphones Will Become Extinct by 2025," *Inc.*, October 16, 2017, inc.com/john-brandon/why-smartphones-will-become-extinct-by-2025.html.

"Mobile Phones Are Transforming Africa," *Economist*, December 10, 2016, economist.com/middle-east-and-africa/2016/12/10/mobile-phones-are-transforming-africa.

Ian Sample, "Robert Boyle: Wishlist of a Restoration Visionary," *Guardian* (US edition), June 3, 2010, theguardian.com/science/2010/jun/03/robert-boyle-royal-society-wishlist.

M. Hatzinger, "The History of Kidney Transplantation," *Urologe* 55 (2016): 1353–1359, doi.org/10.1007/s00120-016-0205-3.

Jules Verne, *From the Earth to the Moon* (Paris: Pierre-Jules Hetzel, 1865).

Nikola Tesla, *Popular Mechanics* (quoting the *New York Times*), October 1909, mentalfloss.com/article/51617/13-nikola-tesla-quotes-his-birthday.

Chapter 12 智慧的未來：從個人智慧到社會智慧

I. Grossmann et al., "Aging and Wisdom: Culture Matters," *Psychological Science* 23, no. 10 (2012): 1059–1066, doi.org/10.1177/0956797612446025.

I. Grossmann et al., "Emotional Complexity: Clarifying Definitions and Cultural Correlates," *Journal of Personality and Social Psychology* 111, no. 6 (2016): 895–916, doi.org/10.1037/pspp0000084.

"Marcel Pagnol Quotations," Quotetab, accessed February 22, 2020, quotetab.com/quotes/by-marcel-pagnol#HMghWzT6z7XSc0Ui.97.

Joseph E. Stiglitz, "Of the 1%, by the 1%, for the 1%," *Vanity Fair*, March 31, 2011, vanityfair.com/news/2011/05/top-one-percent-201105.

"Bhutan's Gross National Happiness Index," Oxford Poverty & Human Development Initiative, University of Oxford, ophi.org.uk/policy/national-policy/gross-national-happiness-index/.

A Compass Towards a Just and Harmonious Society: 2015 GNH Survey Report (Thimphu, Bhutan: Centre for Bhutan Studies & GNH Research, 2016), grossnationalhappiness.com/.

Wikipedia, s.v. "World Happiness Report," last modified February 16, 2020, en.m.wikipedia.org/wiki/World_Happiness_Report.

"World Happiness Report 2019," United Nations Sustainable Development Solutions Network, March 20, 2019, worldhappiness.report/.

Gabrielle Johnston, "Mental Health Is a Casualty of War," ThisWeek@UCSanDiego, UCSD News Center, December 7, 2017, ucsdnews.ucsd.edu/feature/mental-health-is-a-casualty-of-war.

N. Sartorius et al., "The International Pilot Study of Schizophrenia," *Schizophrenia Bulletin* 1, no. 11 (1974): doi.org/10.1093/schbul/1.11.21.

"Human Development Report 2019," United Nations Development Programme, hdr.undp.org/.

"Human Development Reports: 2018 Statistical Update," United Nations Development Programme, hdr.undp.org/en/content/human-development-indices-indicators-2018-statistical-update#:~:text=Human%20Development%20Indices%20and%20Indicators%3A%202018%20Statistical%20update%20is%20being,trends%20in%20human%20development%20indicators.

T. J. VanderWeele, "On the Promotion of Human Flourishing," *PNAS* 114, no. 31 (2017): 8148–8156, doi.org/10.1073/

pnas.1702996114.

D. V. Jeste and A. J. Oswald, "Individual and Societal Wisdom: Explaining the Paradox of Human Aging and High Well-Being," *Psychiatry* 77, no. 4 (2014): 317–330, doi.org/10.1521/psyc.2014.77.4.317.

M. Roser, E. Ortiz-Ospina, and H. Ritchie, "Life Expectancy," *Our World in Data* (October 2019): note 2, ourworldindata.org/life-expectancy#note-2.

F. A. Januchowski-Hartley et al., "Spillover of Fish Naivete from Marine Reserves," *Ecology Letters* 16, no. 2 (2012): 191–197, doi.org/10.1111/ele.12028.

L. Scholl et al., "Drug and Opioid-Involved Overdose Deaths—United States, 2013–2017," *MMMR Morbidity and Mortality Weekly Report* 67, no. 51–52 (2019): 1419–1427, doi.org/10.15585/mmwr.mm675152e1.

H. Hedegaard, S. C. Curtin, and M. Warner, "Suicide Rates in the United States Continue to Increase," *NCHS Data Brief* no. 309 (Hyattsville, MD: National Center for Health Statistics, 2018), cdc.gov/nchs/products/databriefs/db309.htm.

E. Arias and J. Q. Xu, "United States Life Tables, 2017," *National Vital Statistics Reports* 68, no. 7 (Hyattsville, MD: National Center for Health Statistics, 2019), cdc.gov/nchs/data/nvsr/nvsr68/nvsr68_07-508.pdf.

S. Galea et al., "Estimated Deaths Attributable to Social Factors in the United States," *American Journal of Public Health* 101, no. 8 (2011): 1456–1465, doi.org/10.2105/AJPH.2010.300086.

D. McDaid, A. Bauer, and A. L. Park, "Making the Economic Case for Investing in Actions to Prevent and/or Tackle Loneliness: A Systematic Review," (briefing paper, London School of Economics and Political Science, 2017).

F. Alberti, "Loneliness Is a Modern Illness of the Body, Not Just the Mind," *Guardian* (US edition), November 1, 2018, theguardian.com/commentisfree/2018/nov/01/loneliness-illness-body-mind-epidemic.

E. E. Lee et al., "High Prevalence and Adverse Health Effects of Loneliness in Community-Dwelling Adults Across the Lifespan: Role of Wisdom as a Protective Factor," *International Psychogeriatrics* 31, no. 10 (2018): 1–16, doi.org/10.1017/S1041610218002120.

"Gallup 2019 Global Emotions Report," Advanced Analytics, Gallup, April 18, 2019, gallup.com/analytics/248909/gallup-2019-global-emotions-report-pdf.aspx.

Steven Pinker, *The Better Angels of Our Nature: Why Violence Has Declined* (New York: Penguin, 2011).

D. W. Amundsen and C. J. Diers, "The Age of Menopause in Classical Greece and Rome," *Human Biology* 42, no. 1 (1970): 79–86, jstor.org/stable/41449006.

D. V. Jeste and A. J. Oswald, "Individual and Societal Wisdom: Explaining the Paradox of Human Aging and High Well-Being," *Psychiatry* 77, no. 4 (2014): doi.org/10.1521/psyc.2014.77.4.317.

"Global Health Observatory," World Health Organization, accessed March 11, 2020, who.int/gho/en/.

"Suicide Facts," Suicide Awareness Voices of Education, accessed March 11, 2020, save.org/about-suicide/suicide-facts/.

H. Hedegaard et al., "Drug Overdose Deaths in the United States, 1999–2017," *NCHS Data Brief* no. 329 (Hyattsville, MD: National Center for Health Statistics, 2018).

Mark Gold, "The Surprising Links Among Opioid Use, Suicide, and Unintentional Overdose," Addiction Policy Forum, March 12, 2019, addictionpolicy.org/blog/tag/research-you-can-use/the-surprising-links-among-opioid-use-suicide-and-unintentional-overdose.

Lenny Bernstein, "U.S. Life Expectancy Declines Again, a Dismal Trend Not Seen Since World War I," *Washington Post*, November 29, 2018, washingtonpost.com/national/health-science/us-life-expectancy-declines-again-a-dismal-trend-not-seen-since-world-war-i/2018/11/28/ae58bc8c-f28c-11e8-bc79-68604ed88993_story.html?utm_term=.5bb1881925a2.

S. Veazie et al., "Addressing Social Isolation to Improve the Health of Older Adults: A Rapid Review," Rapid Evidence Product, Agency for Healthcare Research and Quality, February 2019, doi.org/10.23970/ahrqepc-rapidisolation.

Ceylan Yeginsu, "U.K. Appoints a Minister for Loneliness," *New York Times*, January 17, 2018, nytimes.com/2018/01/17/world/europe/uk-britain-loneliness.html.

Ellie Polack, "New Cigna Study Reveals Loneliness at Epidemic Levels in America," Cigna, May 1, 2018, cigna.com/newsroom/news-releases/2018/new-cigna-study-reveals-loneliness-at-epidemic-levels-in-america.

Claudia Hammond, "The Anatomy of Loneliness," episode 3, BBC Radio 4 (2018), bbc.co.uk/programmes/m0000mj9.

Scott LaFee, "Serious Loneliness Spans the Adult Lifespan but There Is a Silver Lining," Newsroom, UC San Diego Health, December 18, 2018, health.ucsd.edu/news/releases/Pages/2018-12-18-Serious-Loneliness-Spans-Adult-Lifespan-but-there-is-a-Silver-Lining.aspx.

D. V. Jeste, "Is Wisdom an Antidote to the Toxin of Loneliness?" Quartz, March 27, 2018, qz.com/1235824/you-can-actually-learn-to-be-wise-and-it-can-help-you-feel-less-lonely/.

Fay Bound Alberti, *A Biography of Loneliness* (Oxford, UK: Oxford University Press, 2019).

Morlett Paredes et al., "Qualitative Study of Loneliness in a Senior Housing Community: The Importance of Wisdom and Other Coping Strategies," *Aging and Mental Health* (2020): 1–8, doi.org/10.1080/13607863.2019.1699022.

Jianjun Gao et al., "Genome-Wide Association Study of Loneliness Demonstrates a Role for Common Variation," *Neuropsychopharmacology* 42 (2017): 811–821, doi.org/10.1038/npp.2016.197.

E. E. Lee et al., "High Prevalence and Adverse Health Effects of Loneliness in Community-Dwelling Adults Across the Lifespan: Role of Wisdom as a Protective Factor," *International Psychogeriatrics* 31, no. 10 (2018): 1–16, doi.org/10.1017/S1041610218002120.

"The Irish Longitudinal Study on Ageing (TILDA)," Trinity College Dublin, updated February 12, 2020, tilda.tcd.ie/.

S. B. Rafnsson et al., "Loneliness, Social Integration, and Incident Dementia Over 6 Years: Prospective Findings from the English Longitudinal Study of Ageing," *Journals of Gerontology, Series B* 75, no. 1 (2017), doi.org/10.1093/geronb/gbx087.

Julie Ray, "Americans' Stress, Worry and Anger Intensified in 2018," Gallup, April 25, 2019, news.gallup.com/poll/249098/americans-stress-worry-anger-intensified-2018.aspx.

J. M. Twenge et al., "Age, Period, and Cohort Trends in Mood Disorder Indicators and Suicide Related Outcomes in a

Nationally Representative Dataset, 2005–2017," *Journal of Abnormal Psychology* 128, no. 3 (2019): 185–199, doi.org/10.1037/abn0000410.

"Alcohol and Drug Misuse and Suicide and the Millennial Generation—a Devastating Impact," *Pain in the Nation: Building a National Resilience Strategy*, Trust for America's Health, June 13, 2019, tfah.org/report-details/adsandmillennials/.

Nigel Tubbs, *Philosophy and Modern Liberal Arts Education: Freedom Is to Learn* (New York: Palgrave Macmillan, 2014).

Plato, *Phaedrus*.

J. Dewey, *Experience and Education*, vol. 10 (New York: Macmillan, 1938).

Helen Dukas and Banesh Hoffman, eds., *Albert Einstein, The Human Side: Glimpses from His Archives* (Princeton, NJ: Princeton University Press, 2013).

索引

A～Z

dscout 研究軟體公司 － p.337

Jibo（機器人）－ p.354, 355

β澱粉樣蛋白 amyloid beta protein － p.85

2劃

《人格與社會心理學期刊》*Journal of Personality and Social Psychology* － p.181

人類免疫缺乏病毒 HIV － p.149、375

3劃

三向度智慧量表 Three-Dimensional Wisdom Scale, 3D-WS － p.111-113, 115, 146

下頂小葉 inferior parietal lobule － p.57

下視丘 hypothalamus － p.170

土耳其機器人 Mechanical Turk, MTurk － p.116

《大西洋》*Atlantic* － p.97

大笑實驗室 LaughLab － p.264

大腦皮質 cerebal cortex － p.54, 62, 64, 65, 72, 136, 320

《大腦皮質》*Cerebral Cortex* － p.318

大衛・艾米達 David Almeida － p.98

大衛・艾倫 David Allan － p.223

大衛・柏金斯 David Perkins － p.107

小腦 cerebellum － p.54, 55, 235

弓狀束 arcuate fasciculus － p.235

4劃

《不帶錢去旅行》*The Kindness of Strangers* － p.141

中腦環導水管灰質 periaqueductal gray － p.138

丹・布萊澤 Dan Blazer － p.35, 111, 275, 282

丹尼・布勞爾 Danny Brower － p.59

丹尼・桑福德 T. Denny Sanford － p.316

丹尼斯・查尼 Dennis Charney － p.33

丹尼爾・丹尼特 Daniel Dennett － p.228, 245

丹尼爾・貝林 Daniel Berlyne － p.259

丹尼爾・高曼 Daniel Goleman － p.79, 80

介白素 interleukins － p.177

內側前額葉皮質 medial prefrontal cortex － p.57, 245,

246, 250, 267
內側眼窩額葉皮質 medial orbitofrontal cortex — p.154, 318
內側顳葉 medial temporal lobe — p.60, 95
《分崩離析》*The Center Cannot Hold* — p.242
切斯利・薩倫伯格三世 Chesley Sullenberger Ⅲ — p.226
反社會型人格障礙 antisocial personality disorder — p.53, 110
《天生變態》*The Psychopath Inside* — p.138
尤里比底斯 Euripides — p.135
心因性暴食症 bulimia nervosa — p.193
《心智探奇》*How the Mind Works* — p.49
心智理論 theory of mind — p.43, 136, 137, 159
比莉珍・金 Billie Jean King — p.196-198
比爾德 A. W. Beard — p.289
王爾德 Oscar Wilde — p.29, 163, 189

5劃

以撒・艾西莫夫 Issac Asimov — p.100
《冬記夏日印象》*Winter Notes on Summer Impressions* — p.249
功能性磁振造影 Functional Magnetic Resonace Imaging, fMRI — p.96, 178, 190, 235, 261, 267, 320
加州大學柏克萊分校— p.98, 148
加州大學聖地牙哥分校同意能力簡要評量 University of California San Diego Brief Assessment, UBACC — p.232
卡地夫大學 Cardiff University — p.314
卡爾・桑伯格 Carl Sandburg — p.254
卡爾・馬克思 Karl Marx — p.276
去甲腎上腺素 norepinephrine — p.186-189
可得性捷思 availability heuristic — p.217, 218
史丹佛大學— p.98, 181, 182, 313
史丹佛—比奈智力量表 Standford-Binet scale — p.105
史考特 A.O. Scott — p.185
史考特・利林費德 Scott Lilienfeld — p.118
《史密森尼》*Smithsonian* — p.138
史蒂夫・馬丁 Steve Martin — p.109
史蒂芬・平克 Steven Pinker — p.49, 374
史蒂芬・蘇瑟維克 Steven Southwick — p.328
外側眼窩額葉皮質 later orbitofrontal cortex — p.138
失諧理論— p.265
尼可拉・特斯拉 Nikola Tesla — p.359
《尼各馬科倫理學》*Nicomachean Ethics* — p.307
尼爾斯・波耳 Niels Bohr — p.204

尼爾森・曼德拉 Nelson Mandela － p.22
左旋多巴 levodopa － p.188, 291
《巧克力冒險工廠》*Charlie and the Chocolate Factory* － p.239
巨細胞病毒 cytomegalovirus, CMV － p.252
布洛卡區 Brocaa’s area － p.235
布洛德曼分區 Brodmann areas － p.65
布魯斯・米勒 Bruce Miller － p.350
布魯斯・葛里森 Bruce Grierson － p.88
弗雷德・蓋吉 Fred Gage － p.94
正子斷層造影掃描 positron-emission tomography, PET － p.190
正向心理學－ p.302
《正向精神醫學》*Positive Psychiatry* － p.323
正向精神醫學－ p.299, 302, 303
瓦西亞 N. S. Vahia － p.20, 257
甘地 Gandhi － p.22, 108, 361
白熊效應－ p.249
皮尤研究中心 Pew Research Center － p.133, 278
皮克氏症 Pick’s disease － p.71
矛盾反彈理論 ironic process theory － p.249

6劃

伊比鳩魯 Epicurus － p.76
伊利亞德 Mircea Eliade － p.276
伊果・葛羅斯曼 Igor Grossmann － p.35, 215, 216, 362
伊莉莎白・吉兒伯特 Elizabeth Gilbert － p.325
伊莉莎白一世 Elizabeth I － p.58
伊普・瓦西亞 Ipsit Vahia － p.46
伊蓮・威辛頓 Elain Wethington － p.97
伍迪・艾倫 Woody Allen － p.270
同情疲勞 compassion fatigue － p.151
同儕提名法 peer nominations － p.108
同儕評量法 peer ratings － p.108
多巴胺 dopamine － p.186-188, 191, 256, 263, 291
多倫多大學－ p.92, 149
安東尼歐・達馬吉歐 Antonio Damasio － p.69, 73
安德魯・紐柏格 Andrew Newberg － p.290
安德魯・奧斯瓦德 Andrew Oswald － p.375
安德魯・葛洛夫 Andrew Grove － p.345
《成人發展期刊》*Journal of Adult Development* － p.103
成功老化評估多年期調查研究計畫 Successful Aging Evaluation, SAGE － p.40, 112, 147, 175, 177
扣帶迴皮質 cingulate cortex － p.56-58, 170, 192, 221, 246, 318

朱爾・凡爾納 Jules Verne — p.359
百憂解 Prozac — p.188, 347
老子 — p.204
老化悖論 paradox of aging — p.39
《老年學期刊》*Journals of Gerontology* — p.155
肌萎縮性側索硬化症 amyotrophic lateral sclerosis, ALS — p.350
自我評定智慧量表 Self-Assessed Wisdom Scale, SAWS — p.113, 115
自殺 — p.36, 101, 102, 278, 287, 299, 304, 317, 324, 377, 378, 382, 383
自閉症類群障礙 autism spectrum disorder — p.137, 139
《自然》*Nature* — p.73, 83
自戀型人格障礙 narcissistic personality disorder, NPD — p.144, 145, 246, 247
艾力克・艾瑞克森 Erik H. Erikson — p.78-80
艾力克斯・惠恩 Alex Huynh — p.362
艾可・史密茲 Elke Smeets — p.143
艾弗烈・比奈 Alfred Binet — p.105
《艾西莫夫科普教室》*The Roving Mind* — p.100
艾伯特・哈柏德 Elbert Hubbard — p.206, 345
艾克納希特 Erwin Ackerknecht — p.61
艾洛伊斯・阿茲海默 Alois Alzheimer — p.64
艾倫・格林 Allen Green — p.252
艾倫・圖靈 Alan Turing — p.353
艾倫・蘭格 Ellen Langer — p.87, 88
艾莉森・卡普 Allison Kaup — p.94
艾莎・薛札 Ayesha Sherzai — p.94
艾琳・薩克斯 Elyn Saks — p.240-243, 245
艾瑞克・奈斯勒 Eric Nestler — p.33
艾爾文・布魯克・懷特 Elwyn Brooks White — p.265, 266
艾默生・普伊 Emerson W. Pugh — p.49
艾默利大學 Emory University — p.158
血清素 serotonin — p.186-189, 194, 291, 324, 347

7劃

亨利・古斯塔夫・莫萊森 Henry Gustav Molaison — p.169
亨利・哈斯金 Henry S. Haskins — p.239
伯納德・蕭 Bernard Shaw — p.200, 201
伽利略・伽利萊 Galileo Galilei — p.100
佛陀 — p.31, 108, 129, 207, 313
佛洛伊德 Sigmund Freud — p.19, 50, 182, 276
克瓦米・安東尼・阿皮亞 Kwame Anthony Appiah — p.209

克里斯・富德納 Chris Feudtner — p.323
克林・伊斯威特 Clint Eastwood — p.227
克莉絲汀・哈蒙德 Christine Hammond — p.308
《利他大腦》*The Altruistic Brain* — p.134
《吠陀經》Vedas — p.31
《否認：自欺錯誤信念與人類心智的起源》*Denial: Self-Deception, False Beliefs, and the Origins of the Human Mind* — p.59
尾狀核 caudate — p.262
希利馬可斯阿茲海默症研究中心 Shiley-Marcos Alzheimer’s Disease Research Center — p.92
杏仁核 amygdala — p.53, 54, 71-73, 96, 97, 138, 161, 167, 168, 170, 176, 178, 193, 221
杜加吉 D. R. Doongaji — p.20, 257
杜斯妥也夫斯基 Fyodor Dostoevsky — p.249
杜魯門總統 — p.213
決策平衡表 decisional balance sheets — p.238
決策疲勞 — p.308
沃爾・艾德萊米 Wael Al-Delaimy — p.368
沉沒結果 sunk outcome — p.219
狄帕克・喬布拉 Deepak Chopra — p.338
谷歌 Google — p.251, 302
《赤道漫遊記》*Following the Equator* — p.87
辛西亞・布雷齊爾 Cynthia Breazeal — p.354

8劃

亞伯拉罕・林肯 Abraham Lincoln — p.58, 108, 361
亞伯特・愛因斯坦 Albert Einstein — p.105, 157, 239, 336, 386
亞里斯多德 Aristotle — p.207, 265, 307, 386
亞歷山大・貝爾 Alexander Graham Bell — p.327
亞歷山大・波普 Alexander Pope — p.180
亞歷山大・柯根 Aleksandr Kogan — p.149
依核 nucleus accumbens — p.266, 267
奈吉爾・塔布斯 Nigel Tubbs — p.378
孟德爾 Gregor Mendel — p.80
孤獨感 — p.77, 116, 378-383, 389
帕斯卡・加尼奧 Pascal Gagneux — p.86
《幸福曲線：為什麼人生五十之後更美好》*The Happiness Curve: Why Life Gets better After 50* — p.174
幸福曲線 — p.174, 175
幸福感引擎模型 engine model of well-being — p.142
所羅門王 King Solomon — p.31, 45, 58, 108, 207
拉夫森 S. B. Rafnsson — p.381
明尼蘇達大學 — p.308

東尼・羅莫 Tony Romo － p.198
枕葉 occipital lobe － p.54, 65, 96
法蘭茲・高爾 Franz Joseph Gall － p.61-65
《物種源始》*On the Origin of Species* － p.61
社會情緒選擇 socioemotional selectivity － p.89
《社會認知與情感神經科學》*Social Cognitive and Affective Neuroscience* － p.201
肯・布蘭查 Ken Blanchard － p.360
肯尼斯・杜赫斯特 Kenneth Dewhurst － p.289
芝加哥大學－ p.138
阿比吉・納斯卡 Abhijit Naskar － p.271
阿布杜拉・薛札 Abdullah Sherzai － p.191
阿吉特・瓦基 Ajit Varki － p.59, 85
阿涅絲・寧恩 Anaïs Nin － p.271
《阿涅絲日記》*Diary of Anaïs Nin* － p.271
阿茲海默症 Alzheimer’s disease － p.36, 37, 64, 71, 72, 77, 85, 91, 92, 169, 210
阿諾・皮克 Arnold Pick － p.71
非凡的利他主義 extraordinary altruism － p.141

9劃

保羅・巴特斯 Paul Baltes － p.34, 35, 41, 109, 115, 214
保羅・艾克曼 Paul Ekman － p.184
前內側扣帶迴皮質 anterior medial cingulate cortex － p.318
前扣帶迴皮質 anterior cingulate cortex － p.56, 58
前楔前葉 anterior precuneus － p.246
前腦島 anterior insula － p.318
前額葉皮質 prefrontal cortex － p.53-58, 70-72, 95-97, 135, 138, 139, 170, 172, 178, 186, 194, 200, 201, 220, 221, 245, 246, 250, 262, 267, 291,320
南加州大學－ p.240, 267, 321, 322
南美仙人掌－ p.291
哈佛大學－ p.87, 173, 327, 371
哈洛・庫恩 Harold W. Kuhn － p.38
哈爾・阿科維茨 Hal Arkowitz － p.110
哈維・萊曼 Harvey Lehman － p.335
威廉・史岱隆 William Styron － p.212
威廉・卡本特 William Carpenter － p.369
威爾・羅傑斯 Will Rogers － p.59
威爾弗里德勞雷爾大學 Wilfrid Laurier University － p.143
後扣帶迴 posterior cingulate － p.57, 221, 246, 250
後楔前葉 posterior Precuneus － p.246
後顳上溝 posterior superior temporal sulcus － p.56, 221
思覺失調症 schizophrenia － p.20, 36-39, 101, 104, 137,

170, 179, 191, 233-235, 240-242, 245, 249, 257, 302, 346, 369
恆定 homeostasis － p.45, 57, 60, 171, 172, 202, 326
柏拉圖 Plato － p.31, 238, 244
柏林智慧典範 Berlin Wisdom Paradigm － p.109, 214
柏林智慧專案 Berlin Wisdom Project － p.34
查克・凱姆 Zak Kelm － p.323
《流浪者之歌》*Siddhartha* － p.32
流質智力 fluid intelligence － p.95
珊曼莎・鮑德曼 Samantha Boardman － p.323
珍妮佛・華特 Jennifer Walter － p.323
《皆大歡喜》*As You Like It* － p.87
科比尼安・布洛德曼 Korbinian Brodmann － p.61, 64-66
《科學》*Science* － p.69
《科學人》*Scientific American* － p.110, 290
突觸修剪 synaptic pruning － p.81
約翰・艾倫・保羅斯 John Allen Paulos － p.206
約翰・杜威 John Dewy － p.385
約翰・奈許 John Nash － p.37-39
約翰・哈洛 John Harlow － p.68
約翰・范霍恩 John Darrell Van Horn － p.69
約翰・麥卡錫 John McCarthy － p.353
約翰・堤爾尼 John Tierney － p.228
約翰・富魯格 John Carl Flugel － p.63
約翰・赫曼 Johann Hermann － p.61, 62
約翰霍普金斯大學巴爾的摩分校－ p.321
《美國人的創生》*The Making of Americans* － p.158
美國健康照護研究與品質機構 US Agency for Healthcare Research and Quality － p.379
美國國家心理衛生院 National Institute of Mental Health － p.257
《美國國家科學院院刊》*Proceedings of National Academy of Science* － p.277
美國國家運輸安全委員會 National Transportation Safety Board, NTSB － p.227
美國國家衛生研究院 National Institutes of Health, NIH － p.20, 257, 258, 288
美國精神醫學會 American Psychiatric Association, APA － p. 144, 301, 302
美國醫學研究院 Institute of Medicine － p.352
《美麗境界》*A Beautiful Mind* － p.37
背側前扣帶迴皮質 dorsal anterior cingulate cortex － p.57, 192
背側紋狀體 dorsal striatum － p.187, 262
迪恩・戴維斯 Dean Simonton － p.335

韋尼克區 Wernicke’s area － p.235

10劃

《哲學與現代人文教育：自由即學習》*Philosophy and Modern Liberal Arts Education: Freedom Is to Learn* － p.378
唐諾・法夫 Donald Pfaff － p.137
《宴饗年代：法國前衛派起源》*The Banquet Years: The Origins of the Avant-Grande in France-1885 to World War I* － p.263
席薇亞・納薩 Sylvia Nasar － p.37
《時代與成就》*Age and Achievement* － p.335
《格雷的畫像》*The Picture of Dorian Gray* － p.163
泰芮・阿普特 Terri Apter － p.251
泰勒・范德維爾 Tyler VanderWeele － p.277, 371
浮誇型自戀 grandiose narcissism － p.145
海倫・凱勒 Helen Keller － p.18, 360
海倫娜・克雷默 Helena Kraemer － p.282
海馬迴 hippocampus － p.60, 94, 96, 167-169, 235, 263
海瑟・巴特勒 Heather Butler － p.234
海瑟・李 Hazel Lee － p.333
涂爾幹 Emile Durkheim － p.276
烏蘇拉・史陶丁格 Ursula Staudinger － p.35, 109
班傑明・拉許 Benjamin Rush － p.301
班傑明・富蘭克林 Benjamin Franklin － p.22, 108, 238, 253, 254, 332
祖母假說 grandmother hypothesis － p.82, 322
《神經元》*Neuron* － p.92
神經生物學 *neurobiology* － p.29, 33, 47, 52, 53, 71, 114, 115, 134, 270, 289, 291, 346, 347, 361
神經神學 neurotheology － p.290
神經造影學－ p.95, 220, 250, 263
神經滋養素 neurotrophins － p.177
《神經精神醫學與臨床神經科學期刊》*Journal of Neuropsychiatry and Clinical Neurosciences* － p.234
《神經影像》*NeuroImage* － p.158
《神經學、神經外科學和精神醫學期刊》*Journal of Neurology Neurodurgery and Psychiatry* － p.289
紋狀體 striatum － p.138, 187, 220, 250, 256
紐約大學－ p.209, 320
《紐約客》*The New Yorker* － p.267
《紐約時報》*New York Times* － p.79, 88, 92, 229, 327, 328
《紐約時報雜誌》*New York Times Magazine* － p.209
翁海倫 Helen Weng － p.157
茱蒂絲・格魯克 Judith Glück － p.35, 155, 156

馬丁・路德・金恩 Matin Luther King Jr. — p.58, 195, 196
馬汀・塞利格曼 Martin E. P. Seligman — p.228, 229, 302
馬克・吐溫 Mark Twain — p.87, 157, 222, 263
馬修・李卡德 Matthieu Ricard — p.163
馬瑟・巴紐 Marcel Pagnol — p.364
馬瑟研究中心 Mather Institute — p.329
高登・蓋洛普 Gordon Gallup Jr. — p.243

11劃

側溝 lateral sulcus — p.60
《國際神經心理學協會期刊》*Journal of the International Neuropsychological Society* — p.70
密西根大學— p.173, 362
強納森・勞赫 Jonathan Rauch — p.97, 99, 174
悉達多・喬達摩 Siddhartha Gautama — p.129
情緒恆定 emotional homeostasis — p.57, 60, 172, 202, 326
情緒效價 emotional valence — p.170, 171
梭狀回 fusiform gyrus — p.178
理查・韋斯曼 Richard Wiseman — p.264
眼窩額葉皮質 orbitofrontal cortex — p.58, 138, 154, 177, 186, 318
細胞結構 cytoarchitecture — p.64
莎士比亞 Shakespeare — p.87, 341
莎朗・布勞斯 Sharon Brous — p.283-285
莎諾貝・坎恩 Sanober Khan — p.143
莫妮卡・阿德爾特 Monika Ardelt — p.35, 111, 112, 114, 146, 282
莫達非尼 Modafinil — p.348
都柏林聖三一學院— p.381
頂葉 parietal lobe — p.50, 60
麥氏臨床試驗知情同意決策能力評量表 MacArthur Competence Assessment Tool for Clinical Research, MacCAT-CR — p.235
麥可・托瑪塞羅 Michael Tomasello — p.134
麥可・湯瑪斯 Michael Thomas — p.112, 114
麥克・杜卡基斯 Michael Dukakis — p.200, 201
麥克・邁肯泰 Mike McIntyre — p.140
麥角酸二乙醯胺 LSD — p.291
麥德琳・蘭歌 Madeleine L’engle — p.76

12劃

傑夫・史凱斯 Jeff Skiles — p.227
傑佛瑞・韋伯斯特 Jeffrey Webster — p.35, 103, 113,

114
傑斯特－湯瑪斯智慧指數 Jeste-Thomas Wisdom Index — p.29, 116, 121, 122, 310, 372
凱薩琳・班根 Katherine Bangen — p.45, 112
創傷後壓力症候群 post-traumatic stress disorder, PTSD — p.104, 304, 305, 321, 329
喬・卡巴金 Jon Kabat Zinn — p.319
喬治・克里斯多夫・威廉斯 George Christopher Williams — p.82
喬治・威朗特 George Vaillant — p.35, 111, 282, 329
喬治・羅威斯坦 George Loewenstein — p.260
喬恩・米查姆 Jon Meacham — p.312
單胺氧化 A monoamine oxidase A, MAO-A — p.194
富蘭克林・德拉諾・羅斯福 Franklin Delano Roosevelt — p.312
提姆・法戈 Tim Fargo — p.309
斯坦尼斯拉夫・葉夫格拉福維奇・彼卓夫 Stanislav Yevgrafovich Petrov — p.224-226
替代性創傷後成長 vicarious post-traumatic growth — p.152
棉花糖試驗— p.108, 201, 203,
殼核 putamen — p.154, 193, 318
湯瑪斯・米克斯 Thomas "Trey" Meeks — p.41-43, 45, 52, 70, 282
湯瑪斯・阿奎那斯 Thomas Aquinas — p.30
無意識軀體模仿 unconscious somatic mimicry — p.56
琳恩・哈瑟 Lynn Hasher — p.92
華特・米榭 Walter Mischel — p.180-182, 201-203
《華爾街沉思錄》*Meditations in Wall Street* — p.239
菲伊・邦德・艾貝蒂 Fay Bound Alberti — p.379
視丘 thalamus — p.235
費尼斯・蓋吉 Phineas Gage — p.65-70, 72
費瑟・亞努喬斯基哈特利 Fraser A. Januchowski-Hartley — p.373
賀拉斯 Horace — p.43
雅各布・安內瑟 Jacopo Annese — p.169
《雅歌》*Song of Solomon* — p.207

13劃

催產素 oxytocin — p.148, 149
勤業眾信 Deloitte — p.259
塔妮亞・辛格 Tania Singer — p.161
塔拉・古恩瓦德 Tara Gruenwald — p.322
塞內卡 Lucius Annaeus Seneca — p.30
《塞拜特》*Sebayt* — p.31
《愛、上帝與神經元》*Love, God and Neurons* — p.271

愛莉森・普雷斯頓 Alison Preston － p.256
愛滋病 AIDS － p.149, 150, 302, 338, 375
愛蓮娜・羅斯福 Eleanor Roosevelt － p.391
愛麗兒・藍吉 Ariel Lange － p.321
《慈心應作經》*Karaniya Metta Sutta* － p.129
慈愛冥想 lovingkindness meditation, LKM － p.154, 155, 313, 314
損失規避 loss aversion － p.217
楔前葉 percuneus － p.57, 246
溫斯頓・邱吉爾 Winston Churchill － p.52, 108, 243, 390
瑞克・韓森 Rick Hanson － p.98
睪固酮 testosterone － p.148
聖地牙哥智慧量表 San Diego Wisdom Scale, SD-WISE － p.114-123, 329, 382
腦回 gyri － p.52
腦島 insula － p.60, 138, 192, 293, 318
《腦筋急轉彎》*Inside Out* － p.184
腦溝 sulci － p.52
腦電圖 electroencephalography, EEG － p.190
腹內側前額葉皮質 ventromedial prefrontal cortex － p.70, 138, 221, 250
腹側前扣帶迴皮質 ventral anterior cingulate cortex － p.192
腹側紋狀體 ventral striatum － p.250
腹側被蓋區 ventral tegmental area － p.154, 187, 318
《萬世師表》*Goodbye, Mr. Chips* － p.164
葛楚德・史坦 Gertrude Stein － p.158
葛雷哥里・大衛・羅伯茲 Gregory David Roberts － p.269
蒂芬妮・布朗 Stefanie Brown － p.248
詹姆斯・沃瑪 James Womer － p.323
詹姆斯・比倫 James E. Birren － p.35, 111
詹姆斯・希爾頓 James Hilton － p.164, 391
詹姆斯・法隆 James Fallon － p.138, 139
詹姆斯・福斯特 James E. Faust － p.330
資訊鴻溝理論 information gap theory － p.260
路・蓋里格氏症 Lou Gehrig’s disease － p.350
路易氏體失智症 Lewy body dementia － p.71
道格・拉森 Doug Larson － p.87
道格拉斯・齊多尼斯 Douglas Ziedonis － p.
〈道德家〉專欄 The Ethicist － p.209
達爾文 Charles Darwin － p.61, 77, 157, 184, 336
電腦斷層掃描 computed tomography, CT － p.190

14劃

漢尼斯・施萬特 Hannes Schwandt － p.97
瑪哈莉雅・傑克森 Mahalia Jackson － p.195
瑪格麗特・卡托 Margaret Allison Cato － p.70
瑪麗・羅伯森－摩西 Anna Mary Robertson-Moses － p.22
磁振造影檢查 magnetic resonance imaging, MRI － p.66
《精神疾病診斷準則手冊》*Diagnostic and Statistical Manual of Mental Disorders*, DSM － p.104, 144, 301, 302
精神病態者－ p.110, 138, 139
《精神醫學》*Psychiatry* － p.46, 375
《精神醫學研究期刊》*Journal of Psychiatric Research* － p.115
維托爾德・貢布羅維奇 Witold Gombrowicz － p.300
蒼白球 pallidum － p.154, 318
蓋洛普民意調查－ p.278, 382
赫曼・赫塞 Hermann Hesse － p.32
銀白智囊團－ p.321, 322
雌激素 estrogen － p.148

15劃

廣泛性焦慮症 generalized anxiety disorder － p.229, 294
德州大學奧斯汀分校－ p.315
德菲法 Delphi method － p.42, 237
樂復得 Zoloft － p.188, 347
確認偏誤 confirmation bias － p.218
《論批評》*An Essay on Criticism* － p.180
適應性神經可塑性 adaptive neuroplasticity － p.95
齒狀迴 dentate gyrus － p.94

16劃

穆拉利・杜斯瓦米 Murali Doraiswamy － p.323
選擇性血清素再吸收抑制劑－ p.324, 347
霍華・諾斯邦 Howard Nusbaum － p.35
鮑比・里格斯 Bobby Riggs － p.197

17劃

戴斯蒙・福特 Desmond Ford － p.300
《擊掌哲學》*High Five!* － p.360
《臨床精神醫學期刊》*Journal of Clinical Psychiatry* － p.178
《薄伽梵歌》*Bhagavad Gita* － p.31, 46, 47
薇薇安・克雷頓 Vivian Clayton － p.34, 35, 111
黛安娜王妃－ p.149-151

18劃

擴散張量磁振造影 diffusion tensor imaging, DTI − p.190
薩利− p.226-228
《薩利機長：哈德遜奇蹟》*Sully: Miracle on the Hudson* − p.227
軀體共鳴 somatic resonanace − p.138
《醫師處方用藥參考書》*Physician's Desk Reference* − p.233
雙側海馬旁皮質 bilateral parahippocampal cortex − p.235
額下回 inferior frontal gyrus − p.262
額葉 frontal lobe − p.53-58, 60, 64, 67, 69-72, 95-97, 135, 138, 139, 154, 170, 172, 177, 178, 186, 191, 194, 200, 201, 220, 221, 245, 246, 250, 262, 266, 267, 290, 291, 318, 320
額顳葉失智症 frontotemporal dementia, FTD − p.71, 246, 303, 350
魏氏成人智力量表 Wechsler Adult Intelligence Scale, WAIS − p.105

19劃

瓊安・艾瑞克森 Joan Erikson − p.78-80
羅伯・史坦伯格 Robert Sternberg − p.35, 335
羅伯・克勞寧格 C. Robert Cloninger − p.111
羅伯・奈特 Rob Knight − p.353
羅伯・波以耳 Robert Boyle − p.359
羅伯・海萊因 Rober A. Heinlein − p.32
羅馬大學− p.343
羅傑・夏特克 Roger Shattuck − p.263
羅德・達爾 Roald Dahl − p.239
《藥命效應》*Limitless* − p.349
邊緣系統− p.54, 55, 167, 168, 170, 172, 186, 194, 220
邊緣型人格障礙 borderline personality disorder − p.203
鏡像神經元− p.56, 136, 137, 144, 147
類脂質蛋白沉積症 Urbach-Wiethe disease − p.73
類鴉片受體 opioid receptors − p.268
類鴉片藥物− p.268, 304, 377, 378, 382, 383
麗莎・艾勒 Lisa Eyler − p.94, 191

20劃以上

蘇格拉底 Socrates − p.31, 108, 207, 244, 254, 384
《蘇格拉底自辯篇》*The Apology of Socrates* − p.244
蘇博吉・羅伊 Subhojit Roy − p.92
蘇菲亞 Sophia − p.355
《蘇菲的抉擇》*Sophie's Choice* − p.212

覺音論師 Buddhaghosa － p.57
蘭卡斯特大學 Lancaster University － p.159
蘭德・康格 Rand Conger － p.84
露易絲・布爾喬亞 Louise Bourgeois － p.336
露意莎・梅・奧爾柯特 Louisa May Alcott － p.84
《飆速成癮：面對快還要更快的執念克服放慢步調的恐懼》*Speed: facing Our Addiction to Fast and Faster-and Overcoming Our Fear of Slowing Down* － p.248
蘿拉・卡斯騰森 Laura Carstensen － p.89, 98, 99, 175
《變態心理學期刊》*Journal of Abnormal Psychology* － p.175, 382
顱相學 phrenology － p.63
顱檢查術 cranioscopy － p.63
顳頂交界處 temporoparietal junction － p.56
顳葉 temporal lobe － p.54, 60, 65, 71, 95, 169, 246, 267, 291, 303, 350
顳葉聯合皮質 temporal association cortex, TSC － p.267

智慧的科學：
智慧是什麼？如何產生？怎樣量化？我們可以變得更有智慧嗎？

作　　者——迪利普 傑斯特（Dilip V. Jeste, MD）& 史考特 拉菲（Scott Lafee）
譯　　者——郭庭瑄
特約編輯——洪禎璐
發 行 人——蘇拾平
總 編 輯——蘇拾平
編 輯 部——王曉瑩、曾志傑
行 銷 部——黃羿潔
業 務 部——王綬晨、邱紹溢、劉文雅

出　　版——本事出版
發　　行——大雁出版基地
地址：新北市新店區北新路三段207-3號5樓
電話：(02) 8913-1005　傳真：(02) 8913-1056
E-mail：andbooks@andbooks.com.tw
劃撥帳號——19983379　戶名：大雁文化事業股份有限公司

美術設計——COPY
內頁排版——陳瑜安工作室
印　　刷——上晴彩色印刷製版有限公司
2021年 09 月初版
2025年 04 月二版
定價　620元

ISBN 978-626-7465-54-7

國家圖書館出版品預行編目資料

智慧的科學：智慧是什麼？如何產生？怎樣量化？我們可以變得更有智慧嗎？
迪利普 傑斯特（Dilip V. Jeste, MD）& 史考特 拉菲（Scott Lafee）/ 著
郭庭瑄 / 譯
—.二版.— 新北市 ; 本事出版：大雁文化發行, 2025 年 04 月
面 ; 公分. –
譯自：Wiser: The Scientific Roots of Wisdom, Compassion, and What Makes Us Good

ISBN 978-626-7465-54-7（平裝）
1.CST:智慧　2.CST:同理心
176.4　　114000903